文化馆蓝皮书：

新时代文化馆创新发展
2017—2018

李　宏　魏大威　主编

国家图书馆出版社

图书在版编目（CIP）数据

文化馆蓝皮书 . 新时代文化馆创新发展：2017—2018 / 李宏，魏大威主编 . — 北京：国家图书馆出版社，2019.11

ISBN 978-7-5013-6869-3

Ⅰ . ①文… Ⅱ . ①李… ②魏… Ⅲ . ①文化馆—发展—研究报告—中国— 2017-2018 Ⅳ . ① G249.23

中国版本图书馆 CIP 数据核字（2019）第 230617 号

书　　名 文化馆蓝皮书：新时代文化馆创新发展 2017—2018
主　　编 李　宏　魏大威
责任编辑 王炳乾　张　颀
封面设计 耕者设计工作室

出版发行 国家图书馆出版社（北京市西城区文津街 7 号　 100034）
　　　　 （原书目文献出版社　北京图书馆出版社）
　　　　 010-66114536　63802249　 nlcpress@nlc.cn（邮购）
网　　址 http://www.nlcpress.com
排　　版 九章文化
印　　装 北京金康利印刷有限公司
版　　次 2019 年 11 月第 1 版　 2019 年 11 月第 1 次印刷

开　　本 710×1000（毫米）　1/16
印　　张 19
字　　数 300 千字
书　　号 ISBN 978-7-5013-6869-3
定　　价 120.00 元

主编单位: 文化和旅游部全国公共文化发展中心

中国文化馆协会

北京大学国家现代公共文化研究中心

主　编: 李　宏　魏大威

副主编: 李国新　颜　芳

编　委 (按姓氏笔画排序):

王全吉　王惠君　阮　可　巫志南　李　宏　李国新

张广钦　金武刚　赵保颖　徐　玲　黄晓丽　曹锦杨

颜　芳　魏大威

组稿人员 (按姓氏笔画排序):

刘晓东　　李斗　李阳　李秀敏　陈艳平　苗美娟

宗何禅瑞　段少卿　董舞艺

撰稿人 (按姓氏笔画排序):

王全吉	王惠君	朱志明	刘　翔	刘汉滨	刘金秀
刘晓东	关思思	阮　可	苏华琦	巫志南	李　阳
李　辉	李秀敏	李国新	杨　梅	杨再义	肖　鹏
吴香花	邱叙然	沈宇豪	怀　念	张　翔	张广钦
张皓珏	陈　丰	陈　泳	陈　玲	陈　娟	陈国战
陈艳平	邵剑勇	武　江	罗智敏	金武刚	周尼顺
郑以然	宗何禅瑞	赵保颖	赵靓靓	胡雅鹏	段少卿
徐北文	徐　玲	唐元玲	黄晓丽	曹锦扬	常延红
崔世莹	符史安	蒋　璐	鲁苏葭	谭丽琼	翟明江
颜　芳	颜苗娟	戴　婧			

目　录

第三部分　地方案例

第四部分 调研报告

第五部分 统计数据

第一部分　总报告

我国文化馆事业的现状与前瞻（2017—2018 年）

李国新　　金武刚 *

2017—2018 年是中国特色社会主义跨入新时代的起步之年，是全面建成小康社会的决胜阶段。党的十九大提出新时代坚定文化自信、推动社会主义文化繁荣兴盛的战略任务，要求通过完善公共文化服务体系、提供丰富的精神文化食粮，满足人民群众过上美好生活的新期待。作为我国公共文化服务体系重要组成部分的文化馆，以党的十九大精神为指引，以学习宣传贯彻落实《中华人民共和国公共文化服务保障法》为动力，以推动全民艺术普及和优秀传统文化传承为使命，深化重点改革任务，推动发展转型升级，持续开展服务创新，各项工作取得了新进展，事业发展跃上了新台阶。

一、主要进展

截至 2018 年末，我国县以上文化馆共有 3 326 个，比 2016 年增加 4 个，基本持平。财政投入合计达 119.55 亿元，比 2016 年增加了 13.48 亿元，增长了 12.7%。馆舍建筑面积 1 109.6 万平方米，比 2016 年增加 97.04 万平方米，增长了 9.6%；其中业务用房面积达 754.09 万平方米，比 2016 年增加了 78.29 万平方米，增长了 11.6%。拥有计算机 6.97 万台，比 2016 年增加了 1.42 万台，增长了

* 李国新，北京大学信息管理系教授，国家公共文化服务体系建设专家委员会主任。金武刚，华东师范大学信息管理系教授，国家公共文化服务体系建设专家委员会委员。

25.6%。文化馆的馆舍面积、财政投入等保障条件都有了明显提升。

截至 2018 年末，我国县以上文化馆从业人员有 54 558 人，比 2016 年减少了 944 人。其中，具有高级职称者 6 386 人，比 2016 年增加了 360 人，所占比重为 11.7%，增长了 0.8%；具有中级职称者达 17 245 人，比 2016 年增加了 112 人，所占比重为 31.6%，增长了 0.7%。接受培训人数达 13.74 万人次，比 2016 年增加了 1.2 万人次，增长了 9.6%。在文化馆从业人员总数略有下降的情况下，专业人员的数量和比重有所增加，对业务培训工作更加重视，表明文化馆人员队伍的整体素质在稳步提升。

2018 年，我国县以上文化馆全年组织品牌节庆活动 6 033 个，比 2016 年增加了 139 个，增长了 2.4%；提供各类文化服务 62.79 万次，比 2016 年增加了 13.2 万次，增长了 26.6%；惠及观众达 3.38 亿人次，比 2016 年增加了 0.81 亿人次，增长了 31.5%。其中：①组织文艺活动 26.99 万次，比 2016 年增加了 3.26 万次，增长了 13.7%；参与群众达 2.67 亿人次，比 2016 年增加了 0.73 亿次，增长了 37.6%。②举办培训班 29.27 万次，比 2016 年增加了 9.53 万次，增长了 48.3%；参与群众达 1 721.6 万人次，比 2016 年增加了 459.39 万人次，增长了 36.4%。③举办展览 2.96 万个，比 2016 年增加了 0.22 万个，增长了 8%；参与群众达 4 768.24 万人次，比 2016 年增加了 244.95 万人次，增长了 5.4%。④组织公益性讲座 3.58 万个，比 2016 年增加了 0.2 万个，增长了 5.9%；参与群众达 617.22 万人次，比 2016 年增加了 95.48 万人次，增长了 18.3%。文化馆服务的覆盖面、适应性和服务效能有明显提升。

截至 2018 年末，我国县以上文化馆的馆办文艺团体 7 990 个，比 2016 年增加了 372 个，增长了 4.9%。其中，提供演出的场次达 16.3 万场，比 2016 年增加了 1.07 万场，增长了 7%；观众达 8 311.78 万人次，与 2016 年基本持平。由文化馆指导的群众业余文艺团队 8.52 万个，比 2016 年增加了 0.5 万个，增长了 6.2%。拥有流动舞台车 1 601 辆，比 2016 年增加了 853 辆，增长了 114%；提供演出 3.39 万场次，比 2016 年增加了 1 万场，增长了 42.4%；观众达 1 903.57 万人次，比 2016 年增加了 253 万人次，增长了 15.3%。志愿者服务队伍达 3.73 万支，比 2016 年增加了 1.69 万支，增长了 82.8%；志愿者人数达 115.53 万人，比 2016 年增加了 49 万人，增长了 73.6%。

二、法治建设取得突破

1.《公共文化服务保障法》及地方条例

2016 年 12 月 25 日，第十二届全国人民代表大会常务委员会第二十五次会议审议通过了《中华人民共和国公共文化服务保障法》（以下简称《公共文化服务保障法》），并决定自 2017 年 3 月 1 日起施行。这是文化领域的"基本法"，具有综合性、全局性、基础性特点，涵盖文化馆、图书馆、博物馆、美术馆等所有公共文化服务设施。《公共文化服务保障法》第二十七条明确规定，各级人民政府应当充分利用公共文化设施，促进优秀公共文化产品的提供和传播，支持开展全民阅读、全民普法、全民健身、全民科普和艺术普及、优秀传统文化传承活动。文化馆以开展全民艺术普及和优秀传统文化传承作为主要职责有了法律依据和法律保障。

为了贯彻落实《公共文化服务保障法》，2017—2018 年期间，一些地方立法机关制定出台了地方性条例，如《浙江省公共文化服务保障条例》（浙江省第十二届人民代表大会常务委员会第四十五次会议于 2017 年 11 月 30 日通过，自 2018 年 3 月 1 日起施行）、《天津市公共文化服务保障与促进条例》（天津市第十七届人民代表大会常务委员会第五次会议于 2018 年 9 月 29 日通过，自 2018 年 11 月 1 日起施行）、《湖北省公共文化服务保障条例》（湖北省第十三届人民代表大会常务委员会第六次会议于 2018 年 11 月 19 日通过，自 2019 年 2 月 1 日起施行）等。这些地方性法规，细化了《公共文化服务保障法》的有关规定，提出了具有地方特色的推动全民艺术普及和优秀传统文化传承的举措。如浙江省鼓励和支持文化馆等文化单位传承发展中华优秀传统文化，推进戏曲、书法、传统体育等中华优秀传统文化进校园活动；鼓励和支持非国有艺术馆等设施向公众免费开放，文化、文物等有关部门提供业务指导和帮助。天津市不断扩大免费或者优惠的公共文化服务范围，支持开展艺术普及等活动，增加公共文化服务总量，提高公共文化服务质量；鼓励和支持挖掘特色文化资源，开发文化创意产品，丰富文化产品和服务内容，提升公共文化服务能力，满足公众多层次、多样化文化需求。湖北省要求组织开展全民艺术普及和优秀传统文化传承及家风培育活动，实施基层特色文化品牌建设项目；明确各级文化馆积极推动在基层、其他行业和部门建立服务点，扩大服务范围。

此外，陕西省于 2019 年初通过了《陕西省公共文化服务保障条例》（陕西省第十三届人民代表大会常务委员会第十次会议于 2019 年 3 月 29 日通过，自 2019 年 7 月 1 日起施行），山东、福建、江西、四川、重庆等省市，也正在积极酝酿出台地方性公共文化服务保障条例或办法。

2.“十三五”时期文化发展专项规划

2017—2018 年，正好处于我国第十三个五年规划期间，一系列依据国家“十三五”规划编制的文化发展专项规划相继出台，明确了文化馆事业在“十三五”期间的发展方向和重点任务。

《国家“十三五”时期文化发展改革规划纲要》由中共中央办公厅、国务院办公厅于 2017 年 5 月印发。该纲要是宣传文化领域贯彻《中共中央关于制定国民经济和社会发展第十三个五年规划的建议》和《中华人民共和国国民经济和社会发展第十三个五年规划纲要》的专项规划，也是指导“十三五”时期文化发展改革的重要纲领和遵循。该纲要就传承弘扬中华优秀传统文化方面提出五大要求：一要加强中华优秀传统文化研究挖掘和创新发展，二要开展中华优秀传统文化普及，三要加强文化遗产保护，四要传承振兴民族民间文化，五要保护和发展传统工艺。

文化部在 2017 年上半年陆续出台了“十三五”时期文化发展改革规划和若干专门规划，都将全民艺术普及与优秀传统文化作为专门任务加以部署。《文化部“十三五”时期文化发展改革规划》（2017 年 2 月印发）明确要求把弘扬优秀传统文化与发展现实文化有机统一起来，在继承中发展，在发展中继承，实现中华优秀传统文化创造性转化和创新性发展。《“十三五”时期繁荣群众文艺发展规划》（2017 年 5 月印发）在全民艺术普及方面要求各级公共文化机构将开展艺术普及活动作为免费开放的重要内容、常年举办，开展“戏曲进乡村”活动、普及推广戏曲艺术，开展“高雅艺术进校园”“戏曲进校园”活动，提高鉴赏能力、加强群众文艺骨干队伍培训、促进艺术普及活动质量和水平提高；在优秀传统文化传承方面，要求深入挖掘优秀传统文化中的有益思想和艺术价值，鼓励各地文化馆移植改编优秀文艺作品开展惠民演出。《文化部"十三五"时期公共数字文化建设规划》（2017 年 7 月印发）强调了全民艺术普及基础资源库和地方特色文化资源库建设的重要性，其中全民艺术普及基础资源库，着眼于保障人民基本文化权益、提高全民艺术素养；地方特色文化资源库则以传承传播优秀传统文化，弘扬革命历史文化，展示当代文化艺术发展和群众文化建设成果为目标。

3. 重要政策性文件

《关于实施中华优秀传统文化传承发展工程的意见》由中共中央办公厅、国务院办公厅于 2017 年 1 月印发。该意见专题阐述中华优秀传统文化传承发展工作。意见明确传承发展中华优秀传统文化的重要方针是坚持创造性转化和创新性发展，使中华民族最基本的文化基因与当代文化相适应、与现代社会相协调，从而为文化馆把优秀传统文化传承贯穿于公民艺术素养教育始终、滋养文艺创作、融入生产生活指明了发展方向、明确了工作原则。

《关于建立健全基本公共服务标准体系的指导意见》由中共中央办公厅、国务院办公厅于 2018 年 12 月印发。建立健全基本公共服务标准体系，明确国家和地方提供基本公共服务的质量水平和支出责任，以标准化促进基本公共服务均等化、普惠化、便捷化，是新时代保障和改善民生水平、推进国家治理体系和治理能力现代化的必然要求。该意见明确提出了包括公共文化体育在内的国家基本公共服务保障范围和质量要求，也为进一步细化文化馆事业发展明确了范围和要求。

《关于深入推进公共文化机构法人治理结构改革的实施方案》由中共中央宣传部、文化部、中央机构编制委员会办公室、财政部、人力资源和社会保障部、国家文物局、中国科学技术协会等 7 部门于 2017 年 9 月印发。公共文化机构法人治理结构改革，是与推进国家治理体系和治理能力现代化相适应的公共文化机构治理方式改革，是深化文化管理体制改革的一项重要内容，其根本目的是通过进一步理顺政府、市场、文化机构之间的关系，实现推进简政放权、放管结合、优化服务的政府改革目标。实施方案的出台，于文化馆而言，是具有顶层设计性质的施工蓝图和行动指南，为文化馆法人治理结构改革提供了基本遵循。

《关于加强文化领域行业组织建设的指导意见》由中共中央办公厅、国务院办公厅于 2017 年 5 月印发。该意见要求加强党对文化领域行业组织的政治领导、思想领导、组织领导，以社会主义核心价值观为引领，确保正确发展方向。中国文化馆协会是全国性的文化馆行业组织，近些年来在推进文化馆事业发展方面发挥了重要作用。有些省市也建立起了地方性文化馆行业组织，发挥了应有作用。但总体来讲，文化馆行业组织发展水平与文化馆事业迅速发展的要求还有不相适应的地方，需要从职能定位、培育发展、规范管理等各方面予以加强，激发行业组织内在活力和发展动力，优化行业组织发展环境，提升自治水平和自我发展能力。

三、文化馆转型升级的新探索

近两年来，全国各地文化馆在提高基本公共文化服务的覆盖面和适用性、丰富人民群众精神文化生活、满足人民群众美好生活新期待方面，积极探索，创新实践，涌现了不少创新做法和新经验。

1. 深入推进全民艺术普及创新

开展公益文化艺术培训，推动全民艺术普及是文化馆开展公共文化服务的必要项目和必备内容，其难点在于面向区域内所有人群提供文化艺术培训与普及服务，这就需要政府、社会、市场协同推进。

成都市文化馆着眼全域、着力统筹，以市文化馆为总校，各区县文化馆为分校，乡镇（街道）文化活动中心为辅导站，村（社区）文化活动室为基层辅导点，形成"总分校"四级培训网络体系。"总分校"运行实行工作统筹部署、管理统筹制定、人员统筹培训和师资统筹交流，将全市由城到乡整合成公益性培训服务网络，改变了以往各地免费培训发展不均、参差不齐甚至可有可无现象，让免费的市民文化艺术培训惠及基层、走进家庭，公益艺术培训发展更加有序、有规模、上档次、有水平。

宁波市文化馆发起的以"拥抱艺术、美好生活"为主题、以"人人参与、全民共享"为理念的"一人一艺"全民艺术普及工程，逐步形成了政府主导、多部门协作、专业机构支撑、全社会参与的工作机制。"一人一艺"涵盖了"4 个普及"和"2 个专项"。4 个普及包括全民艺术知识普及、全民艺术欣赏普及、全民艺术技能普及、全民艺术活动普及；2个专项包括中小学生美育专项和特殊群体艺术普及专项。宁波"一人一艺"制定并发布了一系列政策文件，包括《宁波市引导社会力量参与全民艺术普及的实施办法》《"一人一艺"社会联盟管理办法》《"一人一艺"考级评定标准》《宁波市群众文艺团队星级评定办法》等，形成一整套相互衔接、互为支撑、有效耦合的制度体系。

2. 公共文化服务"菜单式"提供

文化馆如何利用科技手段尤其是信息技术、网络技术、数字技术去创新服务模式、服务手段，着力解决文化产品供需不能有效对接、服务总量偏少等问题，已经成为公共文化服务的重要课题。

上海市群众艺术馆在市文化主管部门支持下，牵头建设了"东方系列"文化资源配送系统。依托各区（县）文化馆、街（镇）文化中心，由东方宣教中心、东方讲坛、东方社区学校服务指导中心、东方社区信息苑、东方社区文艺指导中心、东方永乐数字电影以及社会力量等共同参与，形成全市三级联动的文化资源配送系统，为基层、社区、农村提供节目、讲座、教育培训、数字电影、文艺指导等服务，促进了城乡公共文化服务一体化建设。

重庆市群艺馆在市委宣传部、市文化主管部门的统一部署下，依靠科技手段，通过在全市统一搭建"市、区县、街镇三级互通"的公共文化物联网服务平台，以广大人民群众的基本文化需求为导向，以公共文化产品为内容，依托文化志愿服务的形式，动员各方力量，将原来"自上而下"计划配送的服务模式转变为"百姓点单、政府配送"的服务模式，实现了文化惠民与群众需求有效对接，有效提升了百姓对文化的获得感。

3. 因地制宜建设文化馆总分馆

文化馆总分馆制是文化馆服务体系的重要组织方式，强调的是由一个文化馆作为总馆，其他文化馆（或文化设施）作为分馆，分馆接受总馆指导或管理，实现区域内的资源共建、人员共用、服务共享。

重庆市大渡口区文化馆总分馆制的探索，借鉴图书馆总分馆制的成功经验，按照"一个总馆＋多个分馆＋若干服务点"模式，让分馆成为总馆的有机组成部分，让若干基层服务点成为分馆的延伸或补充，实现了文化馆服务的有效覆盖。

嘉兴市创造性地以市文化馆为中心馆，各县（市、区）分别建立总分馆制，形成大嘉兴地区文化艺术服务一体化的"中心馆—总分馆"服务体系。总分馆以县（市、区）为基本单元，县（市、区）文化馆为总馆，镇（街）综合文化站为分馆，村（社区）文化活动中心（文化礼堂）为支馆，形成"人员互通、设施成网、资源共享、服务联动"的服务体系。在总分馆体系中，"两员制"是体系运行的关键，即由县总馆向镇（街）分馆委派 1 名"下派员"，村（社区）支馆配备 1 名专职"文化管理员"，形成"阵地有人管、队伍有人建、活动有人搞"的长效机制，实现所在县（市、区）域群众文化艺术服务的统筹、协调、规范和均等。

东莞市文化馆立足实际，结合数字文化馆试点经验，按照"1 个文化馆总馆 + 若干分馆 + 若干支馆及基层服务点"的思路，探索多种运行模式、渐进式科学发展的总分馆制，形成资源共享、人员互通、服务联动、品牌共建的"一核多元"建设格局。"一核"，是指总分馆体系中，东莞市文化馆为总馆，发挥出"核心"作用。"多元"，是指总分馆制组织方式的多样化，根据园区、镇（街）的情况，总馆与之分别建立"平台联盟式""业务派驻式""管理委托式"关系；针对小众群体、特殊群体，建立"共享文化馆"关系；针对社会力量参与，建立"品牌连锁式"关系。总馆根据分馆的发展情况，可以及时调整与分馆的关系。

4. "互联网 +"文化馆服务

伴随着数字技术的迅猛发展和公众使用习惯的时代转型，公共文化服务日益依托数字媒介和网络支撑，不断创新服务内容和传播方式。数字文化馆作为现代文化馆建设的重要组成部分，是"互联网 +"环境下公共文化服务的新阵地、新平台、新空间，是利用信息技术拓展公共文化服务能力和传播范围的重要途径，是全面带动现代公共文化服务体系提档升级、提高效能的重要途径。

为推动全国各级文化馆的数字化、网络化、信息化建设，提升其服务能力和水平，在文化部指导以及中央财政的支持下，2015 年开始，全国公共文化发展中心分批开展全国数字文化馆试点建设工作，至 2018 年底，已经组织 4 批共计 54 家文化馆试点开展了数字文化馆建设。

数字文化馆建设主要通过整合利用公共数字文化资源，搭建文化馆线上数字服务平台，打造文化馆实体数字体验空间，形成线上线下互动结合的文化馆数字服务新模式。线上服务一般包括预约服务、数字资源、网络直播、在线展览、分馆动态等功能；线下服务一般包括互动体验，虚拟展示、数字阅览等服务，以科技手段引领普通民众走进艺术殿堂大门。线上线下深度融合可以提升群众对文化惠民活动和免费文化服务的知晓率和满意度，让更多群众轻松参与文化活动。

5. 政府购买公共文化服务方式创新

政府向社会力量购买公共文化服务，是驱动文化馆社会化发展的重要方式。近几年来，上海浦东、东莞市、成都市相继以"文采会"的形式，创新政府购买方式，扩大采购范围，成为解决供需矛盾的创新举措。

2017年2月，上海浦东新区举办了首届"文采会"，探索打造公共文化产品展示交流、采购服务的平台，由基层单位和群众点单，实现供需对接，更精准地满足群众的文化需求。在文采会这个平台上，供应方通过现场展演、固定展示、APP推广等方式，展示所提供的文化产品内容和亮点，文化机构、公众、企业等需求方通过现场参观、网上观看等渠道，观摩了解可供选择的产品内容，选择感兴趣的文化产品，并反馈给采购方，进行"私人订制"。采购方据此确定采购的种类、内容、形式、数量，并根据实际情况，确定供给地点、范围等，针对性地满足各类人群的文化需求。在东莞，为了让参展项目更有针对性、更符合采购方的需求，主办方还发布了部分采购清单，在提供丰富的、可供选择的产品基础上，提高对接效率。

除了公共文化机构、公众外，企业在文化建设过程中，对各类艺术展演、文创产品等有需求，却缺乏购买和了解的渠道，也能在文采会上找到适合的文化产品。相应地，文化产品供应方可借机寻求更多的市场机遇、了解市场需求和规模，获得新的动力，蓬勃发展。

2019年初，由上海市长宁区主办的"上海及长三角地区公共文化和旅游产品与服务采购大会"，将文采会的服务范围扩大到上海、长三角乃至全国，建立了更广阔的供需对接平台，促进了区域融合、文旅融合、文化科技融合，探索了公共文化服务供给侧结构性改革的新方式。

6. 文化馆社会化运营管理

近年来文化馆设施运营存在着人员缺乏、资源不足、专业不强、效能不高的问题，特别是一些新建文化馆，由于人员编制的制约，一些地方政府通过采购的方式，将文化馆整体委托给第三方社会组织管理运营，通过签订合同规定服务的数量、质量和所需经费，承接者依据合同规定提供管理运营服务。

无锡新区（新吴区）文化馆总面积 8 000 平方米，包括舞蹈排练、音乐培训、电脑培训、剧院等 30 多间功能室。政府通过公开招标，委托某公司成为管理运营的承接方。双方签订《无锡新吴区文化馆服务外包合同》，内容涵盖文化馆 13 项服务内容和 7 个服务要求，以文化部《县（市、区）文化馆等级必备条件和评估标准》（县区级一级）、《无锡市文化馆服务规范》为依据。新吴区政府委派政府人员兼任文化馆馆长，协调行政事务。承包公司按照合同全面承担人员、业务、运营、管理等具体工作。在考核评定方面，由区级文化主管部门组成考评组，每年年末进行一次考核工作，采用指标考核与满意度测评相结合的方法。

北京市海淀区北部文化中心文化馆建成后，没有采取以往的给编制、建队伍、配领导的管理运营方式，而是采用政府购买方式引进社会力量管理运营。2016 年6 月采取竞争性磋商方式，文化馆交由北京某公司管理运营。对承接方提出的服务要求主要是根据文化部一级馆评估定级标准和《海淀区创建第三批国家公共文化服务体系示范区重点工作目标任务书》，遵照外包合同的基本原则、服务目标、服务内容及主要社会效益指标、进度与计划安排等内容开展服务。政府通过成立工作领导小组、建立日常监管机制、建立考核评价机制等方式实施监管。

四、文化馆发展存在的主要问题

我国文化馆事业发展还面临着诸多困难与矛盾，主要体现在以下几个方面。

1. 工作重心和职业使命方面

《中华人民共和国公共文化服务保障法》明确要求各级各类公共文化设施把"促进优秀公共文化产品的提供和传播"作为己任，全面开展全民阅读、全民普法、全民健身、全民科普和艺术普及、优秀传统文化传承活动。现有公共文化设施包括图书馆、博物馆、文化馆（站）、美术馆、科技馆、纪念馆、体育场馆、工人文化宫、青少年宫、妇女儿童活动中心、老年人活动中心、乡镇（街道）和村（社区）基层综合性文化服务中心、农家（职工）书屋、公共阅报栏（屏）、广播电视播出传输覆盖设施、公共数字文化服务点等16种类型。根据设施的性质、特点及功能，文化馆应将开展全民艺术普及和优秀传统文化传承活动视作自身的职业使命，是承载公民艺术素养提升和中华文明传承的公共文化机构。而事实上，现有大量文化馆，作为公益性文化事业单位，隶属于政府文化主管部门，大量的人力、物力、财力，主要用于承担组织政府交办的大型节庆文艺晚会和其他各类演出活动，而在体现全民艺术普及的群众文化艺术活动的组织、群众文化艺术的培训辅导方面，着力不多，重心偏移。

2. 文化馆服务覆盖面和适用性方面

举旗帜、聚民心、育新人、兴文化、展形象，是公共文化机构的时代任务，提高覆盖面和适用性，是当前公共文化服务的主攻方向。覆盖面，强调的是地域上的城乡覆盖和人群上的全民覆盖；适用性，强调的是需求征询反馈机制的建立和服务供需对接的实现。

目前的文化馆服务大多还局限在本馆范围内，主要为馆内文化艺术骨干和群众业余文艺团队提供场地和辅导，面向社会提供的培训主要集中在相对少数的群体上。文化馆总分馆制尚未普遍建立，资源整合、服务联动、共建共享尚未有效实现，群众文化需求反馈渠道尚不够畅通，乡村基层公共文化资源总量不足、师资培训力量较弱的局面尚未得到根本改变。大量文化馆可供选择的文化产品内容单一、质量参差不齐，服务型产品匮乏等问题仍未彻底解决，优秀文化产品走不出、引不进，造成了供需"孤岛"的现象，供需不匹配等问题制约着文化馆服务效能的提升。

3. 文化馆服务手段和方式方面

现代科技发展日新月异，移动互联网、大数据、云计算、人工智能等新兴技术正在深刻地改变社会生产和人们的生活方式。截至2018年6月，我国网民规模达8.02亿，互联网普及率为57.7%；我国手机网民规模达7.88亿，网民通过手机接入互联网的比例高达98.3%。随着我国互联网基础设施建设不断优化升级，网络信息服务朝着扩大网络覆盖范围、提升速度、降低费用的方向发展，智慧化和精细化特色凸显。

数字化技术的迅猛发展为文化馆服务提供了有效工具和平台，信息发布、场所预定、活动预约、意见征询等"菜单式""订单式"服务日益普及，线上线下相结合，创造出广覆盖的优质服务。但是，目前文化馆的大量服务工作，如群众文艺创作、群众文化活动、理论研究、文化艺术辅导、文化志愿服务、民族民间艺术保护与传承等，以现场、线下形式面向基层群众提供服务的传统服务模式多年没有改变。与之相反，基于互联网、新媒体技术的远程服务和线上线下相结合的互动式服务并不普及。仍然有相当数量的文化馆，尚未建立网上服务平台，无法远程提供数字资源下载与利用服务，基本项目"几十年如一日"难以更新，局限于传统的方式与手段，受众面狭窄、吸引力不强、影响力有限，文化馆的作用未能得到充分发挥。

4. 内部活力和服务效能方面

文化馆作为公益性文化事业单位，主要依靠公共财政支撑，市场驱动、产业驱动、利益驱动的特征不明显，与人民群众日益增长的公共文化服务需求相比，存在着产品和服务内容单一、品种匮乏、形式老旧、质量不高、规模不足等问题。再加上内部管理机制带来的问题、积极性调动不够，主观能动性不强，文化馆的活力不足、动力欠缺。还有不少文化馆热衷于建设各种"工作室"，为艺术名家等专业人才提供场馆服务，挤占有限的公共空间；举办各种兴趣班，提供小众化培训等，忽视大众化服务；甚至有的文化馆因馆领导个人特长或喜好，只开展某一种艺术培训，而忽视更多艺术门类的普及。种种原因，造成现有文化馆服务不平衡、不充分。

5. 乡村振兴和文旅融合作用发挥方面

2018 年 9 月，中共中央、国务院印发《乡村振兴战略规划（2018 — 2022 年）》，按照"产业兴旺、生态宜居、乡风文明、治理有效、生活富裕"的总要求，对实施乡村振兴做出阶段性谋划。随着从中央到地方机构改革的落地，文化和旅游主管部门合并重组，文旅融合发展迎来重大机遇。文化馆服务内容丰富、覆盖范围广泛，无论是在优秀传统文化传承还是在传统手工艺振兴方面，无论是民间民俗文化建设还是地方文化资源挖掘方面，在乡村振兴、文旅融合中都有广阔的发展空间。然而事实上，文化馆在当前乡村振兴和文旅融合中仍存在定位不清晰、领域不宽广、机制不顺畅、扶持不到位等问题，还没有发挥出应有的作用。

五、文化馆发展转型升级的思考

党的十九大报告指出，中国特色社会主义进入新时代，我国社会主要矛盾已经转化为人民日益增长的美好生活需要和不平衡不充分的发展之间的矛盾。新时代对公共文化服务建设提出了新的要求，完善公共文化服务体系，深入实施文化惠民工程，丰富群众性文化活动，不断提升公共文化服务的覆盖面和适用性。立足现实，着眼未来，文化馆发展转型升级应重点解决以下问题。

1. 以推动全民艺术普及和优秀传统文化传承为核心功能

根据历年来党和政府对文化馆事业的政策要求和《中华人民共和国公共文化服务保障法》的有关规定，文化馆应当进一步明确自身的核心功能，将推动、引导、服务全民艺术普及和优秀传统文化传承作为重要任务。

确立这一核心功能，有助于文化馆在众多公共文化设施中进一步明确自身的职业使命和功能定位，着眼于公民的社会教育，着眼于公民的美育教育，着眼于中华文明的传承传播。

确立这一核心功能，有助于文化馆从一个公益性文化事业单位的形象，上升为面向全体公民构建的一种审美教育社会制度。通过全民艺术普及培训活动的开展和优秀传统文化的传承传播，不断丰富公民精神文化生活，不断提升公民思想道德水平，从而促进人的全面发展，提高国民综合素质。

2. 建立面向普通公众的常态化基本服务

与图书馆、博物馆、美术馆等公共文化机构相比，文化馆目前存在一个突出短板是缺少甚至没有常态化的基本服务项目，导致一般公众进入文化馆常常无事可干、无服务可享用。这一问题不解决，盘活文化馆阵地资源、发挥文化馆普惠功能、提高文化馆服务效益，都将难以实现。文化馆的全民艺术普及服务不能局限于艺术技能提升的单一领域，不能局限于小班化的艺术培训辅导模式，不能弱化为简单的艺术培训机构或演出团体，必须在面向公众提供常态化、普适化服务方面取得突破。

一是展览展示方面的常态化基本服务。常态化提供书画、摄影、造型等各类艺术专题展。可以是实物展览，也可以是数字展览，吸引普通公众走进文化馆，亲近艺术、了解艺术。

二是经典欣赏方面的常态化基本服务。常态化提供古今中外优秀、经典文化艺术作品，面向普通公众提供零门槛的文化艺术作品欣赏服务。重点是古今中外优秀的、经典的文化艺术影音作品，也可以是可读性强、雅俗共赏的全民艺术知识普及类读物。全民艺术普及也好，全民美育也好，欣赏普及是基础，是大众化服务，文化馆应有舒适的空间、良好的设备、丰富的资源、全方位的服务。当前，文化馆的数字化实体空间建设应该向这方面转移，在这方面创造样板、形成示范、推广普及。

三是公共空间方面的常态化基本服务。不仅包括已有的向业余文艺团队提供排练、活动空间，还应该向"城市客厅"、市民综合性文化艺术活动中心、青年艺创基地、百姓交流休闲阵地的方向发展。对公共文化设施来说，提供资源、提供活动、提供服务、提供空间，都是题中应有之事。从发展趋势来看，提供空间资源越来越重要。空间有多大，服务的舞台就有多发大；空间的多样性，决定了服务的丰富性。最近引起国际文化界高度关注的芬兰赫尔辛基"颂歌图书馆"，虽然名称叫作图书馆，实际上是一个高度综合性的公共文化服务空间，被认为是代表了未来公共文化服务空间的发展趋势。它的空间组织、样态构成、服务功能，对我国文化馆未来的空间建设有启发和借鉴意义。

与提供常态化基本服务相适应，文化馆必须树立基础资源建设的理念，开展基础性文化艺术资源建设的实践。这方面我国各级文化馆都存在短板。没有资源建设的规划，没有基础资源的储备，没有资源购置的经费，没有资源管理的规范，结果是没有古今中外经典文化艺术作品的服务，全民艺术欣赏普及成为无源之水。因此，文化馆应加强相关文化艺术资源建设，例如建立文化艺术专题数据库、购置古今中外文化艺术经典影音作品，满足普通公众的文化艺术欣赏、兴趣爱好培养等基本需求；完善文化馆中的图书室建设，提供以艺术类、经典欣赏为主的文化馆阅读服务；打造现代化实体影音欣赏空间，建设全民艺术欣赏普及阵地等。

3. 依托互联网创新服务方式与手段

文化馆应当顺应时代发展和公众需求，进一步强化依托互联网的服务，畅通渠道、创新方式，推动文化馆数字化服务跃上新台阶。

第一，进一步完善和畅通文化馆数字网络传输渠道，打通"最后一公里"，提高全民艺术普及资源、服务的可获得性。国家公共文化云应加快向基层、农村延伸的速度，搭建起上下联通的传播平台，解决基层、农村平台建设资金、技术不足的困难；充分利用中国文化网络电视等网络平台，进一步加强文化馆品牌活动的网络直播，扩大服务覆盖面，提高服务效能。

第二，树立"内容为王"的服务理念，加强适用数字资源建设。国家应进一步加大将有条件的文化馆数字资源建设纳入公共数字文化建设工程等重点项目的力度，有条件的文化馆应加强规划、主动作为，充分利用国家重点数字资源建设项目向文化馆倾斜的机遇，重点建设特色鲜明、适用手机等移动终端利用的数字资源类型，如微视频、微音频、随手拍、慕课、群众文化活动集萃等，力争在较短的时间内实现艺术普及与优秀传统文化资源建设数量和质量的突破。

第三，加强线上线下的结合互动，创新服务方式和手段。近年来，各地文化馆创造了线上线下紧密结合的服务和活动，提高了公众的参与度、便捷性和影响力。未来应进一步解放思想、拓宽视野、开辟线上线下相结合的新模式、新样态，创造出更多的具有时代特色的全民艺术普及服务和活动。

第四，加强全民艺术普及慕课资源建设与服务。慕课资源具有适合互联网特别是移动互联网传播、大规模人群参与、便捷的师生交流、完善的教学管理以及利用零散时间学习系统知识等特点，与公共文化服务所追求的全民参与、艺术普及以及满足人民群众基本文化需求相适应，是当前文化馆利用现代信息技术引导公众参与文化艺术普及活动、提高公众覆盖率的非常有效的创新形式，是互联网时代各级文化馆资源建设、服务创新的重要突破口。

应当认识到，依托互联网开展全民艺术普及和优秀文化传承，不仅是服务方式和手段的变革，更是改变文化馆思维方式、工作方式、服务方式、管理方式的重要动力，是文化馆功能转型、服务再造的重要途径。

4. 发挥文化馆优势促进文化消费和文旅融合

新时代文化馆建设，应当统筹考虑群众的基本文化需求和多样化文化需求，推动公共文化服务向优质服务转变，实现标准化和个性化服务的有机统一，培育促进文化消费与文旅融合。

一是妥善解决好文化馆公益性免费服务与市场培训的边界、衔接问题，培育和促进文化消费。文化馆应当广泛开展公益性文化艺术活动，培养健康向上的文艺爱好，扩大和提升文化消费需求；深入挖掘特色资源，加强文化创意产品研发，创新文化产品和服务内容。推动经营性文化设施、非物质文化遗产传习场所和传统民俗文化活动场所等向公众提供优惠或免费的公益性文化服务。积极发展与公共文化服务相关联的教育培训、体育健身、演艺会展、旅游休闲等产业，引导和支持各类文化企业开发公共文化产品和服务，满足人民群众多层次的文化消费需求。

二是文化馆创新更多服务内容和活动方式，如街头艺术表演、快闪、地方特色文化展演等，嵌入城市街区，融入城市生活，通过营造良好的城市人文氛围，提升城市文化品质，助力文旅融合。

5. 推广和深化文化馆总分馆制

文化馆实行总分馆制，目的是改变传统的"设施孤岛"现象，实现各级文化馆上下联通、共建共享，本质上是文化馆组织体系的再造。全民艺术普及与优秀文化传承涉及内容广泛、服务对象众多，仅靠单个文化馆的单打独斗难以胜任。文化部等中央五部门已经对文化馆建立总分馆制做出了总体部署，各地已有不少文化馆开始试点探索，目前的任务是抓紧落实，全面推广和深化总分馆制。

第一，强化政府主导作用。将文化馆总分馆制建设由"职业行为"上升到政府行为，纳入各级政府构建现代公共文化服务体系的总体格局，纳入文化体制改革重点任务，强化政府对文化馆总分馆制建设的领导、统筹和保障。

第二，树立"条件"意识，建立基本标准。总馆要具备统筹规划、组织协调、引领示范、服务援助的功能，分馆要具备提供和总馆大体一致水平服务的能力，防止"翻牌式""运动式"总分馆。

第三，解放思想，突破传统体制束缚，鼓励社会力量参与。文化系统以外的公共文化机构、社会力量兴办的各类艺术培训机构，只要具备基本条件，都可以纳入文化馆总分馆体系，协同提供全民艺术普及服务，纳入总分馆制的统筹和保障，形成开放、共享的文化馆总分馆服务体系。

第四，明确目前阶段文化馆总分馆制的功能与运行机制。文化馆总分馆制以县域为基本单元，主要功能是整合县域内群众文化艺术资源，加强对县域内文化活动、文艺创作、文艺辅导、送戏下乡、队伍培训以及演出器材设备调配等方面的统筹。有条件的地方可以探索总馆统一管理或参与管理各分馆人财物。

总之，文化馆总分馆制建设需要与地方经济社会发展水平、财政和行政管理体制相适应，因地制宜、分类实施，避免"一刀切"。

6. 深入实施法人治理结构改革

文化馆法人治理结构建设是由传统管理方式向现代治理方式的转变，是与国家治理体系和治理能力现代化相适应的体制机制改革。理顺政府与文化馆的关系，进一步落实文化馆法人自主权，引入社会力量参与，形成多元治理结构，提高文化馆自身发展能力，是转变政府职能，实现政事分开、管办分离的重要途径，也是文化馆建立法人治理结构需要着力解决的问题。

文化馆建立法人治理结构的根本目的，是增强发展动力，激发内部活力，从而提升服务质量，提高服务效能，更好地实现公益目标。因此，文化馆在建立法人治理结构过程中的所有改革，都应该着眼于服务内容的拓展，服务方式的创新，聚焦服务效能和质量，不能让建立法人治理结构只是停留在组建理事会等形式上。坚持公益属性、完善治理方式、提升服务效能，是衡量文化馆法人治理结构建设成效的关键。

文化馆法人治理结构改革，应当全面贯彻中宣部等中央七部门印发的《关于深入推进公共文化机构法人治理结构改革的实施方案》要求，建立以理事会为主要形式的法人治理组织结构、明确相关方职责、制定机构章程、规范管理运行、加强党的建设。

文化馆实施法人治理结构改革的关键是加强关联制度配套建设，落实文化馆法人自主权。一是在落实人事管理自主权，文化馆可依法自主决定本单位的内部机构和岗位设置；自主制定公开招聘工作人员方案和竞聘上岗办法；自行组织人员录用和竞聘上岗工作；推动符合条件的文化馆按照职称评审权限自主开展职称评审。二是在扩大收入分配自主权方面，文化馆在核定的绩效工资总量内，绩效工资分配向关键岗位、高层次人才、业务骨干和做出突出成绩的工作人员倾斜；开展优惠文化服务和文化创意产品开发取得的事业收入、经营收入和其他收入，可用于文化馆的设施维护管理，以及公益文化服务、藏品征集、继续投入文化创意产品开发、对符合规定的人员予以绩效奖励等；给予公共文化机构一定的资金统筹配置权。三是在加强民主管理和社会参与方面，涉及文化馆全体职工切身利益的重大事项，在提交理事会决策前，按有关规定提请职工代表大会讨论；以捐资、捐赠等形式支持文化馆建设的企业、社会组织和其他社会力量，符合条件的可以选派代表参加理事会。四是在创新服务内容和方式方面，结合法人治理结构建设同步建立反映公众需求的征询反馈制度、有公众参与的考核评价制度，为推动文化馆进一步改进服务方式和手段、激发文化创造活力、提升服务效能提供制度保障。

第二部分　行业观察

文化馆全民艺术普及与优秀传统文化传承

武　江　赵保颖 *

推动全民艺术普及与优秀传统文化传承，是丰富人民群众精神文化生活、提高全民族文明素质的重要途径，是增强文化自信、促进中国特色社会主义文化繁荣发展的重要战略。

党和政府高度重视全民艺术普及与优秀传统文化传承工作。2017—2018 年期间，多项法律、政策的出台和实施指导与保障了全民艺术普及和优秀传统文化传承工作。特别是 2018 年 9 月召开的全国宣传思想工作会议，提出了"举旗帜、聚民心、育新人、兴文化、展形象"的使命任务，为文化馆落实和推进全民艺术普及与优秀传统文化传承指明了发展方向。

一、政策法规出台指引发展方向

在全面依法治国的今天，政策法规的出台与实施是文化工作的"定海神针"，为文化事业发展指引方向，并予以强力保障。2017—2018 年期间，有若干部重要政策和法规的出台与实施，全面推动了全民艺术普及与优秀传统文化传承。

1. 国家制定实施的重要法律

《中华人民共和国公共文化服务保障法》（以下简称《公共文化服务保障法》），于 2016 年 12 月 25 日由第十二届全国人民代表大会常务委员会第二十五次会议通

---

　*　武江，华东师范大学信息管理系教授。赵保颖，研究馆员，中国文化馆协会秘书长。

过，自 2017 年 3 月 1 日起实施。

《公共文化服务保障法》是文化领域的"基本法"，具有综合性、全局性、基础性的特点，涵盖文化馆、图书馆、博物馆、美术馆等所有公共文化服务领域。该法第二十七条明确规定"各级人民政府应当充分利用公共文化设施，促进优秀公共文化产品的提供和传播，支持开展全民阅读、全民普法、全民健身、全民科普和艺术普及、优秀传统文化传承活动"。

文化馆作为我国普遍设立的以公民艺术素养教育为己任的公共文化设施，开展全民艺术普及与优秀传统文化传承活动，是法律赋予的使命与责任。

2. 中办国办印发实施的重要政策

《国家"十三五"时期文化发展改革规划纲要》，由中共中央办公厅、国务院办公厅于 2017 年 5 月印发实施。该纲要是宣传文化领域贯彻《中共中央关于制定国民经济和社会发展第十三个五年规划的建议》和《中华人民共和国国民经济和社会发展第十三个五年规划纲要》的专项规划，也是指导"十三五"时期文化发展改革的重要纲领和遵循。该纲要就传承弘扬中华优秀传统文化方面提出五大要求：一要加强中华优秀传统文化研究挖掘和创新发展，二要开展中华优秀传统文化普及，三要加强文化遗产保护，四要传承振兴民族民间文化，五要保护和发展传统工艺。

《关于实施中华优秀传统文化传承发展工程的意见》，由中共中央办公厅、国务院办公厅于 2017 年 1 月印发实施。该意见以中央文件形式专题阐述中华优秀传统文化传承发展工作。该意见明确传承发展中华优秀传统文化的重要方针——坚持创造性转化和创新性发展，使中华民族最基本的文化基因与当代文化相适应、与现代社会相协调，从而为文化馆把优秀传统文化贯穿公民艺术素养教育始终、滋养文艺创作、融入生产生活明确了工作原则和发展方向。

3. 国家文化主管部门印发实施的重要规划

文化部、工业和信息化部、财政部 2017 年 3 月共同印发实施《中国传统工艺振兴计划》。传统工艺是优秀传统文化的重要表现方式，该计划提出要遵循"尊重优秀传统文化、坚守工匠精神、激发创造活力、促进就业增收、坚持绿色发展"原则，使传统工艺在当代生活中得到新的广泛应用。计划明确以国家级非物质文化遗产代表性项目名录为基础，对具备一定传承基础和生产规模、有发展前景、有助于带动就业的传统工艺项目，建立国家传统工艺振兴目录。开展包括非物质文化遗产在内的民族民间文化传承保护，是文化馆的日常工作内容。该计划也为文化馆进一步推进传统工艺振兴提出新命题。

文化部在 2017 年上半年，陆续出台了"十三五"时期文化发展改革规划和若干专门规划，都将全民艺术普及与优秀传统文化作为专门任务加以落实。其中，《文化部"十三五"时期文化发展改革规划》于 2017 年 2 月印发，是指导"十三五"时期文化系统发展改革工作的总体规划。该规划要求深入开展艺术普及活动，主要包括：发挥各级文艺院团、艺术院校作用，开展面向基层、面向学校的公益性演出；推动在高等院校和中小学普及艺术教育，持续推进高雅艺术进校园；依托公共文化机构开展形式多样的公益性艺术培训，规范引导社会艺术水平考级健康发展；制定繁荣群众文艺发展规划，创作推出更多优秀群众文艺作品。该规划还要求把弘扬优秀传统文化与发展现实文化有机统一起来，在继承中发展，在发展中继承，实现中华优秀传统文化创造性转化和创新性发展。

《"十三五"时期繁荣群众文艺发展规划》于 2017 年 5 月印发实施，是文化部出台的首个全面指导群众文艺工作的五年规划，弥补了宏观政策的短板。该规划在全民艺术普及方面，提出了四方面要求：一是各级公共文化机构将开展艺术普及活动作为免费开放的重要内容，纳入基本服务项目，常年举办公益性艺术讲座、展览和培训活动；二是开展"戏曲进乡村"活动，普及推广戏曲艺术，丰富基层群众精神文化生活；三是开展"高雅艺术进校园""戏曲进校园"活动，让广大学生接受艺术熏陶，提升艺术鉴赏能力；四是加强群众文艺骨干队伍培训，促进艺术普及活动质量和水平提高。该规划在优秀传统文化传承方面，要求深入挖掘和提炼优秀传统文化中的有益思想和艺术价值，对优秀传统民间音乐、舞蹈、戏剧、曲艺等作品进行改编和艺术提升，并注入新的时代精神和创作元素；特别是实施优秀舞台艺术作品移植改编计划，鼓励各地文化馆（站）移植改编优秀文艺作品，开展惠民演出。

公共数字文化建设是加快构建现代公共文化服务体系的重要任务，《文化部"十三五"时期公共数字文化建设规划》于 2017 年 7 月印发。该规划结合公共数字文化平台建设、资源建设、服务推广等重点和关键环节，强调了全民艺术普及基础资源库和地方特色文化资源库建设。其中，全民艺术普及基础资源库，着眼于保障人民基本文化权益、提高全民艺术素养，规划和建设覆盖各艺术门类的全民艺术普及基础资源，满足艺术鉴赏、艺术培训、艺术实践等活动的基本资源需求；地方特色文化资源库，则以传承传播优秀传统文化、弘扬革命历史文化、展示当代文化艺术发展和群众文化建设成果为目标，以数字化、影像化等方式，生动形象地讲述中国文化、中国故事。

4. 地方配套出台的重要法规

为了贯彻落实《中华人民共和国公共文化服务保障法》，2017—2018 年期间，一些地方省市已经制定出台了地方性公共文化服务保障条例。如《浙江省公共文化服务保障条例》《天津市公共文化服务保障与促进条例》《湖北省公共文化服务保障条例》等。

这些地方性法规都将全民艺术普及和优秀传统文化传承写入法律条文，并提出了一些具体措施。如浙江省鼓励和支持文化馆等文化单位传承发展中华优秀传统文化，推进戏曲、书法、传统体育等中华优秀传统文化进校园活动，鼓励和支持非国有艺术馆等设施向公众免费开放。

二、行业"龙头"组织协调推进发展

全国公共文化发展中心和中国文化馆协会是全国文化馆资源建设和文化活动开展的重要组织者和发动者。2017—2018 年期间，其在全民艺术普及和优秀传统文化传承方面，做出了不懈努力，取得了不俗成绩。

1. 推进全民艺术普及慕课建设

全民艺术普及慕课是互联网时代各级文化馆资源建设、服务创新的重要突破口，对于丰富全民艺术普及的供给内容，创新全民艺术普及的服务方式，变革文化馆传统的思维方式、工作方式和业务流程具有重要意义。

在我国，慕课应用于全民艺术普及还是一项比较新颖的工作。为了帮助文化馆从业人员全面了解全民艺术普及慕课的性质、特点、制作流程、发布实施、教学组织等基本情况，中国文化馆协会委托理论研究委员会和北京大学国家现代公共文化研究中心合作研究编写了《全民艺术普及慕课建设指南》，用以指导慕课资源建设和服务实践，并于 2017 年文化馆年会上公开发布，是我国第一个全民艺术普及慕课建设规范。

为充分利用互联网，尤其是移动互联网推动全民艺术普及工作，全国公共文化发展中心将文化共享工程从主要面向全国公共图书馆向覆盖全国文化馆行业拓展，并且针对慕课开发了全新的系统，建设了系列慕课资源。在全国公共文化发展中心的组织下，2017—2018 年有 12 个省（区、市）的 19 家单位申报了 27 个文化共享工程慕课资源建设项目，预计可完成 3 588 集课件，内容涉及音乐、舞蹈、戏曲、书法、绘画等内容，建成后将通过文化共享工程慕课平台提供服务。

2. 为基层数字资源建设提供有效支撑

全国公共文化发展中心联合各省建设中华优秀传统文化、全民艺术普及、精准扶贫专题数字资源，2018 年已完成 50.8TB 资源建设量。微视频、微音频、动漫等适用"两微一端"服务的数字文化产品日趋丰富，基层资源服务供给更加精准、有效。通过国家数字文化网等重点平台，文化馆（站）和图书馆及社会化合作平台推送数字资源 40 批次。

其中，以资源服务宝等为媒介，向 1 835 个中西部贫困地区文化共享工程县级分支中心配送最新电影、少儿动漫、讲座、文化微课等数字资源，向乡镇（街道）一级的基层综合性文化服务中心等 10 000 个公共文化服务机构配送文化艺术、社区生活、少年儿童、文旅超市等 5TB 的音视频、电子书、图文、课件等数字资源，逐步实现资源配送乡镇全覆盖。

3. 探索新型"互联网＋群众文化活动"服务供给模式

借力新媒体数字资源的生产方式，带动各级文化馆通过开展丰富的群众文化活动，持续、动态地建设质量高、基层参与度高的群众文化类数字资源，可以奠定全民艺术普及的资源基础，为公共数字文化服务提供重要的内容支撑。

全国公共文化发展中心和中国文化馆协会启动的"百姓大舞台"品牌项目，被纳入 2017 年中央转移支付地方公共数字文化专项经费支持项目。该项目通过 20 个省及 5 个计划单列市的 72 个特色群众文化活动项目的试点，探索建立了以资源建设为核心、信息技术为支撑，以新媒体为主要渠道，以服务效能提升为目标的新型"互联网＋群众文化活动"服务供给模式。

2018 年度，中国文化馆协会组织开展了"欢跃四季"全国百姓广场舞普及推广优秀案例征集和展演视频征集，举办了 2018 年全国"乡村春晚"百县万村网络联动以及"艺术普及：发现生活之美"文化馆故事微视频征集活动，起到了示范引领作用。

4. 开展网络直播引领服务新时尚

全国公共文化发展中心搭建国家公共文化数字支撑平台，试点升级推出了国家公共文化云。一方面加大数字文化资源建设力度，与需求对接，打造出"心声·音频馆""大众美育馆""社区文化生活馆"等公共数字文化产品，供各级文化馆面向社区群众、青少年和残障人群开展音、视频点播与信息交流共享服务。另一方面，联合各级文化馆推出地域特色浓厚、区域影响力大、普惠效果好的演出、培训、展览展示、赛事等各类优秀群众文化活动，纳入"百姓大舞台"项目，通过中国文化网络电视、国家数字文化网等平台渠道在全国互动播出，在升级推出的国家公共文化云上，精选各地方优秀的群众文化品牌活动，进行网络直播。

2017 年"百姓大舞台"全年开展直播和录播活动 208 场，其中直播活动 91 场，录播活动 117 场，视频资源总时长达到 500 小时，同步收看人次达到了 1 960 万。2018 年完成 199 场，其中直播活动 94 场，录播活动 105 场，取得显著效果。

5. 举办全民艺术普及与优秀传统文化传承系列培训班

文化馆从业人员培训工作是发挥中国文化馆协会行业管理、行业协调、行业交流职能，建立高素质、高水平文化馆行业专业人才队伍，有效凝聚行业力量，增进业界交流，加速推进现代公共文化服务体系建设的重要抓手。

2017 年，中国文化馆协会策划实施的"全民艺术普及技能提升计划"被文化部纳入《"十三五"时期繁荣群众文艺发展规划》，依托设立在中央文化管理干部学院的协会培训委员会，全年成功举办了 17 个培训班，700 余人次参加。培训班分为示范性培训、专业艺术人才培训、专题性培训 3 个序列面向县级以上（含省、市、县）文化馆，内容包括舞蹈、书法、美术、摄影、合唱、群众文艺创作、公共数字文化、文化志愿服务、舞台美术设计等多个门类，与文化部全国基层文队伍培训工作和中央文化管理干部学院"全国文化干部素质能力提升工程"互为补充，形成政府主导、专业培训机构和行业协会协调统一、分层覆盖的文化馆人才队伍培训格局。2018 按需灵活调整班次，成功举办了 7 个培训班。

三、地方实践创新举措助力发展

创新来自实践，全国各地积极落实党和国家政策法规要求，在全民艺术普及和优秀传统文化传承工作中涌现出一大批先进典型。2017—2018 年期间，各地以文化馆为核心积极推动全民艺术普及和优秀传统文化传承的创新。

1. 广西壮族自治区"全民艺术普及日"

从 2017 年起，广西壮族自治区将每年的 5 月 23 日确立为"全民艺术普及日"，旨在推进全民艺术普及服务，促进全民艺术普及制度化、标准化、规范化、常态化，营造全社会参与艺术普及的良好氛围，提升公共文化服务的群众认知度和影响力。

2017 年 5 月 23 日，广西首届全民艺术普及日活动在柳州市启动，围绕"文化馆（站）艺术普及""助力脱贫攻坚艺术惠民"等主题，持续一个月广泛开展形式多样、丰富多彩的全民艺术普及活动。全区各级群众艺术馆、文化馆（站）充分利用场地、网站、微信、移动客户端及讲座、培训、巡展等各种载体和平台，以生动有趣的方式和多种多样的途径向全民普及艺术知识；同时走进贫困县、贫困村，开展免费艺术培训和文化志愿服务；此外，还为空巢老人、留守儿童、农民工和残疾人等重点群体开展形式多样的艺术普及服务。

2018 年是广西"全民艺术普及日"开展的第二年，5 月 22 日，"全民艺术普及日"系列活动以"唱响广西"为主题在南宁启动，在全区开展形式多样的文化惠民活动，集中展演全民艺术普及成果。参与单位有全区文化馆、图书馆、博物馆、美术馆、非遗传承基地等单位，以惠民演出、公益培训、交流讲座、艺术展览、成果展演、普法宣传等为载体，开展各类活动达 100 多场，时间持续一个月。

2. 宁波市"一人一艺"全民艺术普及工程

2016 年 12 月，宁波市人民政府办公厅印发《关于"一人一艺"全民艺术普及工程建设的实施意见》，标志着宁波市"一人一艺"全民艺术普及工程的正式启动。2017—2018 年期间，宁波市全面推进全民艺术普及工作，成功打造了以宁波市文化馆为核心的全民艺术普及共享生态圈，取得巨大成效。

"一人一艺"全民艺术普及工程被列入《宁波市国民经济和社会发展第十三个五年规划纲要》民生实事重点工程。以人民群众的文化艺术需求为导向，创新性地提出的全民艺术知识普及、全民艺术欣赏普及、全民艺术技能普及和全民艺术活动普及 4 个主要任务和中小学生艺术普及、特殊群体扶持 2 个专项任务，构建了"4+2"内容体系，奠定了全民艺术普及内容体系的框架和基础。各级文化馆是各级群众文化艺术服务体系的核心主体，组织、协调、带动各类文化资源、各种文化类社会组织和文化企业参与，开展全民艺术普及工作。在理念、机制、服务、管理等方面不断创新，解决了以往文化馆艺术普及服务"小众化"问题，打破了传统文化馆"孤岛运行"、单打独斗的格局。

宁波市政府为社会力量参与全民艺术普及提供场地、资金、政策扶持，采取奖励、补贴等激励措施，并以政府购买服务的方式鼓励社会力量参与全民艺术普及工作，极大地调动了社会力量的积极性，带动了社会艺术培训和文化消费双发展。到 2018 年底，社会艺术培训联盟机构数达 100 多家，为宁波市公共文化服务事业注入了新鲜的、丰富的、广泛的活力。

为了保障全民艺术普及工程的顺利开展，宁波市还制定并发布了一系列政策文件和地方标准，包括《宁波市引导社会力量参与全民艺术普及的实施办法》《宁波市艺术普及培训机构评级与扶持办法》《"一人一艺"社会联盟管理办法》《宁波市全民艺术普及社会联盟公约》《"一人一艺"全民艺术普及服务规范》《"一人一艺"考级评定标准》《宁波市"一人一艺"全民艺术普及"十进"活动项目方案》等。同时，宁波市以市民卡、文化艺术卡制度为基础，全面推行"积分"激励制度，鼓励市民自主选择参加，保障艺术普及常态化开展与艺术普及的项目、渠道和方式，制定《宁波市群众文艺团队星级评定办法》和《宁波市艺术普及考级办法》，形成了一整套面向群众文艺团队及市民个人艺术素养的评定和激励机制。

3. 东莞市"一核多元"文化馆总分馆制

文化馆总分馆制是实现区域内的全民艺术普及和优秀传统文化传承资源共建、人员共用、服务共享的重要组织方式。继大渡口区文化馆总分馆制、嘉兴市文化馆"中心馆—总分馆制"之后，2017—2018年期间，东莞市文化馆立足实际，探索多种运行模式、渐进式科学发展的总分馆制，形成资源共享、人员互通、服务联动、品牌共建的"一核多元"建设格局，成为当前文化馆总分馆制建设的新典型。

"一核"，是指总分馆体系中，东莞市文化馆为总馆，发挥出"核心"作用。"多元"，是指总分馆制组织方式的多样化，根据园区、镇（街）的情况，总馆与之分别建立"平台联盟式""业务派驻式""管理委托式"关系；针对小众群体、特殊群体，建立"共享文化馆"关系；针对社会力量参与，建立"品牌连锁式"关系。总馆根据分馆的发展情况，可以及时调整与分馆的关系。

"多元"的目的，在于实现全民艺术普及资源的分级配置，既发挥总馆统筹功能，又为分馆"量身定做"，精准带动分馆发展水平同步推进。针对分馆的发展水平从高到低，总馆在资源的配置强度上梯度递减：对于公共文化服务条件水平较高、人财物保障较为充裕的园区、镇（街），采用"平台联盟式"（合作型），总馆与分馆以联盟的形式缔结关系，实现互联互通、共建共享、品牌合作共建、发展各具特色。对于产品和服务亟须提档升级，特别是人才队伍力量较为薄弱的园区、镇（街），采用"业务派驻式"（输入型），由总馆向分馆派驻人员担任业务副馆长，指导分馆业务开展。对于基本服务供给相对短缺的园区、镇（街），采用"管理委托式"，由总馆组建托管团队对分馆进行统筹管理。对于小众群体、特殊群体的精准服务需求，采用"共享文化馆"，以文化产品和文化服务配送为抓手，采取定点和流动两种方式，实现资源共通共享。对于社会力量参与，采用"品牌连锁式"建立社会分馆，总馆负责为分馆提供统一的标识系统，提供业务和资源支持；分馆在总馆指导下，通过社会供给、购买服务等方式，突出特色文化服务。

为保障总分馆制建设的有序推进，东莞市在出台《东莞市文化馆制建设实施方案》基础上，还先后配套出台了《东莞市文化馆服务规范》《东莞市文化馆总分馆服务标准》《东莞市文化馆分馆考核标准》等标准规范，推出了文化馆总分馆的"东莞标准"，实现数量指标化、质量目标化、考核规范化。

4. 苏州市公共文化中心"互联网 + 文化馆"服务创新

苏州市公共文化中心（苏州市文化馆）积极探索互联网环境下的全民艺术普及和优秀传统文化传承，在完成"网上文化馆""大型数字互动墙""名人时光隧道""网络歌手大赛"等项目之后，2017—2018 年期间，又相继推出全民艺术普及慕课、"文化创客中心"、名人名篇网络诵读大赛等项目，集成创新互联网环境下的文化馆服务。

着眼于中华优秀传统文化的保护传承、教育普及、创新发展和苏州崇文重教、精致典雅、开放包容的地方文化特质，全民艺术普及慕课选定了裴金宝吴门古琴与杭鸣时粉画两项开展课程建设，并于 2017 年建成吴门古琴、粉画共 40 节慕课。在慕课课程建设的策划实施中紧扣 3 个要素：一是课程精微化，效能最大化。将每节课时长度控制在 10 分钟以内，每节课重点展示 2 至 3 个学习要点。二是学习课程互动化。通过弹奏音视频作业上传、绘画图片作业上传、学员作业互评等功能设置，让学员与老师、学员与学员多维互动，快速提高学习进度。三是学习平台开放化。设计了开放式的慕课学习时间及学习进度，将充分自主与循序渐进学习方式有机结合，有助于个体差异化学习。

"文化创客中心"项目于 2017 年 12 月完成验收，2018 年试开放运营。该中心设置了演播室体验区、多媒体互动区及展示体验区 3 个互联空间，实施 Wi-Fi 全覆盖，配备虚拟演播室（文化直播间）、VR 虚拟现实互动体验设备、三维扫描仪、3D 打印机、AR 增强现实讲解教学系统、公共文化服务自助导览机以及可远程多场馆展示的拼接显示大屏等设备，设计、推出以唐伯虎和罗伯特·肖特为导览的 VR 虚拟现实互动项目，展示苏州深厚历史文化底蕴和灿若星辰的名人文化，以及高度发达的社会经济，同时满足创客、非遗传承人、民间手工艺人创新需求，实现了公共电子阅览室升级换代，特色鲜明。该中心建设为创客提供了一个可持续发展的服务空间，为社会大众提供一个了解创客文化的窗口，促进了文化馆实体空间拓展创新，为全民艺术普及和优秀传统文化传承提供了新服务模式。

名人名篇网络诵读大赛，运用互联网思维，创新活动模式和载体，打破时空阻隔。初赛、复赛均通过网络进行，最大限度扩大活动的覆盖面和参与面，让优秀传统文化在现代生活中得到广泛传播。2017 年 8 月，苏州市公共文化中心联合安徽名人馆、重庆历史名人馆、杭州名人纪念馆，主办了"不忘初心——中华名人名篇网络诵读大赛"，共吸引了 7 261 名选手参赛，收到参赛作品 8 955 份。参与投票人次逾 235 万，大赛官网、微信浏览量逾 650 万次。2018 年 8 月，又启动了"咏赞新时代——第二届中华名人名篇网络诵读大赛"，大赛除了初赛采用零门槛线上参赛方式外，还特别推出"文化直播间"活动，邀请参赛选手在虚拟演播厅体验"身临其境"，吟咏出属于自己的新时代文化心声，在自助式点播、录播系统中开辟大赛活动专区，为参赛者提供更便捷、高效、多元的参赛体验。总计有 395 万人次参与投票，关注浏览达人次到 736 万，122 万余人次观看现场网络直播。

5. 台州市文化馆《"文化超市"公益艺术培训服务规范》

"文化超市"是台州市文化馆的品牌公益文化活动，始于 2008 年。培训方式从最初的点对点艺术服务，到文化超市阵地艺术门类服务，再到当前的多元文化、多方面视角的惠民服务，每年上半年和下半年各一期，截至 2018 年底已连续举办了 23 期。学员从最初的一期 100 人左右，发展到近些年来每期 1 000 人左右。

为了保障"文化超市"公益艺术培训服务有序发展、扩大社会力量参与全民艺术普及和优秀传统文化传承服务规范，台州市文化馆主导起草了《"文化超市"公益艺术培训服务规范》（DB 3310/T 43—2017），并于 2017 年 9 月发布实施，填补了公益文化服务领域的标准空白。

标准规定，"文化超市"的公益艺术培训是指各级文化馆（站）或经其指定的社会培训机构面向社会公众提供的免费或非盈利培训，通常包括戏剧、曲艺、音乐、舞蹈、美术、书法、摄影、传统文化等项目。其中，社会培训机构须依法取得相应证照、无不良办学记录，并且通过各级文化馆（站）组织的资质审验。

标准指出，公益艺术培训必须建立完善的包括培训服务管理、学员管理、教师管理、后勤管理、财务管理、应急预案在内的各类制度，并且对培训师资、场地设施、数字化服务等提出了基本要求。

标准还就服务流程中的课程设置、招生报名、结业等各环节与要点，提出了具体要求。为了保障培训服务质量，加强供需对接，标准还在附录中提供了针对文化超市和培训师资的学员满意度调查标准问卷，以助力公益培训的服务评价与不断改进。

6. 浦东、东莞、成都等地"文采会"

文化馆社会化发展，通过整合、利用社会资源，丰富文化馆服务内容，创新服务方式，提升服务水平，扩大服务覆盖面，增强服务适用性。政府向社会力量购买公共文化服务，是驱动文化馆社会化发展的核心政策。近几年来，上海浦东、广东东莞市、四川成都市相继以"文采会"的形式，创新政府购买方式，扩大采购范围，成为解决供需矛盾的有效途径。

2017 年浦东新区举办了首届"文采会"，2018 年，东莞市举办了首届"文采会"，探索打造公共文化产品展示交流、采购服务的平台，由基层单位和群众点单，实现供需对接，更精准地满足群众的文化需求。这些活动通常由当地政府或文化部门主办，文化馆承办。

在文采会这个平台上，供应方通过现场展演、固定展示、APP 推广等方式，展示所提供的文化产品内容和亮点，公共文化机构、公众、企业等需求方通过现场参观、网上观看等渠道，观摩了解可供选择的产品内容，选择感兴趣的文化产品，并反馈给内容采购方，进行"私人订制"。采购据此确定采购的种类、内容、形式、数量，并根据实际情况，确定供给地点、范围等，针对性地满足各类人群的文化需求。在东莞，为了让参展项目更有针对性、更符合采购方的需求，主办方还发布了部分采购清单，在提供丰富的、可供选择的产品基础上，提高对接效率。

在文采会现场，招募了数量众多的群众观察员（文化体验师），在观摩各类展示、文艺演出的同时，与采购方、供应方面对面沟通，表达各自的文化需求，并通过问卷等方式评分反馈。这一举措，既能为政府的公共文化产品采购提供数据支撑，也便于内容供应方把握市场需求，不断完善、创新产品和服务。

文采会的产品范围丰富多样，涵盖文艺演出、展览展示、培训讲座、文化活动策划、数字公共文化服务等诸多类目，供应方既有专业院团、企业提供的产品，也有群众自发组建的文艺团队。比起传统的政府采购文化产品的模式，文采会为群众自创的文化产品提供了更为广阔舞台——各类新兴文化创意产品、小众艺术、基层自创文化品牌和项目、群众文艺队伍都能进入文化市场，展示自创的文化产品。

文采会不止为公众提供了观摩公共文化产品、表达需求的渠道，也为各类文化产品供应方提供了展示的舞台——种类丰富的戏剧、便捷新颖的公共文化设备、创意层出的文创产品、形式多样的艺术表演，在双向交易的平台上得到充分展示。

文化馆是社会主义公共文化服务体系的重要组成部分，必须坚持社会主义先进文化前进方向，坚持以人民为中心，坚持以社会主义核心价值观为引领，保障人民群众基本文化权益，丰富人民群众精神文化生活，普及文化艺术和传承中华优秀传统文化，坚定文化自信，提高全民族文明素质。

根据党和国家政策，结合文化馆的自身职业使命，应当将推动、引导、服务全民艺术普及和优秀传统文化传承，始终作为文化馆业务工作的核心内容和重要任务。

新时代群众文艺创作：使命与变革

徐　玲 *

　　群众文艺作为中国特色社会主义文艺的重要组成部分，历来在丰富群众精神文化生活、提升国民素质和社会文明程度方面发挥着重要作用。近年来，在党中央、国务院的高度重视下，特别是在习近平总书记关于文艺工作系列重要讲话精神和《中共中央关于繁荣发展社会主义文艺的意见》等文件精神的指引下，我国社会主义文艺工作取得丰硕成果，百花竞放、蓬勃发展，涌现出一大批人民喜爱的优秀作品。

　　2017—2018 年，群众文艺创作的顶层设计取得了突破性进展，在法律和政策保障下，群众文艺工作得到了更多关注和支持，机制不断完善，群众文艺创作人才队伍建设持续推进。文化和旅游部群星奖评奖制度持续改革，"互联网＋"公共文化服务理念深入人心，数字文化馆建设进入高潮，以数字化、信息化技术为特征的现代科技在文化馆行业建设中的广泛应用，对群众文艺创作的内容生产、组织管理和传播推广都产生了深远的影响。

一、顶层设计实现历史性突破

　　2017—2018 年，一系列与群众文艺创作相关的法律政策出台，思路清晰，导

---

　　*　徐玲，北京文化艺术活动中心理论调研部主任，研究馆员，中国文化馆协会理论研究委员会委员，全国文化馆标准化技术委员会委员。

向鲜明，填补了顶层设计的空白。

2017 年 2 月，《文化部"十三五"时期文化发展改革规划》正式发布，明确了"十三五"时期文化发展的总体思路、目标和任务，强调要"繁荣群众文艺，完善扶持机制，搭建展示平台"，并要求"制定繁荣群众文艺发展规划，创作推出更多优秀群众文艺作品"。

2017 年 3 月 1 日，作为我国文化领域第一部基础性、全局性、综合性法律的《中华人民共和国公共文化服务保障法》正式实施。该法在总则中明确规定，"支持优秀公共文化产品的创作生产，丰富公共文化服务内容"，为繁荣发展群众文艺提供了法律依据和法律保障。

2017 年 5 月，文化部发布了《"十三五"时期繁荣群众文艺发展规划》（以下简称《规划》），这是我国群众文艺工作方面的首个五年规划，对繁荣群众文艺具有重要意义：一是强化了繁荣群众文艺的政策保障，弥补了宏观政策的短板，有助于完善群众文艺工作的制度设计，为繁荣群众文艺提供了有力的政策支撑。二是强化了各级文化行政部门的主体责任，要求各级文化行政部门切实加强对群众文艺工作的组织领导，将繁荣发展群众文艺纳入地方"十三五"文化发展规划，纳入繁荣发展社会主义文艺总体安排，纳入构建现代公共文化服务体系整体部署，纳入意识形态工作责任制，加强政治引领、把关；还明确了各级文化行政部门的重点任务，为繁荣群众文艺提供了坚实基础。三是强化了以人民为中心的工作导向。要求将丰富人民群众精神文化生活、保障人民群众基本文化权益作为群众文艺工作的出发点和落脚点，深入生活、扎根人民，创作生产人民群众喜闻乐见的优秀作品，组织提供人民群众乐于、便于参与的文化服务和活动。聚焦激发人民创造活力，要求充分尊重人民群众主体地位和首创精神，以基层群众为服务对象和表现主体，坚持重心下移，完善扶持机制，引导群众自我表现、自我教育、自我服务，不断提升广大人民群众的获得感和幸福感。

《规划》共分 3 个部分。第一部分包括指导思想、基本原则和发展目标，提出按照坚持正确导向、坚持群众主体、鼓励社会参与、坚持普及与提高相结合、坚持继承和创新相结合的基本原则，到 2020 年，基本形成群众创造活力迸发、精品力作不断涌现、人才队伍日益壮大、文艺活动蓬勃开展的群众文艺繁荣发展新格局。第二部分从推出优秀群众文艺作品、广泛开展群众文艺活动、完善群众文艺工作机制、培育和壮大群众文艺力量、加强群众文艺阵地建设管理 5 个方面，提出了繁荣群众文艺的 20 项重点任务。第三部分从加强组织领导、加强经费支持、加强资源整合、营造良好环境、强化责任落实五方面明确了繁荣群众文艺的保障措施。

《规划》列出优秀群众文艺作品创作提升、群众文艺示范性活动、群众文艺工作机制建设和群众文艺人才队伍建设 4 个专栏共 18 项重点项目和活动。这些项目和活动分为三类：第一类是已经开展了多年的品牌项目，如中国文化艺术政府奖——群星奖评奖、"中国民间文化艺术之乡"建设、中国老年合唱节、中国少年儿童合唱节、中国文化馆年会；第二类是近年启动的项目和活动，如优秀群众文艺作品推广活动、"戏曲进乡村"活动、"百姓大舞台"网络群众文化品牌活动、广场舞普及推广行动、群众文艺骨干培训计划、文化志愿者服务计划；第三类是提炼地方经验设计推出的新项目，如优秀舞台艺术作品移植改编计划、网络群众文艺作品征集与传播计划、群众文艺创作采风计划、专业文艺机构帮扶计划、群众文艺网络管理服务平台建设、全民艺术普及技能提升计划等。所有项目重点突出，工作基础扎实，便于各地实施和推进，具有较强的可操作性，清晰地描绘了"十三五"时期的群众文艺发展的时间表、路线图和任务书。

2017 年 10 月，党的十九大胜利召开，习近平总书记在十九大报告中明确指出：社会主义文艺是人民的文艺，必须坚持以人民为中心的创作导向，在深入生活、扎根人民中进行无愧于时代的文艺创造。

在繁荣发展社会主义文艺顶层设计的引领下，各地纷纷出台了一系列地方性政策，从制度上保障了"十三五"时期群众文艺创作的蓬勃发展。广东印发了《关于贯彻落实〈"十三五"时期繁荣群众文艺发展规划〉的具体措施》，湖南等地积极出台相关扶持政策，将开展群星奖巡演的情况纳入地方政府年度绩效考核，保证落地效果。

二、群众文艺创作围绕党和国家中心工作展开

2017—2018 年，群众文艺工作紧紧围绕深入学习宣传贯彻党的十九大精神和

歌颂我国改革开放 40 周年成果，自觉承担"举旗帜、聚民心、育新人、兴文化、展形象"的历史使命，发挥群众文艺创作贴近群众、生动鲜活、短小精悍的优势和特点，着力增强群众文艺作品的吸引力和感染力，强化社会主义先进文化阵地作用。

1. 学习宣传贯彻党的十九大精神

2017 年 10 月召开的中国共产党第十九次全国代表大会是在全面建成小康社会决胜阶段、中国特色社会主义进入新时代的关键时期召开的一次十分重要的大会。认真学习宣传贯彻党的十九大精神，事关党和国家工作全局，事关中国特色社会主义事业长远发展，事关广大人民根本利益，具有重大现实意义和深远历史意义。

2017 年 11 月 21 日，习近平总书记给内蒙古自治区锡林郭勒盟苏尼特右旗乌兰牧骑[①]队员回信，勉励乌兰牧骑在新时代，以党的十九大精神为指引，大力弘扬乌兰牧骑优良传统，扎根生活沃土，服务牧民群众，推动文艺创新，努力创作更多接地气、传得开、留得下的优秀作品，永远做草原上的"红色文艺轻骑兵"。党和国家对文化工作的高度重视，让广大群众文化工作者备受鼓舞。

紧密围绕党和国家中心工作、重大时间节点组织创作，完成一系列重大文艺演出任务是群众文艺工作的优良传统，各地群众文化工作者认真学习领会党的十九大精神，充分发挥自身优势，全身心投入党的十九大精神宣传工作。

陕西等地群文工作者积极组织主题创作，将新作与历年佳作融入当地"喜迎党的十九大"文艺会演等活动；安徽等地的群众文艺队伍主动担负起十九大精神文艺宣讲任务，通过人民群众喜闻乐见的形式，让党的十九大精神在基层落地生根。

云南依托 100 个各级文艺院团，1 000 支乡镇（街道）综合文化站演出队伍，以群众喜爱、广受欢迎的"文化大篷车"和"文艺轻骑兵"等形式，进农村、进

---

① 乌兰牧骑，蒙古语原意为"红色的嫩芽"，意为红色文化工作队，1957 年诞生于内蒙古自治区锡林郭勒盟苏尼特右旗，是装备轻便、组织精悍、人员一专多能、便于流动的小型综合文化工作队，活跃于农村牧区间，多年来坚持长期深入基层，长年为农牧民群众送歌献舞，为活跃边疆少数民族文化生活，发展民族文化事业做出了贡献。

社区、进军营，把党的十九大精神的声音传达到千家万户。依托省内各级文化馆组建"习近平新时代中国特色社会主义思想群众文艺创作中心"和"十九大精神群众文艺培训指导中心"。在庆祝建党 96 周年期间，全省举办党的十九大精神文艺宣传成果汇报演出，评选出一批"红色文艺轻骑兵"先进集体和个人。

2. 庆祝改革开放 40 周年

2018 年是全面贯彻党的十九大精神开局之年，是改革开放 40 周年，是决胜全面建成小康社会、实施"十三五"规划承上启下的关键一年。在这一年，中央宣传部、文化和旅游部等部委联合印发通知，在全国城乡广泛组织开展群众性主题宣传教育活动，为隆重庆祝改革开放 40 周年营造团结奋进的浓厚社会氛围，充分展示改革开放 40 年的光辉历程、伟大成就和宝贵经验。

全国各地群众文化机构围绕庆祝改革开放 40 周年主题，结合自身特点，开展了丰富多彩的创作活动。如福建省艺术馆以"福建文化村官的微故事"纪念改革开放 40 周年为主题面向全省开展征文活动，突出表现了改革开放 40 周年基层公共文化事业的发展、变化及成果，以及基层文化工作者的酸甜苦辣，故事性强，以小见大，充分展示基层群文工作者饱满的工作热情、积极向上的精神面貌。

浙江省则把庆祝改革开放 40 周年与 2018 年国家颁布的《乡村振兴战略规划（2018 — 2022 年）》结合起来，助推全面实施乡村振兴战略，以"让农业成为有奔头的产业，让农民成为有吸引力的职业，让农村成为安居乐业的美丽家园"为口号，举办了纪念改革开放 40 周年"乡村振兴 大美云集"摄影大赛。

天津市开展"讴歌新时代 聚力新征程"为主题的第三届市民文化艺术节，该活动贯穿全年，专门设立纪念改革开放 40 周年活动板块，主要包括第二届"群星璀璨"创作活动与艺术实践（戏剧、曲艺类）、2018"面孔"绘画摄影创作展、"美丽乡村欢乐行"文艺团队下基层巡演、"纪念改革开放四十周年"主题书展等活动。

3. 庆祝宁夏回族自治区、广西壮族自治区成立 60 周年

2018 年也是宁夏回族自治区、广西壮族自治区成立 60 周年，两个自治区以民族的盛会、人民的节日为主旨，开展了大规模的群众文化活动。通过组织富有地域特色和民族风情的群众文艺赛事活动，创作演出一批展示自治区建设成就的

群众文艺节目，繁荣了民族地区群众文艺创作，让广大自治区群众共享改革开放
40 周年和自治区成立 60 周年的发展成果、共享民族节庆的欢乐喜悦、共享新时
代的美好幸福。

喜迎自治区成立 60 周年，宁夏回族自治区举办了宁夏文化艺术节，活动覆盖
全区，通过四大板块 16 项活动，集中展示自治区文化建设取得的巨大成就。其中，
群众文化文艺活动包括第十六届中国西部民歌（花儿）歌会、"春雨工程"全国
文化志愿者宁夏行等活动。

广西不仅有城乡联动、全民参与的基层群众文艺会演，还有助推校园和乡村
文化建设的青少年传唱社会主义核心价值观主题歌曲会演、文艺村文艺户展演等
特色活动。同时，充分发挥新媒体优势，举办"德行天下　微影故事"微电影征
集展播、"我的广西记忆"线上征集、壮语读诗等系列主题活动，形成线上线下
同频共振，网上网下共同参与，带给广大群众随时听、随时看、随时晒的新体验。

三、群众文艺创作展示活动工作机制创新

党的十九大以来，在顶层设计的引领下，坚持以人民为中心的创作导向已经
成为广大群众文艺工作者的自觉意识，成为繁荣发展群众文艺的基本遵循。广大
群众文艺工作者深入学习贯彻习近平总书记讲话精神，在以群星奖巡演、广场舞
展演为代表的全国性群众文艺创作展示活动的示范引领下，更新工作理念，实现
工作机制创新，深入生活，在提高原创能力、聚焦现实题材、突出中国梦主题、
关注和记录伟大时代方面下功夫，努力提高作品质量，不断提升作品的精神高度、
文化内涵、艺术价值，创作推出了大量特色鲜明、深接地气、传递正能量、人民
喜闻乐见的优秀群众文艺作品。

1. 群星奖巡演

群星奖是文化和旅游部为繁荣群众文艺创作、推出优秀群众文艺作品、促进
群众文化事业繁荣发展、提升全民文化艺术素养、激发全民族文化创造活力而设
立的国家文化艺术政府奖。根据中央关于文艺评奖制度改革安排，群星奖作为评
奖制度改革后保留的文化和旅游部常设全国性文艺评奖项目，和文华奖并列为中

国文化艺术政府奖的子项。

2016 年举行了第十七届群星奖评选后，2017 年初，文化部启动了覆盖全国、贯穿全年的"群星奖获奖作品及优秀作品全国巡演"活动。巡演主要由示范性巡演、区域联动和各地巡演三部分组成，充分展示第十七届群星奖评奖成果，同时将历届群星奖获奖作品、第十七届群星奖优秀参评作品、各地新创节目等优秀群众文艺作品输送到基层，丰富了基层群众文化生活。

群星奖示范性巡演由文化和旅游部组织实施，分别是 4 月的北京行、6 月的重庆行以及 11 月的安徽行，共计演出 14 场。巡演活动内容丰富，形式多样，节目别具匠心，全面展现了群众文艺新风采；惠民举措切实有力，获得当地百姓的一致赞许。此外，与其他公共文化品牌联动组织的各项活动火热开展，生动地反映出群星奖在群众性文化活动开展方面的示范引导成效。其中，安徽行是群星奖获奖作品首次以整场演出形式在中国文化馆年会亮相，两大活动联手，为全国各地公共文化工作者提供了深入交流学习的机会。大家合力探索新时代群众文化工作新思路新方法，进一步提升了群星奖的行业辐射力和社会影响力，使群星奖这一群众文化品牌叫得更响、传得更开。

群星奖区域联动在京津冀、黔鲁渝、沪渝陕粤、京津沪渝等地全面铺开，各项活动开展得有声有色。省际、区际联动呈现出交流方式创新、共享范围扩大、合作机制深化的喜人景象，各地群众文化联动步伐空前加快。经过多年积累，京津沪渝、京津冀等地群众文化和旅游部门早已形成基础深厚的互动合作关系。这些地区不断总结经验，探索在更深层次、更广范围内开展交流，逐渐形成了集创作联动、品牌联创、活动联办、培训联做、平台联建、场地联用于一体、更加成熟的长效工作机制。

除了示范性巡演和区域联动，各地自主巡演活动在剧院、文化广场、学校、企业、田间地头开展得如火如荼。巡演活动得到了各地文化和旅游部门的大力支持和基层群众文化馆的热烈响应，有效调动起群众参与度；同时让优秀群众文艺作品在基层巡演过程中进一步沉淀发酵，打磨出一批群众文艺精品，激发一线创作热情。

群星奖巡演为群众文艺创作搭建起广阔的展示、交流平台，实现了区域资源互通整合。巡演间组织开展的各类交流、培训活动，提升了基层群众文化工作者整体创作水平和文化自觉性；节目在巡演中反复打磨，成为真正"接地气、传得开、留得下"的经典佳作。湖北省获奖节目《敲起琴鼓劲逮逮》就是在群星奖这个大舞台上成长并成熟起来的典型。

群众文艺作品要充分体现思想性、群众性、艺术性和公益性，尤其注重作品的群众性和公益性。参加巡演的第十七届群星奖获奖作品，是从全国各地和军队、武警、工会系统选送的 5 000 多个作品中脱颖而出的群众文艺精品；其他参演节目亦历经了各级文化和旅游部门层层筛选，集中展示了群众文艺工作者扎根基层、积极创作的丰硕成果。北京的京韵大鼓《丰碑》弘扬了不畏艰难、勇于奉献的长征精神；江苏的女声表演唱《一条叫作"小康"的鱼》展现了人民追求小康社会的美好图景；四川的群舞《我的弦》描绘了优秀传统文化在中华大地繁荣发展的美好景象；河北的评剧小戏《月缺月圆》歌颂了铁路建设者们的无私奉献精神……这些作品以音乐、舞蹈、戏剧、曲艺等多元艺术形式，展现了全国各地各具特色的风俗文化和艺术风格，多层次、多角度诠释了中国特色社会主义核心价值观，展现了全国各族人民团结一致、为实现中华民族伟大复兴的中国梦不懈奋斗的昂扬精神。

作为开展优秀群众文艺作品推广活动的典型代表，群星奖巡演还涌现出众多示范性强、值得推广的案例，体现出优秀群众文艺成果丰富公共文化服务体系建设内涵、提高公共文化服务效能的重要作用。作为民间文艺创作表演活跃的省份，黑龙江在群星奖巡演过程中对农村文化骨干和文艺爱好者开展专业培训，由"送文化"转变为"种文化"，激活了当地群众的自我创作力，实现其从被动欣赏到主动参与的转变，凸显出群星奖强劲的辐射带动作用。

巡演活动坚持群众主体，将文化惠民贯穿全程，注重引导群众在文化活动中自我表现、自我教育、自我服务。节目创作、演出团队主要来自基层文化馆（站），群众在表达对精彩文化活动热切企盼的同时，更积极投身其中，主动成为文化活动的参与者、创造者。从河北张家口百姓自发组织助演节目到山西陵川县盲人曲艺队跟随群星奖巡演队伍赶惠民场，从上海的民间直播小分队到湖北网友对获奖作品的即兴改编在朋友圈转发过万，基层百姓用实际行动表达了对群众文艺的热爱。

截至 2018 年 1 月，各地举办群星奖巡演活动共 1 900 余场，现场观演人数达 476.3 万；部分巡演还通过国家公共文化云和中国文化网络电视等媒体进行了同步直播，扩大了群星奖的辐射力和社会影响力，凸显了国家级文艺评奖的示范引导作用，满足了各地人民群众追求美好生活的精神文化需求。

群星奖三年一届，第十八届群星奖决赛于 2019 年举行，2018 年是打磨、选拔优秀作品参赛的关键阶段，全国各省区市都进行了各自的群星奖初选。如黑龙江省第十五届"群星奖"，来自全省各地 3 700 多名选手参加了本届"群星奖"的声乐、器乐、舞蹈、戏剧、曲艺、美术、书法、摄影 8 个艺术门类的比赛。江苏省第十三届"五星工程奖"，采用文艺评选与文化惠民相结合、专家评选与群众评选相结合、线下与线上相结合的创新评选方式，全省各地共推荐音乐、舞蹈、戏剧、曲艺等表演艺术类参评作品 205 个，绘画、书法等美术类参评作品 483 件，共评出获奖作品 80 个（件）。各地在群星奖初选中结合实际情况，端正态度，把群星奖作为群众文艺创作水平的检阅场，风采展示的大舞台以及各地现代公共文化服务体系建设成效的一次集中展示。

2. 全国广场舞展演

2018 年，为推动各地建立、完善广场舞工作机制，实现广场舞活动规范化、制度化，同时通过层层发动和逐级展演，吸引群众广泛参与，展现新时代人民群众的获得感和幸福感，为庆祝改革开放 40 周年营造良好氛围，文化和旅游部、国家体育总局联合主办了全国广场舞展演活动。此次展演活动围绕庆祝改革开放 40 周年，紧扣团结、奋进、喜庆、祥和的基调，着力办在基层、热在基层，着力展现新时代、振奋精气神。活动开展时间为 7 月至 10 月，县、市、省逐级举行展演，先从县、市两个层级的展演中遴选出一批本地区的优秀广场舞团队；各省（区、市）在基层展演的基础上，集中开展全省（区、市）展演活动，凸显地方特色，形成声势规模，遴选优秀广场舞团队；10 月 29 日至 31 日，来自全国 31 个省、自治区、直辖市，新疆生产建设兵团，以及高铁、民航和部分行业的共 39 个团队参加了在北京工业大学体育馆举行的集中展演。

展演活动充分发挥群众的积极性和创造性，以基层群众为服务对象和表现主体，近 1 900 名参演演员都是广场舞爱好者，包括工人、农民、退休职工等，其中年龄最大的 71 岁，最小的 10 岁。展演节目突出价值导向引领，彰显中华优秀传统文化以及地域民间风情，曲目选择上注重"中国梦"主题新创作歌曲与老百姓喜闻乐见的广场舞曲相结合，作品内容积极向上，表演形式富有创意，在广场舞推广中具有一定的示范引领作用。

展演作品是以庆祝改革开放 40 周年为主题的新创编广场舞作品或近年来创编的优秀广场舞作品，作品内容积极向上，坚持群众性、注重思想性、突出时代性，积极发挥本地区民族民间文化优势，将优秀民族民间文化资源与群众文化活动充分融合，将新时代音乐创作成果与广场舞排演有机结合，展现改革开放的喜人发展成就，反映人民对美好生活的新期待。

展演活动启动后，各地积极行动起来，根据本地地域特点、民族特色和文化优势制定相应的活动方案，并充分利用公共文化和体育设施为展演活动提供支持，加强对广场舞活动的管理引导，加强活动的组织建设和队伍建设，总结推广好做法、好经验，带动各地群众性文体活动蓬勃开展。

其中，2018 年首都市民系列文化活动的重要板块——第十三届"舞动北京"全市群众性舞蹈展示活动，分为活动启动季、街乡普及培训周、街乡展演季、区级展演季、市级展演季 5 个阶段。全市文化系统舞蹈专干在北京市范围内普及、培训广场舞编创方法和成品广场舞教学。

西藏自治区广场舞大赛以展示时代风采，筑梦幸福中国，用动人的舞姿和纯朴的笑容，表达自治区广大人民群众对新时代幸福美好生活的真挚感受和对中华民族伟大复兴中国梦的热切期盼为活动主题。评审组从表演者的仪表仪态、服装与舞蹈内容的契合度、舞蹈整齐度和队形变化、舞蹈的民族性和创意性等方面，对展演者进行评选。

内蒙古自治区的广场舞展演活动以展示北疆风采，筑梦幸福中国，用动人的舞姿和纯朴的笑容，展现改革开放的喜人变化等为主题，对宣传发动、基层展演、自治区集中展演、宣传推广、总结评估 5 个阶段做出了详细部署。

湖北省将广场舞展演活动纳入第三届湖北艺术节暨纪念改革开放 40 周年全省群众文艺展演活动中，并与中国梦主题新创作歌曲展、"欢跃四季"全国百姓广场舞活动等有机结合，统筹优质资源，协同推进，注重突出地域特点和民族民间特色，充分展示荆楚文化的魅力。

全国各层次广场舞展演活动精彩纷呈，广大群众踊跃参与。据初步统计，截至 2018 年 10 月底，全国共举办展演活动 6 225 场，参演团队 64 564 支，参演群众 209.4 万人，吸引超过 4 206 万人次观看。

四、群众文艺作品传播模式创新

《规划》指出，运用现代科技推动群众文艺工作。各地积极探索"互联网＋群众文艺"创作与传播新模式，制订并实施网络群众文艺创作和传播计划，不断提高群众文艺品牌活动和优秀群众文艺作品的影响力。依托国家数字文化网和中国文化网络电视平台，借助微博、微信、移动客户端等载体，推动优秀群众文艺作品广泛有效传播。

1. 文化共享工程地方资源建设项目

2017 年度，162 个项目通过全国文化信息资源共享工程地方资源建设项目评审，宁夏回族自治区文化馆"回族舞蹈语言的挖掘与创作"等来自全国文化馆系统的 20 余个项目获批立项。

2018 年度，214 个地方资源建设项目获批立项，其中江西省群众艺术馆"江西省赣剧系列多媒体资源库"、青海省文化馆"关爱留守儿童系列多媒体资源"、甘南州文化馆"甘南藏族民歌专题片"、大连市群众艺术馆"大连市公共文化超市资源建设项目"等来自全国文化馆系统的 70 余个项目通过评审，与上一年相比，在立项中的比重大幅增加。

2. "百姓大舞台"品牌活动

"百姓大舞台"品牌活动于 2017 年正式启动试点，作为一个创新型项目，开创了"互联网＋群众文化"的新模式，依托各地举办的群众文化活动，通过新媒体推广，开展线上线下的互动服务，给群众文化工作提供了新思路和新抓手，该项目强调基层群众参与的便捷性、互动性、广泛性，以基层群众日常关心的内容为基础，突出地方特色，富有趣味性、多样性和包容性，弘扬主旋律，传播正能量，提升文化馆公共文化服务效能。2017 年 25 家文化馆作为项目承建单位首批入围。

在试点的基础上，2018 年度，天津市群众艺术馆"梦想家"系列活动、山东省文化馆"百姓大舞台，邀你一起来"文艺演出活动、新疆维吾尔自治区文化馆"激情刀郎天天乐"等来自全国 20 余个副省级以上文化馆申报的 88 个项目获批立项，获得全国文化信息资源共享工程"百姓大舞台"品牌项目的资金支持。

3. 国家公共文化云

"开展国家公共文化云试点工作"被列为文化和旅游部 2018 年工作要点。文化和旅游部全国公共文化发展中心采取有力措施，推进国家公共文化云各项工作取得良好成效，搭建"互联网 + 群众文艺"的国家级网络平台。至 2018 年底，文化上海云、江苏公共文化云、安徽公共文化云、河南百姓文化云等多个地方公共数字文化服务平台与国家公共文化云进行了对接，累计对接资源 6 091 条。全年加载更新资源总量 14 604 条，其中音视频资源 7 782 个、文化活动 4 223 场、文化场馆 495 个。

中国文化网络电视"共享直播"全年播发各地群众文化活动、文化艺术普及讲座等 341 场，访问量 8 950 万余次，深受欢迎。直录播场次和访问人次与 2017 年的 212 场和 3 680 万次相比，分别增加了 60.85% 和 143.21%。场均访问量从 2017 年的 17.39 万次 / 场，增长到 26.24 万次 / 场，每场增加 8.85 万次，增长了 50.89%。其中，吉林省的"健康生活·悦动吉林"百姓大舞台群众文艺晚会、西藏自治区的"展示时代风采·筑梦幸福中国"——西藏自治区广场舞展演活动在线收看量均突破 160 万次。

文艺是民族精神的火炬，是时代前进的号角，最能代表一个民族的风貌，最能引领一个时代的风气。社会主义进入新时代，群众文艺的繁荣发展也开启了新征程。群众文艺工作者在坚持正确的政治方向和价值导向的前提下，需要牢牢把握人民的主题，自觉学习，潜心创作，开拓创新，让群众文艺工作益发接近群众，真正做到群众喜欢、群众参与，开创全民艺术普及的新局面，让群众文艺创作引领社会风尚，彰显时代主题。

文化馆服务效能建设的观察与思考

巫志南[*]

文化馆是我国为繁荣发展群众文化事业，健全公共文化服务，丰富人民群众文化生活，在省、市、县按行政区划设置的文化事业单位。《中华人民共和国宪法》第二十二条规定："国家发展为人民服务、为社会主义服务的文学艺术事业、新闻广播电视事业、出版发行事业、图书馆博物馆文化馆和其他文化事业，开展群众性的文化活动。国家保护名胜古迹、珍贵文物和其他重要历史文化遗产。"[①] 在这里，宪法赋予了"文化馆"作为国家发展"文学艺术事业"之一的法定地位。《中华人民共和国公共文化服务保障法》也明确了文化馆"公共文化设施"性质[②]。

文化馆作为国家发展文化事业的重要载体，作为各级政府公共文化服务职能的重要承担者，作为各级公共财力全额保障的公共文化单位，文化馆其基本职责是围绕党和国家发展大局，结合自身特点，以组织活动、举办展演、开展培训、从事创作、传习遗产、研究交流等方式，依法履行好"举旗帜、聚民心、育新人、兴文化、展形象"重要职能，推进社会教育，提高人民群众精神文化素养和所在区域精神文明建设水平。

长期以来，文化馆在我国群众文化事业发展、现代公共文化服务体系建设进程中发挥了重要作用，文化馆丰富多彩、喜闻乐见的群众文化活动，已经成为城

---

* 巫志南，上海社会科学院研究员，国家公共文化服务体系建设专家委员会委员。

① 《中华人民共和国宪法》（2018 修订），2018 年 3 月 11 日第十三届全国人民代表大会第一次会议通过。

② 《中华人民共和国公共文化服务保障法》第十四条。

乡人民文化生活的重头戏，文化馆推出的文艺精品不乏经典传世之作，文化馆源源不断地为各类专业艺术机构输送优秀文艺人才，文化馆也是保护、传承和弘扬优秀文化遗产的主力军。

中国特色社会主义全面进入"新时代"以来，我国全面落实经济建设、政治建设、文化建设、社会建设、生态文明建设五位一体总体布局，坚持中国特色社会主义道路、理论、制度和文化自信，高度重视加快构建现代公共文化服务体系，推动我国文化馆事业快速发展。各地文化馆设施建设、内容建设、队伍建设、资源建设、品牌建设进入历史最好时期。近年来，全国文化馆系统干部职工牢固树立"创新、协调、绿色、开放、共享"的发展理念，坚持"以人民为中心""以需求为导向"的工作原则，不断深化文化馆产品和服务的供给侧改革，统筹硬件建设与软件开发、兼顾历史传承与现实创新、协调均衡公平与特色效率，推动整个文化馆服务体系与时俱进、不断完善，各级各类文化馆场地设施及服务效能持续改进、有效提升。

一、对象、功能、主体多元多样提升场地设施利用效能

随着小康社会建设稳步推进，一方面人们的社会文化生活逐渐产生多选择、多样性变化，另一方面社会文化产品和服务供给也在朝着多元化、多品种方向发展。这些年来，各地文化馆积极顺应社会发展趋势，主动改变过去对象、功能、主体、服务比较单一的文艺演出、艺术培训工作模式，从一般的"唱唱跳跳"转型为分众、按需、多元的新型服务方式。

1. 对象分众

在市场经济条件下，人们不再按照千篇一律的"计划"安排自己的文化生活，而是根据自己的特点和喜好进行主动选择。目前，各地文化馆大多能结合所在地区不同群体的偏好，有针对性地提供多种样式的文艺活动及培训项目。对象分众的好处在于增进了服务选择性，扩大了群体覆盖面，也提高了场地设施利用率。上海市嘉定区依托"文化嘉定云"，所有文化馆站场地设施全面开放、公平利用，用以满足不同群体文化需求，引发文艺团队品种数量迅速增长，也导致场地设施

排队预约紧张态势，从一个侧面反映了分众服务带动设施利用效能的提升。

2. 功能按需

文化馆的最终功能是发展群众文化。发展群众文化路径是创作还是演出，是生产还是服务，是传承还是创新，是普惠还是特色，对于这些问题，仅从宏观层面提供指导是不够的，付诸实际操作还需因人、因时、因地制宜，这也是文化馆服务不同于图书馆服务的重要方面。图书馆资源相通、服务相近、规范相同，文化馆资源各不相同、内容重在特色、方式需要灵活。广东省东莞市文化馆约二分之一场地设施的空间功能，根据市民需求进行动态调节。近年来运行效能表现突出的文化馆，大多在服务项目提供上采用了"基本 + 创新"的服务方式，在基本服务健全的基础上，按需灵活设置特色服务功能。

3. 主体多元

文化馆服务面广量大、机构编少事杂，单纯依靠自身作为面向整个区域提供服务的唯一主体，无论如何难以满足来自全社会的多元文化需求。这几年各地"主体多元"创新各有高招，归结起来主要是"走出去""请进来"两种。"走出去"以浙江省宁波市文化馆为代表，宁波市文化馆结合"全民艺术普及"工作，在做好原有直接服务主体的同时，更加注重将自身转变为具有组织、孵化、带动功能的"元主体"，形成"1+300"模式，即以文化馆 1 个主体，组织带动全社会 300 个主体加盟，共同开展全民艺术普及。"请进来"以上海市群艺馆为代表，上海市群艺馆实行整体空间开放，面向全市数百家与群众文化相关的协会开放，全方位提供场地设施和综合服务平台支撑，馆内"共舞台"等各类设施，自此真正转型为全社会关注、参与的群众文艺的"共舞台"。

二、总分馆制建设推动基层文化服务改善和效能提升

2016 年 12 月 29 日，文化部、新闻出版广电总局、体育总局、发展改革委、财政部联合印发《关于推进县级文化馆图书馆总分馆制建设的指导意见》（文公共发〔2016〕38 号）。在此之前，已有浙江嘉兴、江苏张家港、重庆大渡口区等地先期试点推进。推进县级文化馆总分馆制建设既是体制创新也是机制变革，极

大地推动了基层文化服务改善和效能提升。

1. 设施互联互通

改革开放以来，我国财税"分灶吃饭"体制激发了各级政府发展经济的积极性，这是我国持续 40 年经济高速成长十分重要的经验之一。但是，"分灶吃饭"体制也导致各级政府之间社会事业发展方面"分隔"，即便是在县域，因为县—镇两级财政"分灶"的原因，县级财政难以形成对镇级社会事业的实质性支持，导致经济薄弱的乡镇、村居难以凭借一己之力提升社会事业发展水平，这也形成或扩大了同一县域城乡之间、乡镇之间的发展差距。中央推进县级文化馆总分馆制的决策，打破了县域范围内的条块分割，加大了县域公共文化服务体系建设统筹力度，有效推动了县域范围内县文化馆、乡镇文化站、村文化室的设施互联互通，从根本上提高了县域公共文化服务的均衡性。上海嘉定、浙江嘉兴、重庆江津、广东东莞、湖南株洲、江苏苏州、四川成都等地，均已全面实现县域基层文化设施互联互通。重庆市江津区还结合全区撤村并镇、大区建设的实际，创造出"区建总分馆、镇建总分站、村建总分点"的鲜活经验。

2. 资源共建共享

推动县域文化馆总分馆制建设的核心要义，在于"促进优质资源向基层倾斜和延伸"。一般而言，在县域，唯有县级文化馆拥有良好设施、专业人才、完整队伍和服务能力。城乡基层的文化站、室，往往设施陈旧、资金短缺、资源匮乏，有编无专人、在编不在岗，普遍存在不专职、不专业、不专心现象。在这种情形之下，片面责成基层镇村用好文化场地设施、开展好文化服务，如同沙上建塔、水中捞月，不解决实际问题。县域建立文化馆总分馆制，全县统筹群文资源建设与使用，县级文化馆的优质服务和资源向基层倾斜，直接延伸到镇、村，丰富了基层资源供给，也提了资源使用效能。时下，江苏省张家港市文化馆总分馆已全面实现设施装备、文艺人才、文化志愿者、服务品牌、流动服务向分馆、支馆倾斜，与城乡基层共建共享。

3. 服务标准运行

作为现代公共文化服务体系的重要组成部分，各级文化馆接受政府委托，承担政府具体公共文化服务事务，合理使用公共财政资金，必须相应建立完善的服务标准，必须面向社会提供有标准依据的服务，也必须责无旁贷地持续提高服务的标准化水平，这实质上是各级文化馆"现代性""合法性"的重要体现。2018年8月，习近平总书记在全国宣传思想工作会议上，明确要求"要推动公共文化服务标准化、均等化，坚持政府主导、社会参与、重心下移、共建共享，完善公共文化服务体系，提高基本公共文化服务的覆盖面和适用性"①。标准化既是文化馆建设的基础性工作，也是文化馆制度建设的难点，关键是正确理解人民群众基本文化权益与政府公共服务职能的相互关系，准确处理好标准服务与因地制宜、特色发展的辩证关系，精确落实好以适用的路径、渠道、载体满足人民群众美好文化生活需求的各项工作任务。江苏省张家港市在全国率先建立《县域文化馆总分馆服务体系建设标准》，合理兼顾群众权益、社会价值、政府责任、机构服务，还率先配套推出《张家港文化馆总分馆管理系统》，以数字化方式对整个体系的设施、服务、人员、资源、品牌进行标准化管理，首开县域文化馆总分馆标准化建设先河，带动全市文化馆总分馆服务体系运行效能提升至新的更高层次。

三、全民艺术普及推进传统文艺服务转型发展

2015年1月，中共中央办公厅、国务院办公厅《关于加快构建现代公共文化服务体系的意见》，首次在中央层面正式提出"积极开展全民艺术普及"②。2016年12月颁布的《中华人民共和国公共文化服务保障法》第二十七条规定："各级人民政府应当充分利用公共文化设施，促进优秀公共文化产品的提供和传播，支持开展全民阅读、全民普法、全民健身、全民科普和艺术普及、优秀传统文化传承活动。"全民艺术普及列为公共文化服务法定内容，进一步为文化馆明晰了主营业务。

---

① 人民网. 举旗帜聚民心育新人兴文化展形象　更好完成新形势下宣传思想工作使命任务 [EB/OL]. （2018-08-23）[2019-02-17]. http：//media.people.com.cn/n1/2018/0823/c40606-30245183. html.

② 新华社. 中共中央办公厅、国务院办公厅印发《关于加快构建现代公共文化服务体系的意见》[EB/OL]. （2015-01-14）[2019-02-17]. http：//www.gov.cn/xinwen/2015/01/14/content_2804250.htm.

1. "小众"到"全民"

在短缺经济条件下,艺术仿佛是普罗大众可远观而难以拥有的事物,文化馆即使是面向大众开展艺术培训,但真正能享有的其实仍然囿于"小众"圈子。中央做出"全民艺术普及"的部署,一方面是顺应经济社会发展进入新阶段、社会文化需求和大众文化消费升级进入新层次的大势,另一方面是要求包括文化艺术服务在内的各类公共文化服务,必须面向大众提供,文化发展成果必须由全民共享。"小众"服务与社会公平正义原则相悖,与公共文化服务原理相违。宁波市文化馆得风气之先,在市政府和文化部门大力支持下,以实际行动贯彻中央精神,率先实施"'一人一艺'全民艺术普及工程",全面打破艺术"小众"传统格局,实质性推动艺术走向大众、服务全民。

2. "唱跳"到"多样"

关于文化馆,社会流传的顺口溜描述为"蹦蹦跳跳、唱唱闹闹",这一评价从侧面反映出群众对文化馆服务内容过于单一的不满情绪。传统文化馆定位为"群众艺术",省级机构名为"群众艺术馆",群众艺术又普遍局限在"唱唱跳跳"歌舞类文艺活动。毋庸置疑,唱歌跳舞的确被众多群体所钟爱,广场舞广泛流行即是明证。但是,毕竟歌与舞并非全民共同喜好,尤其是现代社会文化需求和消费多元化、多样化趋势日益明显。江苏省苏州市公共文化中心结合自身多机构集合、多资源整合的特点,率先走出文化馆"唱唱跳跳"小圈子,将艺术普及服务的内容扩大至文学、音乐、舞蹈、书法、绘画、雕塑、摄影、影视、戏曲、曲艺、建筑、民间工艺、非遗传承等各艺术门类,更值得推崇的是突出了具有鲜明地方特色的"桃花坞慕课""粉画"等独特艺术样式。

3. "轻浅"到"品质"

党的十八大以来,社会风气逐渐从轻浅娱乐走向品质生活,部分文化馆原有的"蹦蹦跳跳、唱唱闹闹"娱乐化生存方式已经走到尽头。过度娱乐化是社会发展的弊端,也是人们追求"向上向善"的大敌,尤其是各级政府主导的公共文化服务,没有任何理由以媚众媚俗的方式引导社会走向过度娱乐化深渊。河南省文化部门及各级文化馆,在深入调查研究的基础上,深刻认识轻浅娱乐对于城乡基层群众的负面影响,深刻认识泛娱乐化对社会文化建设的长远危害,也深刻认识媚众媚俗对文艺队伍特别是文化馆能力和素质的深度损害，紧密结合河南豫剧等地方戏优秀文化传统，坚持把"送戏下乡"摆在重要位置，成功引导当地群众喜爱、学习、传承优秀传统戏曲。山东省威海市文化馆组织数十个文化艺术志愿者团队，覆盖不同年龄人群，引导人们树正气、立新风，服务品质得到显著提升。

四、"综合协调"机制提升基层公共文化服务效能

2015 年 10 月，国务院办公厅发布《关于推进基层综合性文化服务中心建设的指导意见》，要求"以强化资源整合、创新管理机制、提升服务效能为重点，因地制宜推进基层综合性文化服务中心建设"，重点解决"基层特别是农村公共文化设施总量不足、布局不合理"，"内容健康向上、形式丰富多彩、群众喜闻乐见的文化产品种类和数量少，服务质量参差不齐"，"公共文化资源难以有效整合，条块分割、重复建设、多头管理"，"设施功能不健全、管理不规范、服务效能低"，"总量不足与资源浪费"[①] 等普遍性问题。

基层应实事求是地按照党的十八届三中全会的要求"整合基层宣传文化、党员教育、科学普及、体育健身等设施，建设综合性文化服务中心"[②]。"综合性"机制，化解了"多头管理"，消除了"条条分割"，减少了"资源切割"，明确了服务主线。由于原有文化站、室基本属于文化馆的"脚"，其他部门往往通过文化馆、站、室系统发挥功能，因而"综合性"机制对于文化馆基层服务效能提升尤为显著。具体表现在以下几点。

1. 强化党建引领

近年来，为加强党建引领、巩固基层阵地，各级党委主要领导亲自挂帅、党委组织部门主导推进，依托基层综合性文化服务中心设立的"基层党群服务中心"

---

① 国务院办公厅印发《关于加快构建现代公共文化服务体系的意见》[EB/OL].（2015-01-14）[2019-02-17].http://www.gov.cn/zhengce/content/2015-10/20/content_10250.htm.

② 党的十八届三中全会《关于全面深化改革若干重大问题的决定》[EB/OL].（2013-11-12）[2019-02-17].http://shfz.xhu.edu.cn/77/12/c4122a96018/page.htm.

在全国快速推进。此举对于明确基层文化服务的宗旨主题和工作主线的意义十分重大，某种意义上也是对以往基层文化娱乐化等倾向的有力调整。各地文化馆积极配合所在地党委中心任务和组织部门工作安排，创作和开展导向正确、内容丰富、形式生动的群众性文化艺术活动，比以往更加突出地体现出守正创新、惠民育民的工作特点。浙江省文化部门为支持全省"文化礼堂"运行，推出 2 000 多项服务菜单，其中省文化馆是优质产品和服务的供给主力。

2. 强化文明实践

党的十九大以来，中国特色社会主义建设全面进入新的时代，围绕新时代精神文明建设和文化强国建设，中央做出"新时代文明实践"的部署，并对基层提出具体要求。江苏省张家港市文化馆，紧密结合"党建引领"和"新时代文明实践中心"建设，坚持以文化艺术方式向社会传递正能量，形成"以党建为引领、以新时代文明实践为内涵、以公共文化服务项目为载体、以文化艺术为基本形式"的新时代文化馆服务"张家港样板"。

3. 突出综合服务

党建引领和新时代文明实践内涵极其丰富、形式灵活多样，对百姓多样文化需求的包容性以及对社会主体参与多品种文化产品提供的兼容性大为增强。江苏省苏州市高新区通安镇综合文化服务中心结合当地文旅全面深度融合以及梨树、优质水稻种植的特点，开展保护当地历史人文古迹、梳理地方特色文脉、动员村民维护村容村貌、培训村民掌握文旅知识、帮助村民开展文旅项目策划、指导村民开展民宿经营，以及延请农科部门教会村民梨树防病等工作，切实以"综合"的文化服务带动村民提升文化素养和生产生活能力。

五、法人治理结构建设提升文化馆治理效能

2017 年 9 月，中宣部、文化部等 7 部门出台的《关于深入推进公共文化机构法人治理结构改革的实施方案》明确指出，"按照政事分开、管办分离的要求"，"以公共图书馆、博物馆、文化馆、科技馆、美术馆为重点领域，推动公共文化机构建立以理事会为主要形式的法人治理结构，吸纳有关方面代表、专业人士、各

界群众参与管理"[①]。全国各地文化馆虽然早已普遍推行"组织机构代码证"，但是大多并不具有法治社会条件下作为真正意义上社会主体的法人身份，也未建立具有真正决策意义的理事会。少数文化馆的"理事会"，基本还停留在"咨询理事会"层面。

在文化和旅游部的指导下和中央文件强力推动下，近两年来各地开展了文化馆"以理事会为主要形式的法人治理结构"建设试点，一些地区文化馆的法人治理已显现出激发活力、提高效能的显著成效。具体表现在：

1. 决策能力增强

以往文化馆的人、财、物均由上级文化行政主管部门代管，文化馆存在的主要意义仅是为当地宣传、文化等部门搞搞演出、办办活动，文化馆自身没有明确的功能定位和稳定的业务范围。各界参与的决策型理事会建立，大大提高了文化馆的主体性、主体意识和主体地位。嘉兴市文化馆建立理事会后，结合全市文化馆"中心馆＋总分馆"建设实际，大幅度改造馆内机构设置，转型为面向全市群众文化艺术事业的规划、业务、人才、创新和数字化建设 5 个中心，"小机构"走向"大作为"。张家港市文化馆不仅馆本身建立了有各界参与的理事会，还同步建立了全市文化馆总分馆理事会，落实了与各基层综合文化中心的分馆馆长、分馆馆长助理的委派制度，切实带动全市群众文化艺术均衡发展和品质发展。

2. 制度建设加快

文化馆建立了法人治理结构，转型为依法自主运营的公共文化机构，随之而来的是倒逼文化馆自身完善功能定位，建立健全发展规划、资金使用、内设机构、人事聘任、内部考评、激励机制等各项管理和运行制度。上海市嘉定区文化馆结合国家公共文化服务标准化试点，不仅迅速完善了馆内制度及服务规范建设，还在区文化行政部门指导下，以《上海市社区公共文化服务规定》为依据，建立"嘉定区社区文化活动中心服务规范"，对阵地服务、数字服务、延伸服务、特殊群体服务和共享服务做出了更为细化的规定。

---

① 中国文化报 . 关于深入推进公共文化机构法人治理结构改革的实施方案 [EB/OL].（2017–09–12）[2019–02–24]. http://epaper.ccdy.cn/html/2017–09/12/content_212182.htm.

3. 服务持续升级

文化馆建立理事会，吸纳有关方面代表、专业人士和各界群众直接进入理事会，实质是将决策置于公众视线之下。在实际运行中，公众参与文化馆治理，扩大决策的透明化，不仅有效排除无效或低劣的服务产品，更重要的是有效推动文化馆重大决策更贴近社会公众需求变化，不断因时而变、与时俱进。东莞市自建立决策型理事会以来，高度重视各界需求调研和民意收集，全新创出文化馆与科技深度融合、具有文化馆融媒体意义的"文化莞家"，推动优质服务内容"零距离"贴近群众。株洲市文化行政部门和文化馆，利用理事会各界代表参与机制，认真征集、吸收基层群众代表的意见，把"家门口的文化小广场"建设摆在重要位置，形成因地制宜、政社合作、讲求特色、惠民育民的建设模式。

从上文的观察中可以看到，文化馆短短几年中深化改革、转型发展所取得的成就十分明显，文化馆效能建设成就也十分显著。但是也应当看到，服务对象面广量大、服务内容纷繁复杂、服务方式多样多变的现实，客观上导致了文化馆的确仍然存在准确定位难、标准运行难、效能测定难等实际问题，文化馆的机构定位与其明确的法定地位还不相适应，文化馆的管理运行与必要的"依法运行"还不相适应，文化馆的服务效能与其应有的社会功能还不相适应。正由于这些原因，决策层和社会公众对于文化馆服务效能的质疑持续不断。

现阶段影响文化馆效能建设的主要制约因素大致有 9 个方面：一是定位，主要是文化馆在整个现代公共文化服务体系中应当扮演什么角色、体现什么功能、发挥什么作用，如何以特殊的方式围绕党和政府中心工作开展更加有效的服务活动。二是工作主线，主要是如何正确处理好坚持导向与按需提供的关系，如何有效发挥文化馆"以文化人、以文育人"的功能，而不至于陷入媚众媚俗的泥潭。三是服务标准，主要是如何正确处理好"标准化"与包容性、灵活性的关系，以在提供标准服务的同时又能充分体现文化馆多元多样的特点。四是体制，主要是如何正确处理好文化馆作为运行主体与承担思想文化部门交办任务之间的关系，以科学确立文化馆主体意识、增强主体能力。五是方式，主要是如何处理好常态服务方式与特色服务方式之间的关系，以有效防止服务内容和方式因领导而异、因馆长而异。六是资源建设，主要是如何处理好中央与地方、一般与特色、开放与封闭的关系，逐步实现"全国一盘棋"互联互通、共建共享。七是服务网络建设，主要是处理好单位利益与社会服务、本地提供与区域服务、上层建设与基层服务的关系，以避免各自为政、条块分割、孤岛运行。八是人员队伍建设，主要是处理好机构偏好与结构合理、特长建设与多元发展的关系，以防止出现产品品种过于单一、服务对象过于小众的弊端。九是效能测评，主要是处理好指标统一性与发展多样性的关系，以排除不合理指标武断压制多样性、灵活性、兼容性的负面因素。

在中国特色社会主义全面进入新时代的关键历史时刻，文化馆尤应加快转型发展，以更好地适应时代所需、人民所盼。在新的历史时期，加强文化馆效能建设，有必要反复重申以下几点：文化馆是政府公共文化服务重要载体，政府提供的基本文化服务，大多与文化馆直接相关，尤其是政府的"公共文化活动服务"、"公共艺术鉴赏服务"、全民艺术普及、全民优秀传统文化传承等，主要由文化馆（站）体系承担；文化馆是社会主义核心价值体系建设的基层阵地，与图书馆、博物馆、美术馆比较，文化馆具有更为鲜明的"中国特色"，以满足基层群众多样化文化艺术需求的方式，传播主流意识形态，建设社会主义核心价值体系，提高基层群众的文化认同和文化素养；文化馆既是公共文化设施，更是特定区域的群众性文化组织体系，因而文化馆必须立足服务区域人民群众的基本文化需求，把全社会群众性文化活动"管"起来，并且把重点放在"推动优质资源和服务向基层延伸"；由于功能的综合性、对象的全民性、产品的创造性、基层的平台性、群众的主体性、发展的特色性，"龙头"和"核心"非文化馆莫属。

文化馆总分馆制建设进展

王惠君　刘　翔 [*]

推进文化馆总分馆制建设是构建现代公共文化服务体系的重要内容，对创新城乡现代公共文化服务方式，提升基层文化馆（站、室）服务能力，推动基层公共文化资源有效整合，促进优质资源向基层倾斜和延伸，实现城乡公共文化服务平衡发展具有重要意义。

2016 年底，经国务院同意，文化部、新闻出版广电总局、体育总局、发展改革委、财政部等 5 部委共同印发《关于推进县级文化馆图书馆总分馆制建设的指导意见》（以下简称《指导意见》）提出：到 2020 年，全国具备条件的地区因地制宜建立起上下联通、服务优质、有效覆盖的县级文化馆总分馆制；要求坚持政府主导、改革创新、强化基层、实事求是等原则，由省级文化行政部门牵头、有关部门参与，由县级人民政府具体组织实施，大力推进县级文化馆总分馆制建设。至此，总分馆制建设从"职业行为"正式上升为"政府行为"，我国文化馆总分馆制建设步入新的发展阶段。

一、文化馆总分馆制建设典型案例

在国家政策引领带动下，经过近几年来的探索实践，我国文化馆总分馆制建设取得长足发展，各省（区、市）文化馆总分馆制建设全面开启并不断引向深入。

＊　王惠君，广东省文化馆馆长。刘翔，广东省文化馆办公室副主任。

其中，广东东莞、江苏张家港、四川成都等地着力在整合资源、探索创新、共享发展上下功夫，逐步形成了适合本地实际、科学有效、具有示范意义的建设模式。

1. 东莞市：分类指导推进总分馆制建设

东莞市在文化馆总分馆制建设上勇于尝试，让整个区域公共文化服务"一盘棋"活起来，形成了符合实际、讲求实效、具有鲜明特色的文化馆总分馆建设"东莞样式"。具体包括以下五方面：

（1）"分类式"资源配置

"分类推进"是东莞市文化馆总分馆制建设的主要特征。针对分馆的发展水平从低到高，总馆在资源的配置强度上梯度递增。即对于公共文化服务条件水平较高、人财物保障较为充裕的园区、镇（街），采用"合作型"（平台联盟式）：总馆与分馆互联互通、发展各具特色；对于产品和服务亟须提档升级，特别是人才队伍力量较为薄弱的园区、镇（街），采用"输入型"（业务派驻式）：总馆向分馆派驻人员担任业务副馆长；对于基本服务供给相对短缺的园区、镇（街），采用"委托式"：总馆组建托管团队对分馆进行统筹管理。资源配置的"分类式"避免了总分馆建设在资源投放上"大水漫灌"，既发挥总馆统筹功能，又为分馆"量身定做"，精准带动分馆发展水平从"低"到"高"的动态递进。

（2）"连锁式"社会分馆

采取"政府主导、社会力量参与"的形式助力公共文化服务。东莞市作为东部沿海发达城市，民间资本充裕，有发展较为成熟的各类社会主体，对于有基础、有条件、有品牌影响力、热心公益文化的企事业单位和社会机构、公益文化组织，通过冠名资助、合作举办、出资协办、参与承办、提供服务等方式将其纳入文化馆总分馆体系，采用"连锁式"的形式建设总分馆制：总馆为分馆提供统一的标识系统并给予业务和资源支持；分馆在总馆的指导下，通过社会供给、购买服务等方式，突出特色文化服务。因此，东莞的总分馆建设，既实现面向园区、镇（街）、村（社区）支馆、基层服务点的"纵向到底"，又积极拓展社会场馆，打造特色分馆，实现"横向到边"。

（3）"一站式"数字平台

作为全国第一批数字文化馆建设试点单位，东莞市通过建设"一站式"数字平台"文化莞家"，将推进数字文化馆与总分馆建设工作"合二为一"，通过线上活动带动线下活动，其最大成效在于：将以往各园区、镇（街）的闭合的活动"内循环"，转变为上下流通、全市一盘棋的全域活动"大循环"，有效地打破时间、空间、行政体制的阻隔，实现了"零门槛""零距离""全开放"的公共文化服务。

（4）"定标式"服务活动

在文化馆总分馆制建设、管理、服务、考核等方面，东莞市构建了文化馆总分馆的标准框架和标准体系，先后发布了《东莞市文化馆服务规范》《东莞市文化馆总分馆服务标准》《东莞市文化馆分馆考核标准》等标准规范，推出了文化馆总分馆的"东莞标准"。这样做一方面给出了文化馆总分馆建设和服务的指标"说明书"，总馆和分馆等有了基本遵循；另一方面充分回应了群众对美好文化生活的向往，在总分馆的服务质量、效率效能、设施的使用率、群众活动参与率、群众满意度等方面给出了"硬杠杠"，实现数量指标化、质量目标化、考核规范化。

（5）"兜底式"资金保障

推进文化馆总分馆制，"财"是关键要素之一。从国内各地实践来看，文化馆总分馆制投入更多是在文化事业经费的"大蛋糕"里重新划块，"盘活存量"；而东莞积极争取财政支持，获得"增量"，在建设方案中明确经费投入，直接写进了《东莞市文化馆总分馆制建设实施方案》中，争取到"真金白银"，设立"专项"。对开展文化馆总分馆制建设的园区、镇（街）分馆给予一次性经费补助，并由总馆按程序统筹做好资金的申请、监管和使用。市一级财政直接给予镇街资金补助政策的做法，在国内少见，并直接撬动了园区、镇（街）一级的投入。

2.张家港市：标准化规范总分馆制建设

张家港市全面建成以市文化馆为总馆，以各区、街（镇）办事处文化中心为分馆，以村（社区）综合性文化服务中心为支馆，以文化网格为服务点，四级节点、一体运行、覆盖全市的总分馆制，实现模式创新、服务创新、技术创新，取得了较好的成效。

（1）城乡公共文化服务一体化的模式创新

文化馆总分馆体系有效整合文化资源，基本建成了以市文化馆为总馆，以各镇（区）、镇办事处文化中心为分馆，以村（社区）综合性文化服务中心为支馆，以文化网格为服务点，形成四级节点、一体运行、覆盖全市、定位清晰、职责明确的文化馆总分馆服务体系，确立"设施建设标准化、助理派遣制度化、服务活动均等化、网格激励常态化、数字平台一体化、考核评估社会化"的运作模式。同时，积极吸纳具有公共文化服务意愿和能力的企事业单位参加文化馆总分馆制建设，使文化馆分馆逐步覆盖全市。

（2）以群众文化需求为导向的服务创新

文化馆总分馆体系以群众需求为导向，坚持重心下移、资源下移、服务下移，把更多优质的文化产品、文化服务资源送到群众家门口，实现文化供给精准化。根据"助理派遣制度化"，在总馆选派优秀专业文艺人才担任各分馆馆长助理，极大加强了文化馆总分馆之间以及各分馆之间的交流合作，发掘培育了一批地方特色群众文艺团队，培养了一批基层文艺爱好者和网格文化辅导员队伍，激活了基层群众文化的自觉性和创造力，盘活了全市群众文化工作一盘棋。总分馆之间实现活动联办、品牌联创、培训联做、场地联用、平台联建，开展体系化、分众化、个性化服务。建成了全国首个 24 小时公共文化驿站，并以此为试点不断推广，在人口密集居住村（社区）、新拆迁安置小区、新居民较为集中的区域进一步建设公共文化驿站，打造百姓家门口永不打烊的文化馆。同时，凸显群众文化服务的自主性，群众自创自排文化节目成为全市公共文化产品供给的重要补充，实现从"送文化"到"种文化"的根本性转变。推出"群星璀璨"张家港市星级群众文艺团队定级赛暨优秀网格文化员才艺大比拼活动，首创联赛模式，倡导文化自主，全市群众文艺团队大幅增加，越来越多的群众文艺团队成为"草根明星"，真正将文化的种子种在百姓心中。

（3）县域文化馆总分馆的治理方式创新

在文化馆总分馆体系建设中积极探索完善法人治理结构，成立了张家港市文化馆总分馆理事会。理事会邀请相关单位代表、专业人士、各界群众以及基层网格文化员加入，制定相关制度。发布了全国首家县域文化馆总分馆标准指标体系，在全国率先制定出台了《张家港市文化馆总分馆服务体系建设标准》，对文化馆总分馆建设中所涉及的设施建设、人员配置、服务提供、文艺团队、数字服务、考核评估等 6 个方面进行了细致规定，促使文化馆总分馆体系实现标准化运行。文化馆总分馆管理系统上线运行，基于数字技术、互联网和移动互联网传播技术，以市域范围内文化馆总分馆体系为管理对象，对四级公共文化场地设施、设备管理、人员队伍、业务培训、服务项目、群文创作等基本情况进行数字化建设。有力推动文化馆总分馆服务体系统一网点布局、统一资源建设、统一助理派遣、统一服务规范、统一数字平台、统一绩效评估，将显著提升县域公共文化服务整体运行和基层服务能力，彻底改变文化馆、文体服务中心、网格服务点等各自为政、孤岛运行、近距离和小众化服务的局面，大大加快张家港市公共文化服务体系数字化、网络化发展水平和现代化进程。

3. 成都市：社会化合作统筹总分馆制建设

成都市在推进文化馆总分馆制建设工作中，积极发挥在统筹指导、理论研讨、平台搭建、人才支持等方面的作用，立足客观实际，加大资源统筹力度，初步探索形成了"统一管理模式""市民文化艺术学校总分校模式""社会化托管模式"和"战略合作模式"等四种建设模式。

（1）统一管理模式

即区（市）县总馆对乡镇（街道）分馆、乡镇（街道）分馆对所辖村（社区）服务点实行统一管理或参与管理，实行人财物统一管理、事业发展统一规划、服务内容统一标准、文化活动统筹安排、服务效能统一评估。以新都区文化馆为例，新都区文化馆充分整合新都辖区文艺专业人才、社会组织、高校的艺术资源和社会机构，围绕"文化行政部门"+"总馆"+"分馆"+"村（社区）服务点"+"第三方"的"五位一体"的总分馆模式，按照"集中管理、统一调配"的总体思路，实行分馆业务副馆长派驻制度，按照总馆整体要求，全面建设分馆文化阵地开放、辅导培训、文艺展演等公共文化服务体系，在全区基本建立形成"上下联通、结构合理、服务优质、有效覆盖"的总分馆服务网络。

（2）市民文化艺术学校总分校模式

即以区级市民文化艺术学校总校为龙头，乡镇（街道）市民文化艺术学校分校为支撑，村（社区）市民文化艺术学校教学点为补充的三级公共文化服务网络，总校对分校、教学点的教学业务进行统一管理，对师资力量进行统一调配。以龙泉驿区为例，龙泉驿区文化馆下设龙泉驿艺术团、区市民文化艺术学校、美术馆3个机构。龙泉驿区以区市民文化艺术学校总校为龙头，乡镇（街道）分校为主干，社区、部队、企业、学校等教学点为补充，面向群众教授国学、器乐、舞蹈、戏剧、书法、美术等各类课程，并派遣文化志愿者、文艺骨干长期深入基层辅导群众文艺队伍建设及培训，形成了覆盖全区的"1+12+N"的三级文艺服务体系。

（3）社会化托管模式

即按照"建设标准化、运营社会化、管理专业化、服务精准化、活动特色化"的要求，在区（市）县文化馆设立总馆，通过政府采购第三方服务，委托管理或连锁管理的方式，建立可量化考核的服务清单和责任清单，实现乡镇（街道）分馆、村（社区）服务点的基本公共文化服务和特色文化服务统筹供给。在社会化托管模式下，又创新探索出两种形式。

一是社会运营形式。以武侯区文化馆为例，武侯区文化馆的各级文化阵地社会化运营相对普及和成熟，在推进总分馆制建设工作中，采取总馆整体社会化，分馆全面社会化，支馆打包社会化的运营模式，运营总馆的社会机构，除实施免费开放工作之外，还承担社会组织培育、项目孵化、资源统筹调配、人才培养等职责。部分总分馆由同一家社会机构连锁式开展工作，充分实现人、财、物的流畅调配，降低成本。其社会化模式为"1+N+1"模式，即：1个基础团队承担阵地的日常管理运营；N个专业化项目分包委托，打造系列文化活动品牌，举办专业赛事，编创精品剧目等；1家第三方评估公司进行全过程监督，完善相关监管的制度建设，拟定项目考核标准和办法。这样借助社会专业机构的创新创意能力、管理运行能力以及在人、财、物配置上的灵活性，当地公共文化服务水平稳步提升。

二是"文化管家"形式。以崇州市文化馆为例，崇州市文化馆通过引入文化企业、社会组织担任乡镇（街道）综合文化站（活动中心）的文化管家，提供专业化的服务和管理，首先解决了文化站"站"起来的问题。同时，建立"文化管家孵化中心"，吸引、引导更多有志于公共文化服务的机构、团体和个人，初步形成了"政府主导、社会协同、民众参与"的公共文化服务合力。另一方面，通过建立《崇州市文化院坝建设运行管理方案》《崇州市文化服务包考核评估暂行办法》《崇州市文化能人选拔和服务暂行办法》等各类评估机制以及定期开展"文化管家"联席会议，对提供服务的社会企业和组织加以跟踪了解、绩效考评，使乡镇（街道）文化站（活动中心）服务效能得到切实提升。

（4）战略合作模式

即充分利用辖区内剧场、书店、培训学校、茶室等社会文化机构或者银行、商务楼宇等高品质配套空间，通过常态化项目合作、业务指导、艺术人才支援等方式盘活辖区内社会资源。代表性区（市）县有锦江区、高新区、金牛区、郫都区等。以锦江区文化馆为例，锦江区文化馆总分馆制秉持"群众文化专业化、专业艺术群众化、艺术活动品牌化、公共文化社会化"的发展理念，探索形成了"总馆+"的文化馆总分馆制建设模式（"总馆＋艺术门类＝特色艺术分馆"，"总馆＋街道社区＝街道社区分馆"，"总馆＋战略合作机构＝公共文化空间"）。截至目前，已整合民间书院（成都明伦书院、子曰书院）、社区茶馆（大慈寺社区大慈雅韵茶堂）、公办小学（成都市锦官驿小学）、改制事业单位（成都市川剧研究院）、文化类社会组织（爱有戏社区文化发展中心）等社会力量，建成"国学馆""文学馆""川剧馆""曲艺馆""非遗馆""乡愁馆"等6个特色艺术分馆；与四川方所文化创意有限公司、琦笋24小时不打烊书店2家民营企业正式签约为战略合作单位，与四川言几又文化传播有限公司、许燎源现代设计艺术博物馆、红美术馆、竹邀月庐艺术馆等4家文化艺术机构达成战略合作意向，吸引锦江区作家协会、锦江区书法家协会、锦江区文化志愿者协会、锦江区音乐家协会、锦江区民间糖画艺术协会等5个区级文艺家协会入驻锦江区文化馆，直接服务对象年均逾10万人次。

除此之外，高新区文化馆以促创新、优服务、降成本、补短板为宗旨，以战略合作的方式引入了新华文轩集团国有大型文化企业，联合打造凤凰城文化分馆。政府将该场馆托管给专业的文化企业来运营，由其进行设计装修、设置服务功能，代替政府提供公益文化服务。"馆店一体"的运营模式不仅为公共文化服务注入了新活力，还带动了群众文化消费，促成了"企业出资运营—服务降本增效—群众优享实惠"的服务格局；金牛区文化馆坚持以群众文化科学引领，成立"全民艺术普及联盟"，在全区形成强有力的全民艺术普及的合力，以横向构建"全民艺术普及联盟"，纵向联动区、街道、社区、基层团队资源为基础，打造"多点一中心"织网式的公共文化服务体系。目前，金牛区的"全民艺术普及联盟"成员单位有西华大学音乐舞蹈学院、西南交大艺术学院、金牛区社区教育学院、金牛区少儿文化艺术教育中心、茶店子小学艺术团等。通过发挥"拿来主义"精神，让文化馆不再"孤岛运行"，而是把分散的、优质的资源整合起来、放大服务效能，从而破解群众日益增长的文化艺术需求与文化馆专业干部不足的矛盾。

二、文化馆总分馆制建设存在的问题

目前，我国文化馆总分馆制建设正深入推进并初见成效，其阶段性问题也逐一呈现，亟待社会的共同关注和解决。

1. 工作认识不到位

在文化馆总分馆制建设推进过程中，部分地区因缺乏对文化馆总分馆制建设有关政策文件的学习领会，缺少对我国经济社会发展形势的必要认识，不能很好地从深化文化体制机制改革的方向，从满足人民群众对美好生活向往的角度，认识到文化馆制建设的重要性和紧迫性。个别地区甚至出现把文化馆总分馆制建设当作一场运动式的工作予以应付，致使工作大打折扣，既没有便捷丰富的服务内容，也没有必要有效的宣传推广。

2. 政府主体职责落实不全面

部分县级政府在具体组织实施文化馆总分馆制建设过程中，责任主体落实不充分，未能很好地发挥在建设规划、组织和推进方面的统筹作用。文化行政部门及文化单位存在"单打独斗"的局面，在人、财、物上得不到很好的保障，特别是欠发达地区，文化馆总分馆制建设和运营经费往往仅仅是来自上级财政的补助经费。

3. 标准化建设不完善

除部分地区先试先行外，尚有许多地区还未制定相应的文化馆总分馆制建设服务标准。标准制定往往依托行业人员认知，部分地区群众认同度相对缺乏。另外，总馆与分馆之间的合作属于"信用关系"，并不是真正意义上的"隶属关系""合作关系"，这在一定程度上影响标准的统一建立，导致总分馆制建设效益低下。

4. 基层队伍较薄弱

各地基层工作人员普遍存在不足的情况，特别是欠发达地区，在人员配备方面不足的问题尤为突出；队伍专业知识技能不足，人员老化现象逐步凸显；基层工作人员往往为兼职，任务繁重，且工资低、发展空间不大，人才流动性较高，严重制约总分馆制建设。

5. 社会化参与度不高

目前，虽然个别地区在吸引社会力量参与文化馆总分馆制建设运营方面进行了一些有益探索，但多数地区在文化馆总分馆制建设运营方面，主要还是依托各级政府、文化行政部门及文化单位投入、管理，社会化参与度不高。

三、推进文化馆总分馆制建设对策及建议

基于前述总结及其分析，现就推进我国文化馆总分馆制建设提出以下建议。

1. 准确把握政策要求，统筹推进建设管理

（1）明确工作方向

文化馆总分馆制建设是落实党的十八届三中全会精神，推动基层文化体制机制改革，提高公共文化服务效能，满足基层群众对美好生活向往的一项重要举措。充分掌握其工作内涵并准确把握其政策要求，是各地政府、文化行政部门和文化馆工作人员准确把握工作方向的前提基础，也是切实开展工作的前提保障，需要各地工作人员充分学习并掌握。

（2）落实主体职责

深入贯彻落实《指导意见》，进一步推动各地将文化馆总分馆制建设作为加快构建现代公共文化服务体系的重要内容，纳入政府重要议事日程予以推进落实；进一步推动各地加强对县级人民政府的考核，发挥县级人民政府在总分馆制建设规划、组织、保障和推进方面的主体和统筹作用，加大财政投入，优化资源配置，完善配套措施，实现辖区内资源整合，共享发展，有条件的地区应为探索总馆统一管理或参与管理各分馆人财物提供支持。

（3）加强队伍建设

通过"优化增量，盘活存量"的方式，努力建设一支高素质、敢担当、有作为的文化馆总分馆人才队伍。一是完善人才引进政策，健全人才考评、激励机制，畅通人才成长渠道，广泛吸引社会各阶层优秀人员参与文化馆总分馆制建设。二是切实加强对文化馆总分馆从业人员的培训辅导，着力提高从业人员综合素质和服务能力。三是鼓励有条件、有需求的地区，可以通过招募文化志愿者队伍、政府购买社会服务的形式，解决人员不足的问题。

2. 不断丰富服务供给，着力提升服务效能

（1）完善标准化建设

标准化是实现基本公共服务均等化的重要手段和现实路径，为确保文化馆总分馆制建设有效覆盖城乡，真正惠及基层，各地应尽快搭建起文化馆总分馆建设标准体系，在设施、经费、人员、管理、服务、考评等各方面予以细化。标准建设应充分听取当地群众意见建议，符合群众需求，与当地经济社会发展水平相适应，突出地域特色。通过标准化建设优化资源配置和管理，规范服务流程和方式，提高服务质量和供给，促进优质资源向基层倾斜、延伸和覆盖，实现城乡公共文化服务平衡发展，使人民获得感、幸福感更加充实、更有保障、更可持续。

（2）开展特色化服务

各地在文化馆总分馆建设过程中，应该细分群体，有针对性地开展群众文化活动，充分尊重城乡差别、群体差别、文化差异等，有的放矢地提供不同类型、不同层次、不同内容的文化服务、文化活动。在打造地域文化品牌及常规群众文化活动上要以多种方式了解群众需求，发挥群众创造力。针对总馆、分馆、服务点覆盖的不同居住地的群众，可以通过开展群众代表座谈会、问卷调查、走访、活动反馈、在网络媒体上设置民意征集和交流渠道等方式充分了解和挖掘其需求和特长，发挥好群众主观能动性，使开展的公共文化服务更贴近群众需求。

（3）创新服务手段

现代信息技术的发展，为文化服务数字化提供了技术支撑，为打破文化服务时空限制提供了条件。各地应在文化馆总分馆建设过程中，充分采用现代信息技术，利用各级公共数字文化工程和资源，积极推动建设总分馆数字平台，实现文化馆总分馆服务由实体服务为主向实体服务与数字服务的融合，实现智慧化公共文化服务；各地还可以利用流动舞台车等设施，采取惠民巡演等方式，开展好流动文化服务，进一步扩大公共文化服务有效覆盖面，提高公共文化服务效能。

3. 切实扩大宣传推广，努力提高社会关注

（1）开展宣传推广

应该结合当地群众的特征综合采用多种宣传推广方式，传统宣传方式如宣传栏张贴海报、派发宣传通知单、报纸电视、口口相传等，新型信息发布方式如通过微信、微博、QQ群、手机短信、LED显示屏等，在"空心"现象严重的村庄可以选择派发宣传通知单、电视广播等方式，而对于年轻群体占多数的地方，则应更多地采用新媒体方式进行宣传推广。通过多种宣传推广方式让广大人民群众了解文化馆总分馆，参与文化馆总分馆制建设，享受文化馆总分馆服务。

（2）吸引社会力量

为进一步夯实文化馆总分馆制建设，为其注入活力、提供保障，各地应在政府、文化行政部门及文化单位投入、管理的基础上，积极引导，广泛吸引社会力量参与文化馆总分馆制建设。鼓励企业、社会组织和其他社会力量通过投资、赞助、提供产品和服务等方式参与建设；鼓励民营资本从事公共文化事业，通过资本投入的方式参与到文化馆总分馆的理事会中；鼓励有条件的社会机构、场所作为总分馆的分馆或服务点参与服务；吸引文化志愿者、社会热心人士参与建设、管理和服务；积极借用高校或研究机构等"外脑"，为完善制度设计提供支撑；积极探索社会化管理运行模式，建设多元并举的总分馆服务体系。

文化馆标准化工作的现状、问题和突破

颜　芳　陈艳平 *

党的十八大以来，我国公共文化建设投入稳步增长，覆盖城乡的公共文化服务设施网络基本建立，人民群众精神文化生活不断改善，公共文化服务体系建设取得显著成效，呈现出整体推进、重点突破、全面提升的良好发展态势。十九大提出"要完善公共文化服务体系，深入实施文化惠民工程，丰富群众性文化活动"目标任务，大力推进公共文化服务标准化、均等化、社会化成为加速现代公共文化服务体系建设的重要抓手，其中标准化建设的核心目的在于建设基本公共文化服务标准体系。

2017 年 3 月，《中华人民共和国公共文化服务保障法》颁布实施，成为公共文化服务体系建设的里程碑，其中有 8 项条款 13 处提到"标准"建设。2018 年 1 月，《中华人民共和国标准化法》正式实施，进一步强化了标准化工作的法治管理。各级政府、各有关部门、机构和社会组织，相继出台公共文化领域标准化法律及指导意见，有效促进公共文化标准化工作的改革、创新和发展。文化馆标准化工作是公共文化服务体系标准化建设的组成部分，本文将在国家公共文化服务体系建设的大背景下，阐述文化馆标准化工作的现状、问题和突破。

---

　　*　颜芳，文化和旅游部全国公共文化发展中心副主任，中国文化馆协会副理事长，全国文化馆标准化技术委员会副主任。陈艳平，全国文化馆标准化技术委员会副秘书长。

一、文化馆标准化工作现状

"标准"的概念有广义和狭义之分，狭义的"标准"指严格按照标准化法的程序要求制定的标准，即规范性标准，包括国家标准、行业标准、地方标准等；广义的"标准"指不完全按照标准化法要求的流程、格式等，但在全国或地方一样起到指导规范作用的标准，即政策性标准，如未经市场监督管理部门发布的建设标准、服务标准等。本文论述的内容包含了广义和狭义两方面内容。

1. 文化馆领域的国家标准、行业标准、团体标准

《中华人民共和国标准化法》将标准分为国家标准、行业标准、地方标准和团体标准、企业标准。国家标准分为强制性标准、推荐性标准。行业标准、地方标准是推荐性标准（见图1）。

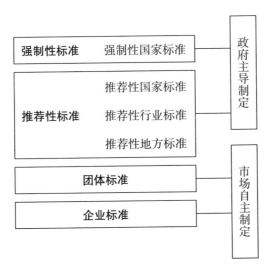

图1　新型标准体系

（1）国家标准

截至目前，与文化馆、乡镇综合文化站（中心）相关的现行国家标准有两个，分别为《文化馆服务标准》（GB/T 32939—2016）、《乡镇综合文化站服务标准》（GB/T 32940—2016），由全国文化馆标准化技术委员会组织中国艺术科技研究所、

广东省标准化研究院编制，国家标准化管理委员会批准，于 2016 年 8 月 29 日发布，2017 年 3 月 1 日实施。制定颁布两个标准的主要目的是明确文化馆（乡镇综合文化站）的服务职务和功能，完善文化馆（乡镇综合文化站）的服务条件、发挥文化馆（乡镇综合文化站）作为公益性文化事业机构在公共文化服务中的主体作用和效能，提高文化馆（乡镇综合文化站）的公共文化服务绩效水平，体现文化馆（乡镇综合文化站）在为社会提供公益性文化服务、提升国民文化素质中的重要价值。

《文化馆服务标准》从文化馆提供公共文化服务的基本要求出发，从文化馆的功能和作用出发，确定了文化馆服务条件、基本要求、服务安全、服务质量监控和持续改进为核心内容。主要技术内容包括：范围、规范性引用文件、术语和定义、总则、服务条件、基本要求、服务安全、服务评价与持续改进 8 个部分。该标准适用于县和县级以上文化馆，青年宫、少年宫、工人文化宫（俱乐部）、妇女儿童活动中心、科技馆等群众文化服务机构以及社会力量举办的群众文化活动参照执行。

《乡镇综合文化站服务标准》从乡镇综合文化站提供公共文化服务的基本要求出发，从乡镇综合文化站的功能和作用出发，确定了乡镇综合文化站服务要求、服务规范、服务安全、服务评价与改进等内容为核心内容。主要技术内容包括：范围、规范性引用文件、术语和定义、总则、服务条件、服务规范、服务安全、服务评价与改进共 8 部分。该标准适用于在乡（民族乡）镇的综合文化站（综合性文化服务中心），城市街道综合文化站（综合性文化服务中心）可参照执行。

（2）行业标准

截至目前，与文化馆、乡镇综合文化站（中心）相关的现行行业标准有 5 个，包括用地标准、建设标准、建筑设计标准 3 个类别。

①设用地标准

《文化馆建设用地指标》（建标〔2008〕128 号），由中国城市规划设计研究院编制，住房城乡建设部、国土资源部、文化部批准，于 2008 年 10 月 1 日起施行。主要技术内容包括：总则、节约和合理用地的基本规定、建设用地指标共 3 部分。标准适用于文化馆的新建、改建和扩建工程，以及文化馆的规划布局，乡（镇）、街道综合文化站参照执行。

②建设标准

《文化馆建设标准》（建标〔2010〕136号），由文化部组织中国城市规划设计研究院编制，住房城乡建设部、国家发展和改革委员会批准，于2010年12月1日起施行。该标准确定了文化馆建设项目的规模分级和项目构成，提出了文化馆的总建筑面积和分项建筑面积控制指标，明确了文化馆规划选址、总体布局和建筑实施过程中的原则要求。主要技术内容包括：总则，建设规模与项目组成，选址、用地与总体布局，面积指标，建筑与室内外环境，建筑设备共六部分。标准适用于县级以上（含县级）人民政府投资新建、改建或扩建的文化馆工程，其他文化馆（站）可参照执行。

《乡镇综合文化站建设标准》（建标〔2012〕44号），由文化部组织中国图书馆学会编制，住房城乡建设部、国家发展和改革委员会批准，于2012年5月1日起施行。《乡镇综合文化站建设标准》确定了乡镇综合文化站建设项目的规模分级和项目构成，提出了乡镇综合文化站的总建筑面积和分项面积控制指标，明确了乡镇综合文化站规划选址、功能用房设置和设备器材配置的基本要求。主要技术内容包括：总则，建设规模、项目构成与选址，建筑面积指标，建筑标准与建筑设备共四部分。标准适用于政府在乡镇一级行政单位新建、改建和扩建的乡镇综合文化站，街道综合文化站和其他文化站的建设可参照执行。

③建筑设计标准

《文化馆建筑设计规范》（JGJ/T 41—2014），由住房城乡建设部标准定额研究所组织吉林省建苑设计集团有限公司、中国艺术科技研究所编制，住房城乡建设部、文化部批准，住房城乡建设部发布，于2015年3月1日起实施。主要技术内容包括：总则、基本规定、选址和总平面、建筑设计、建筑设备共五部分。规范适用于新建、扩建和改建的各级文化馆的建筑设计，文化站、工人文化宫、青少年宫、妇女儿童活动中心可按此规范执行。

《镇（乡）村文化中心建筑设计规范》（JGJ 156—2008），由住房城乡建设部标准定额研究所组织中国建筑设计研究院编制，住房城乡建设部批准发布，于2008年10月1日起实施。主要技术内容包括：总则，术语，建设场地选定和环境设计，基本项目配置，建筑物设计，文化活动场地设计，文体活动场地设计，防火和疏散，室内声、光、热环境、建筑设备共九部分。规范适用于新建、改建、扩建的县级人民政府驻地以外的镇和乡、村文化中心建筑设计。根据标准的复审周期一般不超过 5 年的相关规定，2013 年住房城乡建设部组织中国建筑设计院有限公司对该标准进行了修订，目前暂未正式公布。

（3）团体标准

根据《中华人民共和国标准化法》，国家鼓励学会、协会、商会、联合会、产业技术联盟等社会团体协调相关市场主体共同制定满足市场和创新需要的团体标准。截至 2018 年 12 月底，已有 2 085 个社会团体在全国团体标准信息平台进行注册，共公开声明 5 987 项标准，其中文化、体育和娱乐业团体标准共 66 个。中国文化馆协会作为全国文化馆领域行业组织，可制定发布团体标准。此外，从 2018 年开始，中国文化馆协会承接了全国文化馆标准化技术委员会秘书处工作，负责文化馆领域国家标准、行业标准及研究项目的编制工作。

2. 政策性指导标准

（1）国家基本公共文化服务指导标准（2015—2020 年）

为加快推进现代公共文化服务体系建设，2015 年 2 月，中办、国办印发了《关于加快构建现代公共文化服务体系的意见》及《国家基本公共文化服务指导标准（2015—2020 年）》，该标准是广义的政策性指导标准，标准中对文化馆站、基层综合性文化中心的建设、管理、服务，提出底线要求，如："基本服务项目"要求配备图书、报刊和电子书刊，并免费提供借阅服务；"设施开放"要求设施免费开放，基本服务项目健全；"文体活动"要求开展文化艺术知识普及和培训，培养群众健康向上的文艺爱好；"硬件设施"要求按照国家颁布的建设标准等进行规划建设等。全国 32 个省、自治区及直辖市（包括生产建设兵团）结合各自经济发展水平及特色，因地制宜颁布了地区基本公共文化服务标准。

（2）全国文化馆评估标准

为进一步加强和规范全国文化馆的建设、管理与服务，发挥以评促建、以评促管、以评促用的作用，促进文化馆事业科学规范发展，文化和旅游部每四年一次开展全国文化馆评估定级工作，同期配合发布《全国文化馆评估定级标准》。

2015 年《第四次全国文化馆评估定级标准》分为省（自治区、直辖市）文化馆、副省级城市文化馆、地级市（区）文化馆以及县（市、区）文化馆 4 项。该系列标准力争体现一个时期以来中央关于构建公共文化服务体系基本要求，反映全国文化馆事业发展的最新成果，契合未来全国文化馆事业发展的总体形势，并突出下一步文化馆建设的重点。各级文化馆借助此次评估工作，推动馆内设备设施和服务效能提升。

二、文化馆标准化工作存在的主要问题

虽然各级文化行政部门、各级文化馆以及行业协会，在文化馆标准化工作上进行了很多有益的探索和尝试，但与其他公共文化行业相比，仍然存在着标准化体系不健全，政策性标准多、规范性标准少，标准的应用与推广不普遍等问题。

1. 基础薄弱，研发滞后

由于文化馆工作网络一直缺少国家层级文化馆，也尚未成立全国性的文化馆行业组织指导和服务行业发展，在文化馆理论研究和标准化推进方面的引导不足。第一届全国文化馆标准化技术委员会秘书处承担单位为中国艺术科技研究所和北京市文化局，由于中国艺术科技研究所承担了两个标委会工作，同时存在人员调整以及缺乏行业领域优势等问题，文化馆标准化工作开展较为缓慢。

2. 缺乏有效管理机制

无论是国家层面还是地方层面，在标准化工作上均存在管理机制不完善的问题，比如标准发布了，但未及时备案，或未按照标准编号要求赋号，或以通知形式发布规范性标准；前期文化馆标准化技术委员会未能积极开展国家标准、行业标准及研究项目的征集，导致标准立项数量不足，未能有效开展标准化工作的上传下达，有些标准立项后研究期限一再拖延，这些都需要有效的管理机制进行过程管理。

3. 标准化研究人才匮乏

文化馆提供的群众文化服务不像工厂流水线的产品一样能够统一规格、材料、设计和包装，标准化的文化服务也不是简单的复制，因此就对文化馆相关业务、

服务等的标准化提出了更高要求。同时文化馆重活动轻理论，高等院校无文化馆学科，文化馆的从业人员大部门为艺术专业出身，缺乏理论研究的专业人员，所以造成标准化工作人员不精通文化馆业务，从事文化馆工作的不了解标准化知识。随着文化馆服务标准化进程推进，需要更多"标准化＋群众文化"的双向性人才。

4. 标准化宣传贯彻工作不够深入

文化馆标准化工作滞后的部分原因是宣传贯彻力度不够。各级文化行政部门及各地文化馆对标准化工作的意义和作用理解不深入，对国家标准、行业标准、地方标准的区分，编制对象的选择、技术要素的抽取及标准文本的起草规范等不够了解，立项申报流程不清晰，导致标准化工作无从下手。已发布的文化馆领域国家标准以及行业标准在全国范围内还未得到有效关注，新制修订的标准在宣传推广上，没有形成持续有力的推广机制。

三、文化馆标准化工作的突破与进展

在文化和旅游部的大力支持和积极推动下，全国文化馆标准化技术委员会进行了改组，秘书处承担单位调整为中国文化馆协会，工作机制进一步理顺，文化馆行业标准化工作进入加速发展阶段，各地在标准化工作上也取得重要进展。

1. 行业标准化研究项目和标准制修订

为促进标准编制，鼓励标准预研究，文标委每年将开展国家标准、行业标准以及研究项目的立项征集工作，广泛发动各地文化主管部门、各级文化馆以及高等院校、研究院所参与项目申报。2018 年，由中国文化馆协会牵头编制的《文化馆业务规范第 1 部分：省级文化馆》《文化馆业务规范第 2 部分：市级文化馆》《文化馆业务规范第 3 部分：县级文化馆》，由文化和旅游部全国公共文化发展中心牵头编制的《数字文化馆资源和技术基本要求》等 4 项国家标准，以及由北京大学、成都市文化馆、张家港市文体广电和旅游局分别牵头研究的《文化馆行业标准体系研究》《文化馆总分馆建设与服务标准研究》《文化馆总分馆建设指标体系研究》3 项研究项目于 2018 年申报立项。

2. 地方标准化建设

（1）浙江省地方标准

2017 年 10 月，浙江省正式实施地方标准《乡镇（街道）综合文化站服务规范》（DB 33/T 2054—2017）；2018 年 1 月，正式实施《文化馆服务规范》（DB 33/T 2080—2017）。两项标准对浙江省各级文化馆站的服务资源、内容、方式、效能、监督与评价等方面进行了规定，在文化馆站选址、覆盖人口、位置、面积，文化馆服务人员、免费开放时间、每年举行的活动、馆办文艺团队、下基层服务、基层群众文化辅导等提出了明确的量化指标。

（2）江苏省地方标准

2018 年 11 月，江苏省正式实施了地方标准《村（社区）综合性文化服务中心服务规范》（DB 32/T 3468—2018）。该规范对村（社区）综合性文化服务中心的场所、人员、服务、运行、监督等方面做了明确规定，同时为适应时代发展的需要，还要求设置数字文化设施，为群众提供安全、健康的无线网络服务。

（3）宁波市地方标准

2018 年 1 月，宁波市正式实施地方标准《"一人一艺"全民艺术普及规范》（DB 3302/T 1090—2017），该标准对宁波市推进全民艺术普及提出了硬性要求，如：各县市区组织文艺团队数量、开展群众文艺活动场次数、全民艺术普及的基本服务方式、社会力量参与公共文化服务等，既有量化指标，又有定性要求。对开展线上艺术普及做出规范，其中，通过线上线下活动融合，推动文化馆服务方式的转型升级首次被提出。

（4）张家港市地方标准

2017 年 9 月，张家港市正式实施印发地方标准《张家港市文化馆总分馆制建设标准》（张市监〔2017〕93 号），该标准根据文化部等五部委《关于推进县级文化馆图书馆总分馆制建设的指导意见》等精神，为推进张家港市文化馆总分馆制标准化建设提出的，要求总分馆各机构不断加强自身建设，符合阵地设施标准、提升服务群众水平。

四、文化馆标准化的重点任务和发展趋势

随着文化馆常态化业务和创新性业务的成熟发展，文化行政部门对标准化的重视程度的提高，根据文化馆标准化工作现状和存在的问题，下一步文化馆行业标准化工作应在以下三方面加大力度。

1. 研究构建文化馆标准体系，鼓励标准规范预研究工作

组织文化馆标准规范体系的研究工作，系统梳理国内现有文化馆标准，分析国外公共文化相关标准，深入调研我国文化馆标准化工作现状，在此基础上完善文化馆标准体系，用于指导文化馆领域国家标准、行业标准、地方标准的制修订申报立项以及开展标准化研究项目，不断完善和丰富文化馆技术、服务、管理等文化馆领域各类标准体系内容，研究建立一个符合我国文化馆事业发展需求的文化馆标准规范体系，各地也应结合实际建立公共文化标准体系。结合文化馆标准体系，确定哪些是文化馆领域急需的标准，对于没有研究基础，短时间内暂时无法立即制定的，鼓励通过申报并给予部分补助经费的方式，先期开展预研究工作，打好编制国家标准、行业标准、地方标准的基础，待成熟后再编制相关标准。

2. 完善工作机制，加快推进国标、行标、地标制修订

根据标准化工作规划，制定文化馆标准化建设时间表、路线图，以标准制修订为标准化建设核心任务，有计划地推动文化馆行业标准化工作进程。从文化体制改革、文化馆管理服务、数字文化馆建设与推广、绩效评价等方面入手，着力开展基础标准和应用标准编制，及时推动重点领域和亟须解决的标准制定修订项目的实施。文标委要严格执行标准项目征集论证、标准预研究、标准制定、标准审查、标准实施、标准复审与修订等各环节，规范标准制修订流程，不断总结经验，探索完善工作机制，规范工作程序，完善工作制度，创新工作环境，使文化馆标准化工作系统化、程序化、制度化、规范化，加快推进国家标准、行业标准的制修订。地方文化行政部门及文化馆也应熟悉标准化制修订流程，结合实际工作，加快推进地方标准的制修订。

3. 规范引导政策性、课题性、项目性标准化研究，适时转化为规范性标准

加强对地方文化馆标准化工作的指导，积极开展调研分析工作，吸纳地方标准建设成功经验，鼓励先进地区或单位将已有的较为成熟的标准升级为国家标准或行业标准。目前全国范围内，政策性、课题性、项目性标准很多，在一定范围内具有规范引导意义的，可适时转换为地方标准；地方标准或较为规范的政策性标准，在全国范围内具有代表性的，也可以一家或多家联合申报国家标准或行业标准，标准的转化在一定时期内是快速解决文化馆领域急需标准的有效办法。

"互联网＋文化馆"建设的现状与发展

阮 可[*]

"互联网＋文化馆"包括了以互联网为载体和技术手段的审美教育、文化信息查询、服务对象电子档案、在线文艺咨询、网上文艺讲座、电子展览展示、远程直播、文艺服务配送等多种形式的文化服务。近年来，文化馆顺应"互联网＋"发展趋势，在理念、管理和服务方面实现跨越，在构建新阵地、新平台、新空间等方面做出了积极探索实践。

一、"互联网＋文化馆"相关法律与制度回顾

2017年3月1日正式实施的《中华人民共和国公共文化服务保障法》（以下简称"保障法"），是文化领域具有"四梁八柱"性质的基础性法律，标志着人民群众基本文化权益和基本文化需求实现从行政性"维护"到法律"保障"的跨越。保障法中关于公共数字文化的条款主要有四条[①]，这些条款规定不但指出了推动现代信息技术和传播技术是公共文化服务中广泛应用的重点任务，揭示了国家鼓励和支持发挥科技在公共文化服务中作用的目的在于提高公众的科学素养和公共文化服务水平，而且提到了公共文化设施的数字化建设。同时，保障法提出，要将

---

* 阮可，浙江大学城市学院现代公共文化研究中心主任，副教授，国家公共文化服务体系建设专家委员会委员。
① 《公共文化服务保障法》关于公共数字文化的规定条款包括：第十一条、第十四条第一款、第十五条第一款、第三十三条。

"场馆服务、流动服务和数字服务相结合",文化馆设施只有形成一个体系化的网络才能发挥整体效能;此外,规定了国家对数字化基础建设的主导责任——"构建标准统一、互联互通的公共数字文化服务网络",并且明确了地方各级人民政府在加强基层公共文化设施的数字化和网络建设,提高数字化和网络服务能力的主体责任。这些法律规定,为"互联网＋文化馆"的发展提供了目标方向、基本原则、总体思路和工作方法。

除保障法之外,近年国家层面密集出台有关规划和规范性文件。2016 年 12 月,科技部、文化部、国家文物局联合印发《国家"十三五"文化遗产保护与公共文化服务科技创新规划》,提出接力"互联网＋",加大科技创新,加快推进公共文化服务数字化建设,提高博物馆、文化馆信息化、网络化、智能化水平,增强公共文化服务现代传播能力,大幅提升公共文化服务效能。当前,不少地方非遗保护工作是放在各级文化馆,该规划对于文化馆做好非遗的数字化保护具有重要指导作用。

2017 年 2 月,文化部发布了《文化部"十三五"时期文化发展改革规划》,这是指导"十三五"时期文化系统发展改革工作的总体规划,提出推动公共数字文化建设,加快数字图书馆、文化馆、博物馆、美术馆建设,统筹实施重大公共数字文化建设工程。

2017 年 8 月,文化部印发了《"十三五"时期公共数字文化建设规划》,该规划关于数字文化馆建设的内容包括探索建立数字文化馆标准体系,重点开展数字文化馆基础硬件网络支撑环境、业务系统、线上应用服务平台、线下数字艺术体验馆建设。规划同时提到至"十三五"末,副省级以上文化馆普遍完成数字化建设,50% 以上市县级文化馆提供数字文化馆服务,全民艺术普及云服务基本形成。

2017 年 10 月,文化部全国公共文化发展中心(以下简称"发展中心")制定了《基层公共数字文化服务推广项目建设实施要点》,提出以"丰富内容、聚拢资源、畅通线路、方便使用"为统领,面向基层群众,在平台建设与提升、资源整合与建设、数据采集与上报、线上线下服务模式创新、服务推广活动开展等方面开展公共数字文化服务推广,构建"一站式"公共数字文化服务体系,提升服务效能。2017 年 11 月,发展中心制定了《数字文化馆工作指南》,内容包括数字文化馆建设和服务的术语和定义、数字文化馆建设主体和职责、数字文化馆建设、数字文化馆服务、数字文化馆管理，并在马鞍山文化馆年会中发布。2018 年 1 月，发展中心制订《全国文化信息资源共享工程乡镇（街道）基层服务点人员数字化培训工作方案》，提出到 2020 年，形成培训内容丰富、方式多样、机制完善、管理健全、考评科学、覆盖基层的现代公共数字文化服务培训体系，实现基层服务点业务人员培训基本全覆盖，全面提升基层服务点公共数字文化服务水平。

各省相继出台有关地方性法规推进"互联网 + 文化馆"发展。浙江 2018 年 3 月 1 日起正式施行的《浙江省公共文化服务保障条例》，该条例提出"图书馆、文化馆、博物馆、美术馆、综合档案馆、科技馆和体育场馆等公益性文化单位应当加强数字化和网络建设与管理，利用现代信息技术推进数字文化服务，提高数字化和网络服务能力，实现数字文化服务全覆盖"。2018 年 11 月 19 日湖北省人大常委会通过《湖北省公共文化服务保障条例》，该条例提出"公共文化设施管理单位应当通过信息化、数字化等技术手段，增强文化信息资源的存储、传输、供给和远程服务等能力"。

二、国家项目引领下的"互联网 + 文化馆"现状和发展

1. 国家公共文化云正式开通运行

（1）国家公共文化云的定位。2017 年 11 月，国家公共文化云正式开通。国家公共文化云是以文化共享工程现有六级服务网络和国家公共文化数字支撑平台为基础，统筹整合全国文化信息资源共享工程、数字图书馆推广工程、公共电子阅览室建设计划三大惠民工程升级推出的公共数字文化服务总平台、总枢纽、主阵地、主渠道。国家公共文化云平台包括国家公共文化云网站、微信号和移动客户端，突出了手机端服务的功能定制，可以通过电脑、手机 APP、微信、公共文化一体机等终端获取一站式数字公共文化服务。通过打造我国公共数字文化服务的集聚、调度与大数据平台，整合聚拢全国公共数字文化资源与数据，推动形成"超市式"、"一站式"、"政府端菜"与"群众点菜"相结合的新型服务模式。

（2）国家公共文化云的主要功能。一是共享直播。共享直播包括直播预热、

实时直播、直播互动、直播回看等版块，实现文化品牌活动全国同步共享。二是资源点播。依托公共数字文化工程丰富资源，开设艺术视界、少儿乐园、健康养生、共享讲堂、扶贫园地等专栏，进行专题资源推荐，提供资源菜单，方便群众按需点单。三是活动预约。整合各级文化馆、图书馆、美术馆、博物馆以及有关社会文化机构发布的艺术普及培训、文化活动、文艺演出等公益性群众文化服务项目，实现线上预约、线下参与。四是场馆导航。整合发布各地文化馆、图书馆、美术馆、博物馆等公共文化机构对外开放的场馆信息，提供定位导航服务，打造"公共文化地图"。五是服务点单。文化行政部门联合文化馆、图书馆等公共文化机构以及有关社会力量发布公共文化服务项目菜单，社会公众和有关机构可以点单，供给主体根据点单情况，按需提供。六是特色应用。汇聚全国文化信息资源共享工程专题资源、数字图书馆推广工程专题资源以及地方特色文化应用等，形成文化 APP 超市。七是大数据分析。为文化行政部门、公共文化机构提供公共数字文化资源、活动、场馆、服务等相关数据的统计与分析，为各地改进公共文化服务提供决策参考。

（3）国家公共文化云的成效。截至 2018 年底，国家公共文化云 PC 端应用、手机 APP、微信公众号、大屏一体机 APP 等应用系统相继开发完成，设有共享直播、视听空间、数图资源、活动预约、场馆导航、在线培训等栏目，全年加载更新资源总量 14 604 条。2018 年全年总访问量 1.61 亿余次，日均访问量达 44.33 万余次。其中，电脑端访问量为 3 866 万余次；手机端访问量为 1.23 亿余次，占总访问量的 76.11%。国家公共文化云"共享直播"全年播发各地群众文化活动、文化艺术普及讲座等 341 场，访问量 8 950 万余次。与 2017 年相比，直录播场次和访问人次分别增加了 60.85% 和 143.21%[①]。

（4）地方文化云的新进展。各省市积极响应国家政策，结合自身优势，打造地方公共文化云平台。如"西城文化云"，是北京市西城区通过向社会力量购买服务进行市场化运作的公共文化服务类平台，其目的是利用社会化运营手段，解决以往文化服务领域里"知晓率低、参与率低、设施利用率低"的问题，

---

① 刘刚. 国家公共文化云亮出 2018 成绩单 [N]. 中国文化报，2019–01–23（6）.

打破区域文化资源条块分割。广东省佛山市完成"佛山文化 e 网通"平台二期建设，升级为"佛山文化云"平台，于 2018 年 5 月上线。上线仅 2 个月，就有 1 400 多条活动资讯在上面发布，注册用户超过 8 000 人，成效显著。目前，"佛山文化云"平台已联动 14 家佛山市一级的文化单位、126 家联盟单位、32 个镇街文化站、35 个村居示范点，集中展示分散在全市各级文化单位的公共数字文化资源，集合管理各单位提供的活动、场馆等公共文化服务信息，形成统一的信息发布与管理渠道①。"白银文化云"作为甘肃省在全省文化系统率先打造的第一个基层公共数字文化综合服务平台，抢抓"宽带中国""智慧城市"等国家重大信息工程建设项目白银试点机遇，借助数字化"全民艺术普及"和"全民阅读工程"，整合不同部门、不同领域优质文化资源，实现"搭建一个平台、支持两大终端、设置四大模块、建设九大系统、开展全天候服务"的建设目标②。

2. 文化馆数字资源建设新进展

（1）资源建设体现"以用为本，效能当先"。围绕基层服务，公共数字文化资源建设坚持以产品化、系列化、品牌化为重点，着重转变传统的自上而下的单一供给方式，努力实现供需对接，逐步形成了较完善的资源建设体系，带动全国 3 000 多个文化共享工程县级以上分支中心和 3 000 多个县级以上文化馆共同参与资源建设，并引导社会力量参与，2017 年，已建成文化共享工程数字资源总库 532TB，全国累计 1 247 个地方特色文化项目立项，系统开展优秀文化资源的数字化、影像化，形成了一系列稳定的渠道和模式，将资源成果第一时间提供服务。依托国家和各省平台开展互联网和场馆服务，与中组部全国党员干部现代远程教育合作跨系统推广。共建"听遍中国"特色音频库，为留守儿童定制"少儿美育课程"，为困难群众定制"数字化生存微课"等，启动以数字戏曲服务为主题的百姓戏曲馆建设项目，不断丰富公共数字文化产品群。

（2）成立重点实验室。2017 年 4 月 15 日，由发展中心联合北京大学信息管

---

① 打通数字文化服务最后一公里 [N]. 佛山日报，2018–07–20（A2）.
② "白银文化云"数字平台正式上线启动 [N]. 白银日报，2018–10–13（1）.

理系共同主办的公共文化服务大数据应用文化部重点实验室启动。实验室以发展中心为依托单位，以北京大学信息管理系为共建单位，主要任务是针对大数据技术发展前沿和公共文化服务的需求，凝练科研目标，开展公共文化服务大数据应用的基础、共性、关键和前瞻性技术研究。实验室目标是努力将"公共文化服务大数据应用"发展为国内一流、国际上有影响力的研究领域，通过大数据应用寻求公共文化服务的新增长点。启动会上，组建了实验室学术委员会，同时确定了重庆市文化委员会、成都市文化广电新闻出版局、中山市文化广电新闻出版局、上海图书馆、南京图书馆、福建省图书馆和宁波市文化馆 7 家单位作为首批"公共文化服务大数据应用文化部重点实验室实践基地"[①]。

（3）启动"乡村拍手"计划。2017 年 6 月，由发展中心、中国文化馆协会联合主办的全国文化信息资源共享工程"乡村拍手"计划启动。该计划面向基层文化工作者，包括文化共享工程市、县级支中心相关工作人员，市、县级文化馆工作人员以及乡镇文化站站长等，通过专业培训、文化微视频制作及宣传推广活动，让基层文化工作者不仅能够策划并制作微视频作品，更重要的是能够组织和带动起本地区群众来参与文化微视频的创作。发展中心还推出慕课教学，辅助基层文化工作者掌握微视频创作、利用新媒体获取数字文化资源以及带动基层群众参与征集活动的能力，以期组建一支服务基层的"乡村拍手"队伍，从而实现公共数字文化建设与服务的重心下移[②]。

（4）推进慕课在文化馆实施。慕课建设是互联网时代各级文化馆（站）资源建设、服务创新的重要突破口，对于丰富全民艺术普及的供给内容、创新全民艺术普及的服务方式、变革文化馆（站）传统的思维方式、工作方式和业务流程具有重要意义。发展中心针对慕课开发了全新的系统，建设了系列慕课资源。在发展中心的组织下，2017—2018 年有 12 个省（区、市）的 19 家单位申报了 27 个

---

① 国家数字文化网. 公共文化服务大数据应用文化部重点实验室启动会在京召开 [EB/OL]. （2017-04-18）[2019-02-06]. http：//www.ndcnc.gov.cn/gongcheng/shoujibao/201704/t20170418_1320311.htm.

② 国家数字文化网. 全国文化信息资源共享工程"乡村拍手"计划实施 [EB/OL]. （2017-07-03）[2019-02-06]. http：//www.ndcnc.gov.cn/gongcheng/dongtai/201707/t20170703_1337737.htm.

文化共享工程慕课资源建设项目，预计可完成 3 588 集课件，内容涉及音乐、舞蹈、戏曲、书法、绘画等内容，建成后通过文化共享工程慕课系统提供服务。全民艺术普及慕课建设是互联网时代各级文化馆资源建设、服务创新的重要尝试，对于丰富全民艺术普及的供给内容、创新全民艺术普及的服务方式、变革文化馆传统的思维方式、工作方式和业务流程具有重要意义。

为帮助了解全民艺术普及慕课的性质、特点、制作流程、发布实施、教学组织等基本情况，中国文化馆协会、发展中心和北京大学国家现代公共文化研究中心合作编制《全民艺术普及慕课建设指南》，用以指导全民艺术普及慕课资源建设和服务实践。慕课将文化馆全民艺术普及阵地由"线下"转向"线上"，提升了参与人群、培训资源的开放性，打破了群众参与学习时间、空间的限制，让学习变得随时随地。以慕课为代表的新型互联网培训手段，突破了"围墙内的文化馆"现象，使文化资源利用率大大提高，让各类文化资源"活"了起来，为市民文化培训提供更多渠道，有效提高市民文化学习参与度，极大地扩大了公共文化服务覆盖范围。地方上在推进慕课建设方面有新进展。广州市文化馆2017 年承建的慕课项目《广绣学堂》，深入开展广绣项目保护，极大地拓展广绣项目的传承面。宁波市文化馆研发制作并上线了大规模开放的艺术培训在线课程——"艺术名家慕课"作为新的艺术普及的资源类型，填补了公共文化领域慕课资源建设和应用的空白，至今已自行研发两大系列课程，共计 3 078 集16 500 分钟，内容涵盖舞蹈、声乐、器乐、绘画等十大艺术门类。这些生动活泼、短小精悍的艺术培训视频通过宁波电视台、宁波地铁、微信平台等多渠道、多途径服务市民。

3. 数字文化馆建设新进展

截至 2018 年，我国已分 4 批累计启动了 54 家数字文化馆建设，基本覆盖副省级以上文化馆。马鞍山市文化馆、苏州市公共文化中心、丽水市莲都区文化馆等第一批试点单位，在平台建设、资源整合、网上活动、远程培训、线上线下结合等方面取得了阶段性效果；重庆市群艺馆、宁波市文化馆等第二批试点单位，形成点单配送、全民艺术普及"一人一艺"服务新模式。

表 1　数字文化馆建设名录

批　　次	数字文化馆建设名单	数量
2015 年数字文化馆试点单位	四川省文化馆、陕西省艺术馆、江苏省苏州市公共文化中心、新疆克拉玛依市文化馆、广东省东莞市文化馆、安徽省马鞍山市文化馆、湖南省岳阳市群众艺术馆、广东省深圳市福田区公共文化体育发展中心、浙江省丽水市莲都区文化馆、四川省北川羌族自治县文化馆	10 家
2016 年副省级以上数字文化馆	成都市文化馆、广东省文化馆、宁波市文化馆、浙江省文化馆、重庆市群众艺术馆、湖南省文化馆、河北省群众艺术馆、福建省艺术馆、江苏省文化馆、安徽省文化馆、云南省文化馆、大连市群众艺术馆、武汉市群众艺术馆、江西省群众艺术馆、河南省文化馆	15 家
2017 年中央补助地方公共数字文化建设数字文化馆建设项目	广州市文化馆、天津市群众艺术馆、上海市群众艺术馆、西藏自治区群众艺术馆、南京市文化馆、沈阳市群众艺术馆、吉林省群众艺术馆、宁夏回族自治区文化馆、山东省文化馆、山西省文化馆、青岛市文化馆、新疆维吾尔自治区文化馆、北京文化艺术活动中心、青海省文化馆、贵州省文化馆	15 家
2018 年中央补助地方公共数字文化建设数字文化馆建设项目	内蒙古自治区文化馆、辽宁省群众艺术馆、黑龙江省群众艺术馆、湖北省群众艺术馆、广西壮族自治区群众艺术馆、海南省群众艺术馆、长春市群众艺术馆、哈尔滨市朝鲜民族艺术馆、哈尔滨市群众艺术馆、杭州市文化馆、厦门市文化馆、济南市文化馆、深圳市文化馆、西安市群众艺术馆	14 家

（1）发布《数字文化馆建设工作指南》。2017 年 11 月 29 日—12 月 1 日，在马鞍山 2017 年中国文化馆年会上，发展中心发布《数字文化馆建设工作指南》，该指南明确了数字文化馆建设和服务的术语和定义、总则、建设内容、服务内容、管理内容和综合运维，适用于 2017—2020 年数字文化馆建设和服务。规范对各级数字文化馆建设与服务职责做了规定，包括文化部全国公共文化发展中心、省级文化馆、市、县（区）级文化馆，街道（乡镇）综合文化服务中心、社区（村）文化中心等。规范指出数字文化馆建设内容，包括网络硬件条件、线上平台主要功能、数字资源建设、体验空间、服务内容和形式、数据统计和分析、维护和管理等。《数字文化馆建设工作指南》对于指导数字文化馆建设提供了基本要求。

（2）各地数字文化馆建设呈现的新特点。一是更注重平台和资源的整合。如广东省文化馆纵向依托广东省文化馆联盟，大力推动数字文化馆"总分馆制"建设，整合全省 21 个地市文化馆（站）资源，建立省、市、县（区）文化馆公共数字文化服务体系；横向对接省内各级图书馆、博物馆、美术馆。同时实现国家数字化支撑平台、广东公共文化云互联，让群众通过一个平台即可享受全省的优质文化服务①。2017 年 7 月 4 日，由中国电信四川公司与四川省文化馆联合打造的四川省数字文化馆频道正式上线。四川省数字文化馆频道包括百姓舞台、群星璀璨、艺术普及、艺考咨询等四大板块栏目，通过丰富多彩的群众文化活动内容加载，深入基层，实现全省市州、区市县、乡镇、村（社区）的覆盖，促进百姓文化生活与天翼高清的深度融合。四川省数字文化馆频道充分发挥四川电信宽带互联网络及天翼高清优势和文化馆系统各自优势，持续开展线下线上、丰富多样的群众文化艺术普及活动，共同搭建百姓舞台②。

二是更注重挖掘当地特色文化资源。如马鞍山市文化馆建设的"诗韵江东·马鞍山特色音频资源库"项目，市民通过互联网即可在线聆听诗城的历史典故和文旅概况，实现全部音频资源的免费开放。这是全国地级市中首个申报立项、首个顺利建成的地方特色音频库。目前上线的"诗韵江东"包括"历史文化""旅游休闲""自然地理""传说故事""戏剧曲艺""美食特产""音乐民歌""课本上的马鞍山"八大版块，已累计创作并录制了 3 616 集共计 32 580 多分钟的音频资源。目前台网站还与已经建成的马鞍山数字文化馆展示系统实现对接，后台能批量导入音频资源，以便扩大音频传播的途径③。

三是更注重与当地品牌特色活动相结合。如浙江丽水市莲都区数字文化馆以乡村春晚为特色，通过线下体验空间和线上服务平台，推动乡村春晚文化品牌建设。①线下展示乡村春晚。以乡村春晚为主题建设莲都区数字文化馆，展示乡村

---

① 中国图书馆网. 广东省数字文化馆正式上线 [EB/OL].（2017-06-06）[2019-02-06]. http://www.chnlib.com/wenhuadongtai/2017-06/262195.html.

② 蜀信，戴杰，冯艳梅. 四川省数字文化馆频道上线 [N]. 人民邮电，2017-07-20（2）.

③ 马鞍山文化和旅游公共服务平台. 省内首个地方特色音频资源库在我市建成——从这里聆听体验诗城的文化旅游 [EB/OL].（2018-05-29）[2019-02-06]. http://ggwhfw.masgxgc.org.cn/news/whzx/whdt1/18052909584654659040.html.

春晚美丽舞台和优秀节目，通过形体展示、唱歌展示、主持展示、绘画展示、拍照展示等形式，体验乡村春晚的舞台艺术、视觉艺术等。②线上推广乡村春晚。以"我要上乡村春晚"为主题，组织"线上互动活动"，在活动预告、节目展示、春晚故事、春晚达人等方面，让"乡村春晚"成为莲都大地全民共享的乡村文化盛事。③数字化共享，实现春晚保障资源有效整合。目前，莲都地方特色文化资源上传与共享，在公家文化云特色应用公共文化交流系统上进行统一展示，为群众提供丰富、便利、均等、全覆盖的公共文化服务①。

四是更注重与全民艺术普及的结合。如宁波市文化馆开发了集文艺培训、艺术鉴赏、文艺活动信息、文化场馆预约、在线学习、预约演出于一体的"一人一艺"云平台，并于 2017 年 6 月 2 日正式上线，平台上线一年多，累计总访问量达796 万次；PC 端、微信端、APP 三大终端注册总用户量累计达 12.8 万人，线上活动信息发布 630 条。"一人一艺"云平台探索"1+10+N"全民艺术普及体系，"1"是指在国家公共文化云的辐射下，宁波市"一人一艺"云平台作为地方全平台履行统筹、规划、管理、集聚和分发等功能。"10"是指宁波市下辖的 10 个区县（市）分平台，各自承担本区域内资源整合、平台管理、社会推进、特色建设等任务。"N"是指全市乡镇（街道）文化中心、社会艺术联盟机构、城市创意艺术空间联盟等承担的服务落地、活动推广、精准覆盖等任务②。又如，福田区数字文化馆借助"数字 + 活动""数字 + 宣传""数字 + 管理"等多种渠道，在公共文化服务的供需对接、服务手段、服务渠道、服务方式等层面做出了全新的探索。福田区还通过购买数字资源、直录播活动不断丰富资源库内容，为市民提供免费的数字文化资源。音乐书画主题馆和梦工场智能化建设初步完成，实现了场馆的智能监管③。

从近年实践层面来看，加强数字文化馆建设有利于加强数字文化馆建设，有

---

①　搜狐网. 莲都数字文化馆与国家公共文化云联通　全国乡村春晚百县万村网络联动活动顺利举办 [EB/OL].（2018-01-22）[2019-02-06]. http://www.sohu.com/a/218210781_100019922.

②　宁波数字文化馆建设初见成效 [N]. 宁波日报，2017-12-04（A16）.

③　国家数字文化网. 福田数字文化馆：让公共文化服务触手可及 [EB/OL].（2017-12-29）[2019-02-06]. http://www.ndcnc.gov.cn/shifanqu/zixun/201712/t20171229_1369912.htm?gwzpcoakbcvocvqg?ezwjcldgdeixufrs?bjzpeixuojzwjcld?xldgdezpezpeixuf.

利于文化馆充分发挥在宣传教育、群众文艺创作、文艺培训、民族民间文化遗产保护等方面的基础性作用，有利于文化馆通过信息技术、数字技术、网络技术等现代科学技术和传播手段拓展公共文化服务空间，顺应全体市民尤其是青年人对文化馆的新期待，破解公共文化服务"最后一公里"难题，提升服务效能，切实保障基层群众的公共数字文化权益。

4."互联网＋文化馆"服务创新

（1）"互联网＋文化馆"推动文化馆总分馆建设

2016 年 12 月，文化部、新闻出版广电总局、体育总局等五部委共同印发的《关于推进县级文化馆图书馆总分馆制建设的指导意见》（以下简称《指导意见》），明确提出以县为基本单位，推动具备条件的地方因地制宜建设县级文化馆、图书馆总分馆制。在推进总分馆过程中，各地充分发挥互联网等现代信息技术优势，利用国家公共数字文化工程和资源，打造县域公共数字文化服务平台。

从近年实践来看，除浙江嘉兴、重庆大渡口为典型的文化馆总分馆建设外，还形成了广东东莞市文化馆总分馆建设新样式。东莞市文化馆通过建设"一站式"数字平台"文化莞家"，将推进数字文化馆与总分馆建设工作"合二为一"，通过线上活动带动线下活动。包括：总馆与条件较好的园区、镇（街）建立"平台联盟式"的关系；与需要业务指导的园区、镇（街）建立"业务派驻式"的关系；与基础条件较差的园区、镇（街）建立"管理委托式"的关系。与此同时，与条件适宜的社会力量建立"品牌连锁式"的关系，作为分馆纳入总分馆体系。总馆可以根据分馆的发展情况，例如"管理委托式"的分馆可以向"业务派驻式"过渡，最终形成以"平台联盟式"为主的总分馆关系[①]。截至 2018 年 6 月 30 日，"文化莞家"网站平台访问量达 462.3 万次，注册用户约 4 万多人，微信公众号粉丝超过 25 万人次，有效地打破时间、空间、行政体制的阻隔，实现了"零门槛""零距离""全开放"的公共文化服务。

---

① 中国文明网. 东莞建设文化馆总分馆制　助力提升城市文化品质 [EB/OL]. （2018-08-08）[2019-02-06]. http://dg.wenming.cn/town/wmbb/201808/t20180808_5373567.shtml.

（2）"互联网＋文化馆"推动基层绩效评估

当前公共文化服务基层的工作考核机制，在很大程度上，还是依赖年初订计划、年底查台账的模式。通过使用绩效评估系统，把督查工作常规化、日常化，把年底的台账工作化整为零，把所需要的资料保存在系统内，便于随时查阅工作台账，也缓解了年底基层文化工作者的工作压力。此外，还可以从直接了解到基层群众的需求，通过数据的分析，更好地改进服务工作，真正建立群众评价与需求决定的自下而上的"以需定供"式的公共文化服务模式[①]。

成都市文化馆作为文化部首批"公共文化服务大数据应用重点实验实践基地"，从 2017 年起积极探索了通过以"文化 e 管家"平台为主体的绩效评估。其主要特点包括：构建公共文化服务大数据监管体系，打通市、县、乡、村四级监管网络，通过大数据检测，实时了解文图两馆、基层综合性文化服务中心的情况，通过制定考核指标体系，并转化为分值，通过"文化 e 管家"平台数据采集和录入，实现在线考核管理，并向相关单位反馈。促使相关单位对照短板查找问题，倒逼公共文化服务工作的效能提升。实行一人一账号、分级分权限设置的痕迹化管理，为管理者留下可供考察、评估、佐证管理的旁证材料。这为公共文化服务专项资金使用追踪、基层公共文化服务效能督查等方面起着重要作用[②]。

（3）"互联网＋文化馆"推动数字文化广场建设

传统文化馆和户外文化广场的活动，更多是依靠线下联动。近年来，随着户外远程终端的铺设，在文化广场配备 Wi-Fi 设备，在 LED 大屏上安装高清机顶盒、高清摄像头，实现了让群众免费享用 Wi-Fi、接受远程辅导培训、下载数字文化资源、收看点播高清电视节目、自主播放视频、远程同步辅导培训，这是近年在山东东营、广西防城港等地出现的服务新样式。

山东省东营市把数字文化广场作为"互联网＋文化馆"建设的新探索，于 2017 年 3 月，发布了全国首个数字文化广场地方标准《东营市数字文化广场建设

---

①　李少惠，余君萍．公共治理视野下我国农村公共文化服务绩效评估研究 [J]．图书与情报，2009（6）：51-54，87．

②　人民网．"文化 e 管家"获专家肯定　为全国公服数字化建设提供"成都经验" [EB/OL]．（2018-09-30）[2019-02-06]．http：//sc.people.com.cn/n2/2018/0930/c379469-32119395.html.

和服务规范》，对数字文化广场建设的广场面积、无线网络设施设备、文化长廊等做出要求。东营市的特点包括：一是无线 Wi-Fi 覆盖广场。在广场上，居民不仅可以开展文体活动，而且可以拿着手机、iPad 免费上网、畅游数字文化。二是场地设施"六个有"。即有广场、有网络、有戏台、有 LED 屏幕、有文化长廊、有体育健身设施。文化广场成为一种新型的基层综合性文化服务中心。三是"线下服务"与"线上服务"融合。通过 LED 屏实现文化馆对若干文化广场"1 对 N"的培训，居民在广场上可享受"零距离"的实时、远程辅导。四是建设模式实现"政府 + 社会"。广电网络公司负责无线 Wi-Fi 覆盖的前期建设，后期维护使用费由政府购买服务来承担。数字文化广场为文化馆惠民服务提供了一种新模式，实现了公共文化服务从"体制内循环"向"社会大循环"的转变[①]。

三、推进"互联网 + 文化馆"应注意的问题和建议

1. 推进"互联网 + 文化馆"应注意的问题

（1）重视项目整合以及数字资源再利用

"互联网 + 文化馆"建设的重要方向就是利用互联网的在线服务以及云计算、大数据、云平台等技术的支撑，建立起"互联网 + 文化馆"新的文化服务与交流空间，实现优质资源的线上共享和资源调配机制。文化馆为了避免资源数据的重复建设，就需要加强与各个文化馆之间的合作和资源共享，减少不必要的资金浪费，实现数字文化信息资源的共建共享，满足大众的各种信息资源需求，从而扩大文化馆服务的人群，建设"没有围墙的文化馆"。要重视其特色资源的建设，促进文化馆的可持续发展[②]。

（2）平衡线下体验和线上服务的关系

要使"互联网 +"真正推动文化馆的建设，就必须同时做好线上线下的服务，线上要不断丰富文化产品的内容，增强用户的体验感，文化产品的内容应做到个

---

① 国家数字文化网. 山东东营发布首个数字文化广场地方标准——实现"1 对 N"实时服务 [EB/OL].（2017–03–20）[2019–02–06]. http://www.ndcnc.gov.cn/zixun/yaowen/201703/t20170320_1312021.htm.

② 张羚. 互联网时代数字文化馆建设的探究 [J]. 传媒论坛，2018（7）：144.

性化；线下要不断做好用户的跟踪服务，根据用户反馈的意见不断调整线上的服务策略，进而让文化馆提供优质的公共文化服务①。"互联网＋文化馆"的个性化服务主要体现在线上视频文艺辅导、互动交流等方面。在线文艺辅导可以按需学习，任何人都可以随时切入和跳出，让社会公众在各种终端和网络的环境下随时随地的接入学习，并可以实时反馈，随时测验，从而催生文化馆个性化服务新模式。在进行数字文化馆的建设时还要贴合网络用户的需求，注重服务意识，着重研究用户的需求，使得信息的内容和形式更加灵活生动、便捷贴心②。因此，在推进"互联网＋文化馆"建设过程中，在资金、资源的投放上，要把握线下体验空间建设要因地制宜，量力而行，通过线上服务带动线下服务，避免出现"设施空壳"。

（3）重视培养人员的互联网思维和操作技能

对于数字化技术而言，由于其特点比较复杂，并且涉及领域比较多，覆盖内容比较广泛，因此，需要文化馆工作人员不要掌握群文业务，还应当掌握相关信息技术。所以，在推进"互联网＋文化馆"建设过程中，应当对相关工作人员加强培训教育，使文化馆工作人员的信息技术水平能够得以有效提升，使其能够在开展各项工作中更好应用信息化技术，使各项工作的开展更加高质高效。同时，文化馆也需要引进高素质信息技术人才，使文化馆工作队伍整体水平得以提升，以更好地实施和推广数字式文化服务，给文化馆注入新鲜血液。文化馆还可以聘请一些高校教授或者专家学者为专业顾问，为"互联网＋文化馆"建设提供专业指导。

（4）发挥对产业的支撑功能

随着互联网数字技术的快速发展，文化产业跨界融合的趋势逐渐加深，传统的内容生产、传播和消费的模式也在发生着深刻的变革。移动互联网带来的开放、合作、共享观念的普及，为新时代文化馆建设提供了新的思路。通过建立数字化评估制度，对汇总上报的数字化资源建设、数字文化资源共享、资源点击量、用户访问量、服务结果等数据进行统计分析，同时为偏远地区、贫困地区提供公益性的信息发布平台，促进当地文化旅游资源的创造性转化和创新性发展，实现公

---

① 戴可意. 浅议如何利用"互联网＋"打造数字化文化馆 [J]. 商情, 2017（35）: 261.

② 罗东. 互联网＋背景下数字文化馆建设新思考 [J]. 文化创新比较研究, 2018（9）: 155–156.

共文化服务和文化产业的互联互通。

2. 推进"互联网＋文化馆"建设的建议

（1）升级"互联网＋文化馆"功能

按照融合发展、创新驱动的工作思路，坚持能统则统，宜融则融的原则，统筹数字文化馆、基层数字文化推广工程等工程，促进"互联网＋文化馆"建设转型升级、提质增效。建立健全文化馆群众文化需求与评价反馈机制，在文化馆建立集远程服务、人脸识别、大数据分析等功能为一体的智能化管理系统，创新服务方式，广泛开展订单式、预约式公共数字文化服务，提高文化馆资源和服务供给的精准度。

（2）促进区域内文化馆互联互通

实施各区域文化馆联网，实现区域联动和资源信息共享。各个文化馆之间协调配合，共同建立服务联盟机制、协调机制以及资源共享机制，全面开展群众文化活动，为广大群众提供均等、便捷、丰富、高效的公共文化服务。利用"互联网＋"的运行模式，增加宣传力度，以移动终端为基础，实现优势互补、资源共享和服务规范。管理系统上设置客服端和管理端，由文化馆负责管理端，而客服端则在各街道的文化服务中心、社区文化服务站等，利用移动互联网实时为群众提供文化服务信息。

（3）加强移动终端微传播和线上线下联动

当下，加强线下线上联动最有效的方式就是自媒体的运用，即通过用户终端微传而实现文化服务部门和广大民众的信息互联与互动。要牢牢把握"互联网＋"背景下，大数据架构、大数据采集、大数据存储、大数据可视化与交互技术发展方向，有序推进文化馆由简单的计算机终端上网服务，向综合应用有线、无线、微信、微博、微视频等互动式方向发展，提升文化馆管理与服务的智能化水平，增强艺术体验的自助性和艺术服务的互动性。以全民艺术普及为主要内容，面向基层提供精准的艺术普及和文化活动服务，实现远程与实体相互支撑的交互式艺术普及与体验服务。

（4）实现"互联网＋文化馆"建设主体的多元化

引进社会主体参与"互联网＋文化馆"建设，改革资源建设方式，扩大资源建设主体范围，通过购买资源、委托运营、合作共建等方式，激发"互联网＋文化馆"建设活力。逐步开放文化馆数字资源使用权限，本着"不求所有，但求所用"的原则，研究推进"互联网＋文化馆"实施单位和市场化合作平台的合作，适当允许社会平台利用文化馆数字资源进行非营利性活动，拓展资源展示平台和运输渠道，提高人民群众开展群众文化活动的便利性。促进"互联网＋文化馆"与旅游、文化产业的融合发展，促进形成业态融合创新。

文化馆社会化发展现状、成效与着力点

黄晓丽 [*]

普惠均等、优质多元、健全高效的公共文化服务体系离不开社会化力量的广泛参与。近两年来，全国各地文化馆在社会化发展方面积极探索，取得良好进展。

一、公共文化社会化发展的政策梳理

1.《中华人民共和国公共文化服务保障法》

《中华人民共和国公共文化服务保障法》于 2017 年 3 月正式实施，这标志着我国的公共文化服务开始从政策管理走向法律治理。《公共文化服务保障法》从多个方面规定，鼓励和扶持社会力量参与公共文化服务，提升服务效能，满足人民群众文化需求。一是在政府支持方面，规定国家要加大力度采取政府购买服务的方式，支持公民和法人包括其他社会组织参与公共文化服务。二是在培育社会主体方面，鼓励和支持公民、法人和其他社会组织依法成立公共文化方面的社会组织，推动公共文化服务社会化和专业化发展。三是在鼓励志愿服务方面，鼓励公民、法人和其他社会组织参与文化志愿服务，要求县级以上人民政府要给予必要的指导和支持，建立管理评价教育培训和激励保障措施。公共文化设施管理单位要积极建立文化志愿服务机制。四是在财税政策方面，明确规定公民、法人和

　*　黄晓丽，广东省东莞市文化馆馆长，副研究馆员，中国文化馆协会理论研究委员会委员，中国女摄影家协会副秘书长。

其他社会组织通过公益性的社会团体或县级以上人民政府及其部门捐赠财产用于公共文化服务的，依法享受税收优惠；鼓励通过捐赠的方式设立公共文化服务的专项基金。

2. 国家出台的政策

近年来，国家和相关部委先后出台了有关推动公共文化服务社会化的政策法规。这些政策法规从社会力量参与方式、行业组织建设、文化志愿服务、农村基层文化建设、资本引入及合作运营等多个方面给予了明确的政策指导和规定，为社会化参与清除了障碍。这些政策主要有：2015 年 5 月，国务院办公厅转发了文化部、财政部、国家新闻出版广电总局、国家体育总局等部门《关于做好政府向社会力量购买公共文化服务工作意见》，并配套印发了《政府向社会力量购买公共文化服务指导性目录》，该目录共包含 5 大类 38 项内容。2016 年 7 月，文化部制定了《文化志愿服务管理办法》。2017 年 5 月，中共中央办公厅、国务院办公厅印发《关于加强文化领域行业组织建设的指导意见》。2017 年 9 月，中宣部、文化部等 7 部门联合印发《关于深入推进公共文化机构法人治理结构改革的实施方案》。2018 年 9 月，中共中央、国务院印发了《乡村振兴战略规划（2018—2022 年）》。2018 年 11 月，文化和旅游部和财政部联合印发《关于在文化领域推广政府和社会资本合作模式的指导意见》。

3. 地方出台的政策

各省（市、自治区）陆续制定相关的配套政策法规，鼓励社会力量参与公共文化服务。如 2017 年 6 月，济南市人民政府办公厅制定了《关于做好政府向社会力量购买公共文化服务工作的实施意见》；2017 年 7 月，海南省人民政府办公厅制定了《关于政府向社会力量购买公共文化服务的实施意见》；2018 年 6 月，台州市人民政府办公室印发了《关于进一步推进公共文化服务社会化发展的实施意见》；2018 年 7 月，拉萨市人民政府办公厅印发了《关于做好政府向社会力量购买公共文化服务的实施意见》；2018 年 12 月，深圳宝安区人民政府办公室印发了《宝安区关于鼓励和支持社会力量参与公共文化服务的若干措施（试行）》；等等。

二、文化馆社会化发展的实践探索

1. 法人治理结构改革

文化事业单位法人治理结构改革是新时代深化文化体制改革的重点任务。近两年，各地公共文化机构进行试点探索，推进文化馆的法人治理结构改革。东莞市文化馆、株洲市文化馆、佛山市禅城区文化馆、烟台市长岛县文化馆等分别在 2017 年成立理事会；云南省文化馆、北京市海淀区文化馆、梅州市文化馆、赣州市文化馆、浙江省云和县文化馆于 2018 年成立了理事会。

各地文化馆成立的理事会中，代表由政府部门、文化单位代表和社会各界人士代表组成，充分体现了社会化、专业化的特点。如东莞市文化馆的理事会共有 15 名代表，包括了政府代表、文化馆代表，以及新闻媒体界、教育界、高新技术等 10 名社会理事，代表成员结构丰富、合理。如云南省文化馆理事会共由 9 位理事组成，其中既有政府代表，也有资深文化专家学者、服务对象代表和知名企业家代表。

不少文化馆还通过面向社会公开招募，进行严格的审核推选程序产生的，涵盖了文艺界、教育界、新闻媒体界、市民代表等，具有较强的代表性。

2. 政府购买公共文化服务

各地政府主动加大公共文化服务采购力度，有力拓宽了公共文化产品供给的渠道和来源，丰富了公共文化服务内容，提升了公共文化服务质量和效能。

（1）政府公开招标

政府部门通过梳理采购需求，统一公开招标，集中采购公共文化服务。广东省文化厅于 2017 年 5 月启动实施了公共文化服务"三百工程"，利用中央财政资金 1 100 万元，面向社会以政府采购公开招标的形式，公开采购百场讲座、展览和群众精品演出，向粤东、西北地区 15 个地市免费配送，着力探索建立公共文化社会化服务运行机制和评价反馈机制。2015 至 2018 年，云南省文化厅面向社会招标采购了优质院团完成 321 场"文化大篷车·千乡万里行"文化惠民演出活动，取得了良好的社会反响。

（2）购买扶持项目

2018年10月，河南省设立1 000万元专项资金用于购买公共文化扶持项目。该专项资金主要用于扶持群众文化活动、读书活动、古籍保护传承与展示、公益性数字文化产品的制作与传播、民办公共文化机构免费等。

（3）公共文化产品交易平台

在政府购买公共文化服务中，出现了文采会、公共文化服务超市的新模式、新平台。这种供需直接对接、对话的方式，有效提升了政府购买服务的有效性。2017年以来，上海浦东新区举办了三届公共文化服务产品采购大会（以下简称采购会），2018年东莞举办了首届采购会，成都举办了第二届公共文化服务超市（以下简称文化超市），运用市场化、专业化手段搭建采购平台，加强精准供给，提高服务效能。

3. 政府与社会资本合作

近年来文化类PPP项目在实践领域已经取得了良好的成绩。《关于在文化领域推广政府和社会资本合作模式的指导意见》的发布将会进一步促进文化领域PPP模式的创新发展，吸引社会资本更多地参与到优质文化PPP项目中来。2017年，22个文化类项目被评为第三批PPP示范项目。2018年35个文化类项目被评为第四批PPP示范项目，在396个示范项目中，数量占比达8.8%。2018年2月，35个文化类PPP项目被评为第四批PPP示范项目，在396个示范项目中，数量占比达到8.8%。

4. 政府与社会力量合作

随着非营利性文化组织和文化类企业等社会力量的专业化发展，社会力量逐步深入与政府部门合作，承接部分文化场馆、数字化项目或活动项目的运营等。

（1）阵地运营

北京市海淀区积极推动以北部文化中心为代表的公共文化设施社会化管理运营的创新实践。海淀北部文化中心采用整体社会化运营，通过严格的政府采购程序，采取竞争性磋商的方式确定服务供应商，引入科学的考核机制与全方位监督管理机制。中心运营近20个月，到馆人次超过180万。

成都武侯区以社会力量运营托管文化馆。两家文化公司分别获得了武侯区文化馆和小剧场的运营资格，成为这里的"专业管家"。社会化运行既解决了文化馆编制、人才不足等问题，又降低了运营成本。

上海全面推进社区文化活动中心社会化、专业化管理。上海市编写了《上海市社区文化活动中心社会化专业化管理工作手册》，全市建成运行的标准化社区文化活动中心，有超过 90% 的社区文化活动中心委托企业、社会组织、群众文艺团队等各类主体参与整体运行或部分项目管理，形成一批深受市民欢迎的文化活动项目。

2017 年安徽省文化厅在芜湖市选取 4 个文化站作为社会化运营试点。社会化运营后，文化站开放时间延长，服务设施增加，活动品牌增多，运行更加灵活，在社区居民生活中发挥的作用越来越明显。

（2）文化馆总分馆制建设

近两年，在推进文化馆总分馆制建设中，东莞市探索品牌连锁式及共享文化馆模式。2018 年，东莞市首个"品牌连锁式"文化分馆——东莞市文化馆桥头鸿华分馆启用。桥头鸿华分馆由鸿华文化产业有限公司提供场地和日常运作管理，在开展自营服务的同时，根据东莞市文化馆的指导提供规定标准的公共文化服务。"共享文化馆"同样是东莞市文化馆总分馆制建设中的重要模式之一，以"共享文化馆"为载体，充分发挥各自的资源优势，有效整合文化资源，进一步推动中华优秀传统文化传承弘扬。

广州市黄埔区创新总分馆"政府资源补给＋企业自主运营＋社会力量参与"建设模式，建设"10 分钟公共文化圈"，形成了具有黄埔特色的总分馆体系架构。全区 20 个文化馆中，企业分馆占到了 7 个。如在缘创咖啡 1 000 平方米的空间内，融合建设缘创咖啡文化分馆，该馆是广州市第一个 24 小时开放服务的文化分馆。2016 年至 2018 年，区财政共投入 461.8 万元用于社会分馆建设。撬动了 2 525.2 万元的社会资金投入到公共文化服务领域。

成都市高新区"成都市文化馆＋高新区＋社会力量"合作模式。2017 年，成都市文化馆、成都高新区、天府新谷集团合力打造天府新谷文化分馆。该项目采用三方合作模式，由天府新谷集团出资投入场馆，高新区出资保障运行管理，市文化馆提供师资资源和文化服务。阵地集成六大功能，满足了天府新谷孵化器聚集的一大批青年创业群体的多元文化需求，白领青年"足不出园"享受便捷高效的文化服务，提升了创业者对辖区和创业园的认同感和归属感。

（3）文化驿站

温州市以 15 分钟文化圈为服务半径，创新深化"1 ＋ 10 ＋ N"模式打造文化驿站，即突出 1 家龙头文化驿站，形成 10 家各具特色的文化驿站，带动县（市、区）N 个驿站共同创建。通过政府购买的方式向社会和艺术单位采购部分分享单元，优化并打造独具温州特色的文化产品，采用"院线连锁"进行点单"配送"，将这些文化产品派送到各个文化驿站。积极引入社会力量办文化，运用市场机制，激发各类社会主体参与文化驿站建设，提供多样化的产品和服务。截至 2017 年，温州市已建成的 37 个文化驿站中，采用社会合作模式的有 15 个。文化驿站每周至少开展一次以上主题活动，社会联建文化驿站每月至少开展两次主题文化活动。

（4）数字文化服务

全国各地文化馆积极主动开展数字化建设，提升公共文化服务的精准化和便捷性。许多社会力量参与了其中的开发和运营，使数字文化服务成为社会力量关注的重要领域，成效突出。

网络科技企业根据相关文化馆的需求，参与公共数字文化服务的开发和运营。东莞市文化馆的"文化莞家"平台，自 2017 年 6 月启用至 2019 年 3 月初，平台访问量超过 672.5 万人次，访客数 85.2 万人，为当地群众提供了便捷高效的公共数字文化服务。平台化、数字化的运作吸引了各类企事业单位、文化机构、业余团队等共同参与公共文化建设。其中系统平台和微信平台等都委托了相关企业参与日常运营和维护工作。

（5）资助项目、赞助活动

佛山高明树立"文化 ＋"发展理念，通过文化众筹、组建文化联盟、政企合作等方式，广泛发动社会力量参与公共文化建设，将传统的政府单一投入模式，转变为由政府主导，企业、村居、园区多方参与共建的公共文化发展格局。通过特许植入广告的方式，吸引企业以演出、赞助等方式参与，如"最美歌声"两季共演出近 30 场，吸引社会资金约 130 万元。东莞市"文化四季"是市文化馆 2017 年开始打造的活动品牌，通过在各个季节集中展示某项艺术门类，吸引市民到文化馆看演出、看展览、看名家、听讲座，引导文化企业、艺术机构、社会团体、艺术协会、各大院校等参与活动。其中，2017 年共推出了 16 大主题 100 项活动，吸引了全市 45 家企业和社会组织参与，受益市民超过 10 万人次。2018 年东莞"文化四季"少儿超模大赛活动，吸引了 100 多家知名企业、培训机构、媒体等积极参与其中，吸引了超过 20 万人次参与网络投票。

山东省东营市加大与社会力量合作力度，联合银行发行第二批"东营市文化畅享卡"以及"信用卡版—东营市文化畅享卡"，42 家特约单位为"东营市文化畅享卡"持卡人提供经营范围内的购买图书、观看电影、观看文艺演出、参加艺术培训等方面的特定优惠。

5. 文化志愿服务、文化团队

（1）文化志愿服务活动情况

文化和旅游部重视文化志愿服务工作，部署实施了"春雨工程"——全国文化志愿者边疆行活动、文化馆（站）志愿服务活动等系列工作任务。2017 年，文化部、中央文明办共实施 108 个文化志愿服务项目，招募近 5 000 名文化志愿者深入城乡基层，开展各类文艺演出、辅导讲座和文化展览近 300 场，受益群众近百万人次。2018 年，为贯彻党的十九大精神，落实中宣部、中央文明办等七部门《关于公共文化设施开展学雷锋志愿服务的实施意见》，文化和旅游部、中央文明办《关于开展 2018 年文化志愿服务工作的通知》，广泛开展"春雨工程""阳光工程"等品牌文化志愿服务活动，成效显著。广东省文化馆系统在中秋、国庆及重阳节期间，组织开展了第六届广东省文化志愿服务进社区活动，全省各地文化志愿者以文艺小分队的形式深入外来务工人员集中的社区、乡村、厂矿企业、部队、敬老院、残障学校、异地务工人员子弟学校等地开展文化志愿服务，服务项目包括文艺演出、公益性讲座、培训辅导、文体活动、非遗传承等。全省共开展文化志愿服务进社区活动 120 场，参与文化志愿者人数有 3 162 人，受益群众近 7 万人。

（2）文化团队建设情况

为扶持民间文艺团体和民办非企业发展，鼓励社会力量参与公共文化服务，深圳市将全年开展的公益文化活动面向社会公开招标采购。2017 年深圳市共收到 82 家单位申报的 2 097 场（项）活动，54 家中标单位承接 299 场次（项）公益文化活动。2018年，共收到86家文化类社会团体和民办非企业申报的1 578场活动，共评出51家中标单位，承办108场次（项）非戏剧类的公益文化项目。

（3）"乡村春晚"

借助互联网技术，"乡村春晚"让各地文化团队实现了联动。2018"百姓大舞台"春节文化惠民网络联动在浙江丽水正式开幕，文化部全国公共文化发展中心依托中国文化网络电视，在浙江丽水、宁夏盐池、广东佛冈、福建武平四地"乡村春晚"启动网络同步直播，全国20个副省级以上文化馆参与，联合推出地域特色浓厚、区域影响力大、普惠效果好的文艺演出、艺术培训、展览展示、文艺赛事等各类群众文化活动。活动通过中国文化网络电视、国家数字文化网等平台渠道在全国互动播出，在国家公共文化云上，精选各地优秀的群众文化品牌项目在全国范围内进行推广。

6. 文旅融合

2018年各地围绕推动文化与旅游融合发展积极探索，文化和旅游融合发展成效初步显现。

（1）"一人一艺"纳入乡村振兴战略

宁波市文化部门2018年提出了把"一人一艺"纳入乡村振兴战略，并在宁波市象山县溪里方设置了乡村文旅中心。溪里方乡村文旅中心提出以游客服务站、文史展示厅、乡创工作坊、艺普讲习所大四大板块内容为核心，以专业运营团队管理服务为手段的"4+1"架构模式。

（2）红色旅游文化

2016年底，发改委等部委印发《全国红色旅游经典景区名录》印发，公布了天安门广场、中国人民抗日战争纪念馆、卢沟桥、西柏坡、中共一大会址等300处全国红色旅游经典景区，将之作为今后5年红色旅游发展工作的重点。该名录的公布，有利于各地更好地形成文化与旅游合力，打造一批具有爱国主义和革命传统教育功能、对革命老区脱贫致富具有积极促进作用的红色旅游目的地。

（3）文创产品开发

嘉兴市秀洲区注重民俗文化与旅游、自然生态与旅游、农耕体验与旅游相结合，大力发展乡村旅游。该区以秀洲农民画为文化名片，全面推广，精心打造，经过 30 多年的传承，秀洲农民画已经成为嘉兴乃至浙江的文化品牌，享誉国内外。

7. 第三方评估

专业企业参与文化馆公共文化服务的第三方调查评估，为建立健全公共文化服务的评价反馈机制起到了积极作用。早在第一批示范区验收工作中，文化部、财政部引入第三方满意度调查机制，聘请零点调查公司，通过暗访监测、社区拦访、场馆拦访等方式，获取老百姓对示范区文化设施、活动的客观评价和真实反馈，以此作为示范区验收和建设的重要参考。2017 年，上海嘉定区就邀请第三方机构上海零点市场调查有限公司开展服务效能调研评价。

三、文化馆社会化发展的成效和制约因素

1. 主要成效

近两年来，文化馆社会化无论是在政策层面还是在各地的探索实践方面，进展明显加快。一是社会化政策的密集出台，为文化馆社会化发展提供了有力的政策支撑。随着《公共文化服务保障法》以及《政府向社会力量购买公共文化服务指导性目录》《文化志愿服务管理办法》等国家和地方公共文化服务社会化政策和法律法规的陆续出台，文化馆社会化发展进入了有法可依的新阶段，对推动公共文化服务社会化具有重要意义。二是社会化发展涌现了一些新模式。社会化发展既有政府购买公共文化服务、政府引导社会力量、社会资本参与，加强与社会力量、社会资本合作等常规内容模式，也有进一步细化探索的新模式，如 PPP 模式在文化领域的推广应用，文采会、公共文化服务超市、文化驿站、文旅融合等新的内容形式。常规的内容做法在巩固，新的模式经验在产生。三是文化馆更加积极推动社会化发展。近两年各地积极推进法人治理结构改革，使得文化馆法人治理不只是按计划在国家级和省级公共文化机构先行试点，全国有条件的地级市也在积极结合实际进行探索。各地文化馆展现出拥抱社会化发展的新气象，提出了具有鲜明的社会化办馆理念，进行了卓有实效的探索实践。

北京市朝阳区文化馆是国内较早推进社会化发展的文化馆，近年来，该馆提出了"从脚下走向天下"的理念目标并开展了大量实践，在社区发展"文化居委

会"自治组织，拓宽维度调动居民参与社区治理；2017 年率先在国内第一个设立"文化馆日"，让广大市民走进文化馆、了解文化馆等。东莞市文化馆践行"开门办馆、多元办馆"的理念，加强与社会各界的合作，强化场馆免费开放服务，创新馆办品牌体系，推出了"东莞文化四季""文化年历""东莞非遗"系列跨界活动品牌等，产生了良好的社会影响。四是社会化、数字化结合紧密，成效比较明显。文化馆社会化发展，借助数字化的路径手段，在内容建设、传播渠道、传播方式等方面突飞猛进，社会参与面不断扩大。

2. 制约因素

（1）对文化馆社会化发展的认识存在不足

长期以来，作为事业单位，文化馆行政化的运作方式和较为单一的财政资金来源，使得在开展公共文化服务中，更多的是产品服务的直接提供者。对社会化发展在推动转变政府职能、实现公共文化服务多元化、提高公共文化服务的质量与效益，实现治理体系和治理能力的现代化的认识，还有待提升。对如何清晰界定公共文化服务，哪些公共文化产品和服务适宜采用社会化的方式，许多文化馆还不清晰；对如何科学调动社会力量、社会资本参与公共文化服务，有的文化馆在认识上还有偏差；有的文化馆社会化流于形式，还是"大包大揽"；有的地方认为社会化就是把文化馆的服务委托出去了，政府就不用管了，出现了"甩包袱式"的极端管理模式。

（2）政府购买公共文化服务存在薄弱环节

由于探索时间不长，政府购买公共文化服务在政策引导、模式选择、绩效评估等方面仍存在薄弱环节。一是政策衔接有待完善。地方政府向社会力量购买公共文化服务实施细则、购买目录，已经陆续出台，但就全国范围来说，仍然不多。二是政府购买公共文化服务新模式还需要加强探索，落到实处。例如在文采会中，文化馆没有直接采购的权限；参展商有参展资格，但实际上没有获得政府服务采购的资格，造成一旦超出一定金额，采购的服务和产品就无法直接落地，又需要重新进行政府公开招标，出现采购"有意向、难落地"的问题。三是公共文化产品服务的购买范围和区域还较为狭窄。当前国内一线城市有许多优秀的社会机构，但是一旦面临跨区域的产品和服务采购，在后期的服务保障上又无法落实到地，制约了优质社会文化资源的进一步流通。

（3）合适的社会化承接主体不足

全国公共文化领域目前虽然有着众多的馆办文艺团队、自发性文艺组织，依法到民政部门登记、具有比较健全的内部治理结构和管理制度、具有独立承担民事责任能力的社会组织为数不多，大部分未能成为承接政府购买公共文化服务的社会组织，难以满足公共文化服务社会化发展的需求。

（4）过程监管、评价考核缺位

由于社会化服务的监管机制与评价体系不完善，一些地方的文化馆在引入社会力量参与公共文化服务的过程中，重采购、轻考评，重建设、轻监管，既不利于提高公共文化服务社会化供给的效能，也不利于社会力量的专业化发展。

四、文化馆社会化发展的主要着力点

1. 正确认识政府主导和社会参与的关系

推进文化馆社会化发展，要正确认识政府主导与社会参与之间的关系。《公共文化服务保障法》第二条规定，公共文化服务是指由政府主导、社会力量参与，以满足公民基本文化需求为主要目的而提供的公共文化设施、文化产品、文化活动以及其他相关服务。专家对此解读，认为落实公共文化服务必须明确边界：一是要必须坚持公益，不能把政府的基本职责转嫁给社会或市场主体；二是必须坚持开放，政府不必事必躬亲，公共文化机构的业务性、事务性服务工作向社会开放，引入竞争机制、优胜劣汰；三是必须坚持基本，着眼于覆盖面和适用性，动态平衡政府公共文化服务与公民文化需求。推动文化馆社会化发展，必须着眼于提供高品质、差异化、多元化的公共文化产品和服务，坚持政府主导和社会参与的统一性，既要强化政府的统筹和引导作用，又要充分调动社会参与的积极性，既要优化社会参与的良好环境，又要牢牢把握前进方向，确保科学规范运作。

2. 推广和完善政府购买公共文化服务

政府购买公共文化服务是政府保障和改善文化民生的一项重要工作，也是推进公共文化服务社会化发展的重要抓手。必须进一步推广和完善政府购买公共文化服务，一是加强政策支持力度，科学界定政府向社会购买公共文化服务的范围、种类。适合市场化方式提供、社会力量能够承担的服务，要逐步加大购买力度。针对文采会、公共文化服务超市等形式，要强化简政放权，推动文化、财政、审计、监察等部门共同介入，组织做好购买工作，积极完善前置审核，赋予文化部门、基层文化单位采购权，加强采购项目监察等相关配套政策，鼓励社会力量积极参与文化馆公共文化服务供给。二是要提高政府购买公共文化服务的专业化程度，完善购买流程，建立准入门槛，建立需求和反馈制度，出台"黑名单制"，提升服务质量水平和资金效益。三是要提升政府购买公共文化服务的吸引力，吸引更多专业水平高、创新活力强、运行成本可控的社会机构参与，要积极跨地区开展文化交流和社会合作，又要善于营造良好的发展环境，增强承接主体提升履约质量。四是对未注册登记、但又具备一定实力的社会团体，以及民间文化能人等，应该创造条件，通过扶持、补助、奖励等方式，引导积极参与公共文化服务。

3. 加大对文化类社会主体的培育和扶持力度

针对目前我国文化类社会主体的数量较少，总体质量有待提升的情况，要加大培育和扶持力度，努力形成一批形态多样、结构合理、能力专业、治理规范的承接主体。一是推动基层文化部门会同民政部门，通过备案登记等方式，将众多符合要求的社会文化团体纳入公共文化服务体系之中，为社会组织正常开展活动、参与公共文化服务提供政策支持。二是加强对社会主体的引导和服务。着力打造社会主体的孵化平台和机构，通过采购服务、资金扶持和鼓励公益创投等方式，为社会主体的发展壮大创造环境。三是稳步拓宽社会主体参与的渠道。着力培育和引导文化类社会组织、文化志愿者和文化企业等社会主体从兴办实体、资助项目、赞助活动、提供设施、捐赠产品等多方面参与公共文化。四是完善竞争机制，充分发挥市场机制在公共文化资源配置中的作用。要坚持开放、公平、公正的原则，择优劣汰，通过制定责任清单和负面清单，加强评价监督。

4. 优化社会化发展的体制机制环境

一是继续探索文化馆法人治理结构改革。已经开展法人治理结构改革的文化馆，继续理顺上级文化主管部门和理事会与单位现行管理体制的关系，争取上级主管部门进一步下放管理权限，力争文化馆在人员任用、财政资金使用和业务开展等方面享有更多的自主权，为理事会更有效地参与决策、实施监督创造良好条件，确保理事会真正发挥作用。二是完善资金的投入和使用政策。各地应根据实际情况，尽快出台一些具有针对性、可操作性的补充性政策法规。例如，制定在文化领域推广政府和社会资本合作模式的实施方案，积极稳妥推进文化领域 PPP 模式，引导社会资本更加广泛参与到公共文化领域。完善社会捐赠激励机制，确保在文化领域的减免税费、资金扶持、项目帮扶等激励政策能够真正落到实处，激发社会资本、社会力量参与公共文化服务的热情。改善公共文化服务主要依赖财政资金投入的现状，设立公共文化基金，通过文化基金吸引社会各界资本投入，提高资金使用效能。三是建立健全文化馆社会化发展的考核评价体系。以群众满意度调查为重点，加强政府监管和第三方测评，完善监督评价机制。建立包括重大政府采购服务项目、政府与社会资本合作项目等在内的项目责任制和项目考核评价制，对文化机构的项目负责人、项目进展、服务职能落实情况以及社会主体的服务内容方式、专业人员配备、服务效果及资金使用情况等及时进行考核评价，同时，政府采购服务项目、政府与社会资本合作项目以后，在监督之外还应该继续提供相关的配套服务，不能当"甩手掌柜"。加强考核评价结果的应用，建立考核结果公示制、申诉反馈制、整改退出制等，确保公开、公正、有序推进公共文化服务社会化发展。

5. 积极应对社会化发展趋势，推动文化馆转型升级

文化馆是公益性文化事业单位，是提供公共文化服务、保障公民基本文化权益的主渠道和主载体，是社会主义文化建设的重要阵地。文化馆的性质、任务、服务供给决定了文化馆必须把握好新时代的职能定位，正确应对公共文化服务社会化发展的趋势，加快调整自身的发展理念、创新公共文化服务、提高服务的质量水平，不断满足人民群众美好生活新期待。一是加快推动文化馆转型升级。积极创新工作理念、方式方法，优化人员结构、服务供给，推动文化馆从传统的办馆方式向现代型文化馆转型升级。二是积极探索新业态、新模式，促进文旅融合。文化馆要加强社会资源的有效整合利用，培育文化新业态新模式。立足文旅融合，文化馆可以汇聚公共文化服务、文化艺术创作、公民素质培育、乡村文化振兴、城市特色文化、区域文化合作、非遗保护传承、民间民俗文化等方面的资源力量，在文化创意、文艺演出、会展旅游、非遗产业等方面进行探索，推动文旅产业发展。通过创新驱动，引导社会力量参与文化馆的决策、建设、管理与服务，营造政府主导、社会参与、共谋发展的良好氛围。三是及时研究解决社会化发展中出现的问题，推动文化馆工作创新发展。秉持"包容审慎"的监管理念，既要促使文化新业态、新模式蓬勃兴起，又要切实加强事中事后监管。文化馆也要加强调查研究，对当前文化馆社会化发展现状、未来走势、存在问题以及典型经验，进行科学研究，提出有效的应对策略，切实解决问题，提高效能，推动发展。

广场舞发展现状与未来走向

曹锦扬　崔世莹 *

广场舞是深受广大群众喜爱的文化体育活动。因其具有群众性、多样性、开放性、健身性、娱乐性、社交性等特征，在丰富城乡基层群众精神文化生活、展示群众良好精神风貌、推动全民健身运动广泛开展等方面发挥了积极作用。

一、广场舞发展现状

1. 各地各级展演成果丰硕

全国广场舞展演活动于 2018 年 7 月正式启动，各省、区、市积极行动，围绕庆祝改革开放 40 周年主题，根据本地的地域特点、民族特色制定相应的活动方案，充分利用公共文化体育设施，使活动办在基层、热在基层。截至 2018 年 10 月底，全国共举办展演活动 6 225 场，参演团队 64 564 个，参演群众 209.4 万人，吸引超过 4 206 万人次观看，彰显了各地展演的丰硕成果。

北京市广场舞展演活动分为活动启动季、街乡普及培训周、街乡展演季、区级展演季、市级展演季 5 个阶段。800 余个团队参演，参演群众 5 万余名，推出优秀原创广场舞作品 32 部。上海市各区纷纷举行街镇、区级舞蹈团队展演，1 600 多支舞团、近 4 万人参与其中。10 月举办的市级展演活动，汇聚 86 支全市

＊　曹锦扬，中国文化馆协会舞蹈委员会主任委员，研究馆员。崔世莹，中国文化馆协会舞蹈委员会秘书长，研究馆员。

优秀广场舞团队，共计 2 000 余人。

广东省共举办市级展演 57 场、参演队伍 755 支，县级展演 447 场、参演队伍 4 611 支，市、县两级展演惠及群众近 200 万人。山东省共举办展演 82 场，覆盖全省 17 市 59 个县（市、区），472 支广场舞队伍、16 520 人参与展演。山西省"舞动三晋"广场舞展演 9 月在忻州举办，500 多支群众文艺社团、近 3 万人参加了县级视频选拔赛。云南省的展演活动共吸引 1 022 支团队参加，参演群众 31 580 人，观众总人数达 15 万。

异彩纷呈，展现改革开放巨大成就。全国广场舞北京集中展演由文化和旅游部、国家体育总局、中央广播电视总台、北京市人民政府主办，是全国各地广场舞展演活动丰硕成果的一次集中呈现，为此前在各级展演中脱颖而出的广场舞团队提供了更大舞台。10 月 29 日至 31 日，在 3 天时间里，来自全国各省（市、自治区）的优秀广场舞团队，民航、高铁等行业广场舞团队以及北京市组织的助演团队共 1 900 多人，在北京工业大学奥林匹克体育馆内轮番献演，以广场舞艺术的形式展现家乡风貌和时代风采，展现改革开放以来中国的巨大变化和人民的幸福生活，3 天的演出共吸引超过 7 000 人观看。参加此次展演的演员，来自各行各业，年龄最小的只有 10 岁，最大的已超过 70 岁。

为办好此次全国广场舞展演活动，文化和旅游部切实承担起此次展演活动协调组的牵头职责，建立工作机制，共同落实展演活动各项任务。文化和旅游部牵头制定了《全国广场舞展演活动工作方案》，并由文化和旅游部办公厅与国家体育总局办公厅联合下发，细化展演活动措施。国家体育总局结合全国"全民健身日""全国广场舞大赛"等节庆活动和体育赛事，制定各级展演活动实施方案。各地宣传、文化和旅游、体育等部门形成合力，加强培训辅导和普及推广，创作推出优秀广场舞作品，结合当地原有的群众文化活动品牌，着力将各级展演活动办出精彩。

全国广场舞展演活动，是在广场舞蓬勃发展的基础上应运而生的，展演活动覆盖范围广、方式方法新，是对全国广场舞发展的一次再提升、再升华，为广场舞的未来发展注入了生机和活力。此次活动由政府部门主办，聚焦群众的关注点，集中反映了改革开放以来的建设成就和人民群众的获得感、幸福感，产生了很大的社会影响。

2. 构建健康规范有序发展环境

政府有关部门始终高度重视广场舞工作。为促进广场舞活动健康、文明、有序开展，更好地满足广大人民群众日益增长的精神文化需求，近年来，文化、体育等各主要部门研究出台了一系列政策文件，将广场舞的扶持、引导、规范、普及作为繁荣群众文化体育工作的重点，为广场舞的发展提供了强有力的政策指导和组织保障。

（1）国务院四部门印发《关于引导广场舞活动健康开展的通知》

文化和旅游部、体育总局、民政部、住房城乡建设部为了贯彻落实中办、国办《关于加快构建现代公共文化服务体系建设的意见》，2015 年 9 月出台了《关于引导广场舞活动健康开展的通知》，这是我国针对引导广场舞活动发布的第一份部委级政策指导性文件。该通知提出，要以活跃基层群众文化生活、提高公民身体素质和道德素质、促进基层社会和谐稳定为根本，以扶持、引导、规范为重点，坚持积极引导与尊重群众意愿相结合、统筹协调与因地制宜相结合、创新管理与规范服务相结合，围绕创造良好的广场舞活动条件、加强对广场舞活动的规范管理、加强组织领导等内容提出了一系列要求和举措。该通知提出，政府积极推动广场舞健康、文明、有序开展，要在引导、规范的前提下，培育一批扎根基层、综合素质较高、专兼职结合的广场舞工作队伍，推出一批具有文化内涵、审美品位和健身功能，便于群众接受的广场舞作品，培育一批具有导向性、示范性的广场舞品牌活动。

（2）国家体育总局印发《关于进一步规范广场舞健身活动的通知》

文件于 2017 年 11 月印发，是贯彻落实党的十九大提出"广泛开展全民健身活动，加快推进体育强国建设"要求的重要文件，也是继文化和旅游部等印发《关于引导广场舞活动健康开展的通知》以后发布的第二部政策指导性文件，旨在满足人民群众日益增长的健身需求，进一步规范广场舞健身活动，解决广场舞健身活动中存在的突出问题，促使各级体育部门为广场舞健身活动提供保障，给予支持，加大服务力度，引导良性发展。该通知坚持问题导向，提出通过扩大增量、盘活存量的方式增加广场舞建设健身活动场地供给；通过完善日常管理制度、制定广场舞爱好者自律公约等方式规范活动行为；通过引导加强广场舞社会组织和社会体育指导员队伍建设，加强组织建设与管理；通过建立和健全部门联动、齐抓共管的工作机制，形成合力，提高工作效率。

（3）广场舞被纳入国家发展战略和部门行业规划

2016—2017 年，国务院《全民建设计划（2016—2020 年）》、国务院办公厅《关于加快发展健身休闲产业的指导意见》、文化和旅游部《"十三五"时期繁荣群众文艺发展规划》、国家体育总局《体育发展"十三五"规划》、文化和旅游部《"十三五"时期繁荣群众文艺发展规划》相继出台，将广场舞列为大力发展的重点项目，加强顶层设计，提出了总体目标和具体要求。这充分体现了国家对发展广场舞活动的高度重视，为进一步加强广场舞工作的组织领导，积极推动各级政府和有关部门将广场舞工作纳入各地现代公共文化服务体系建设和群众体育事业发展的总体规划，提供了有力的组织保障和政策依据。

3. 广场舞拉动文化产业发展

广场舞社会覆盖面广，活动参与人数众多，相关产品和服务需求始终保持较高的增长势头，其间孕育着巨大的商机，加之近年来政府和有关部门的大力推动、积极引导，广场舞业态已逐步走向健康发展的良性轨道，吸引了大量社会力量参与到广场舞文化产业建设的大潮中。

（1）参与举办赛事和展演活动

大量以普及推广广场舞为主营业务的社会团体、民间非营利组织不断涌现，主办或参与承办各类广场舞展演、赛事活动；银行、财富管理公司、旅游公司、医药与保健品公司也积极介入赞助广场舞比赛，使得以中老年人为目标群体的众多产品通过广场舞切入市场。

（2）提供新媒体宣传推广服务

随着互联网和新媒体的快速发展、"眼球经济"被"粉丝经济"替代，基于线上的舞蹈教学、普及传播和互动社交，成为群众参与广场舞活动的重要环节，海量的点击、浏览量，给互联网企业带来丰厚的流量、广告收益。

（3）广场舞拉动文化产品消费

与广场舞相关的消费品种类众多，如：服装、舞鞋、手帕、折扇、U 盘、音箱、教学平板、培训视频光盘等，这些商品价格从几十元到上千元不等，但都很畅销。有分析认为，目前广场舞已经初具产业雏形，将带来一个高达千亿元的市场。

二、广场舞典型案例

1. 广场民族健身舞创作与推广的"银川范本"

银川市是首批国家公共文化服务体系建设示范区。近年来，在全面推进公共文化服务体系建设过程中，银川市文化艺术馆以保障人民群众基本文化权益，丰富人民群众文化生活，满足人民群众健身娱乐的需要，提高人民群众的健康水平，增进人民群众的文化福祉，提升城市的文明程度为出发点，利用宁夏丰富的少数民族文化资源和文化元素，精心编创了回族纱巾舞等 36 套具有地方特色的广场民族健身舞，向全市和全区进行普及和推广，在全国产生了广泛的影响，受到文化部领导和专家的高度肯定，并作为案例被编进全国基层文化队伍培训教材。银川市所创造的广场民族健身舞创作与推广的成功经验，为全国提供了重要的可资借鉴的范本。

与众不同的"银川思考"。银川是国家历史文化名城，建城于汉武帝元鼎五年（公元前 112 年），是古丝绸之路向西延伸的重要门户。像全国各地一样，随着人民群众生活水平的不断提高和健康意识的增强，参与广场健身活动的人越来越多。为了顺应人民群众开展广场健身活动的需求，银川市统筹规划，加大了文化广场建设力度，全市共建设城市中心文化广场 43 处、社区文化广场 94 处。宁夏是回族之乡，地域特色和文化特色都非常鲜明。依托地方丰富的历史文化资源和民族文化资源，编创既有健身功能又有民族文化和地域文化内涵的广场舞，对满足人民群众的文化需求，增强人民群众的体质，彰显银川文化魅力，提升城市文化品位，促进社会和谐，推动城市文化发展，将起到重要的作用。

环环相扣的"银川举措"。创作与推广广场民族健身舞是一项系统工程。银川市文化行政部门和市文化艺术馆抓住其中的关键环节，明确将广场民族健身舞创作与推广作为一项文化惠民工程，集中精兵强将，精心创编集艺术与健身于一体的广场民族健身舞作品。结合免费开放，广泛开展广场民族健身舞培训推广活动，举办银川市"踏歌起舞·幸福银川"广场民族健身舞大赛，推动广场民族健身舞在全市进一步的普及与提高。

令人瞩目的"银川成果"。从 2011 年起开展广场民族健身舞的创作与推广，银川市取得了令人瞩目的成果，推出了一批广场民族健身舞精品，促进了广场舞活动的健康开展，带动了社会民间文艺团队建设，促进了现代公共文化服务体系建设，促进了银川文化的传播和交流。

特色鲜明的"银川经验"。银川市创作推广广场民族健身舞不仅取得了突出的成绩，而且形成了特色鲜明的"银川经验"：高度自觉，强化统筹，加强治理，突出引导。

2. 湖南原创广场舞

原创广场舞弘扬主旋律。2013 年 11 月，中共中央办公厅印发《关于培育和践行社会主义核心价值观的意见》。湖南省文化馆组织专家、编导、教师以湖南苗族、土家族、侗族等少数民族舞蹈、戏剧元素为标准，在全省范围内遴选出候选广场舞曲目；这些广场舞曲均邀请著名歌手演唱，编导组对每首广场舞歌曲研究讨论，拟定适合该曲目的舞蹈语汇与道具应用，再从全省遴选优秀舞蹈编导进行初排、复排，由省内著名舞蹈专家修改、组编，形成最终 13 支弘扬社会主义核心价值观的原创广场舞，具有鲜明的湖湘特色。

广泛的社会影响力。湖南省采用省、市（州）、县、乡镇、村四级联动的模式培训、推广、比赛，在 126 个县区广泛开展广场舞赛事交流，构建了立体的湖南省广场舞展示平台，形成了一套独具湖湘特色，辐射人群广泛的广场舞教材。在扩大群众参与方面，湖南省文化馆启动"互联网＋"的模式大胆创新，举办了"我们都来跳""我们都来编""我们都来拍"社会主义核心价值观湖南省原创广场舞系列活动，从县乡开始层层开展选拔、交流和展演活动，吸引了近 100 万人关注赛事活动，活动访问量达 5 000 万人次，覆盖全国省、直辖区域超过 365 个城市互动参与。通过此赛事平台，新创建队伍 1 200 支，培训教练员近 15 000 人（次）。

文化志愿服务融入其中。编创组所有的人员都是文化志愿者，从 2011 年筹备"湖南省原创广场舞"编创工作开始，文化志愿者乐于奉献，不计报酬，几年来辛勤工作，组织开展广场舞宣传、推广活动。他们利用自己的休息时间、节假日免费为群众教授原创广场舞。在广场舞交流活动中、在比赛的现场，到处都可以看到文化志愿者奉献的身影。

借用网络等新媒体进行宣传。教材编辑成册后，湖南省文化厅召开了新闻发布会，湖南卫视、湖南经视、《湖南日报》、红网等30多家媒体对其进行了报道，其中湖南卫视连续两天在黄金时段新闻联播中播出。教材还上传至土豆、优酷等主流网络媒体，面向全国群众推广。此外，湖南省文化馆将线下比赛与新媒体网络比赛相结合，吸引更多的群众参与，扩大品牌效应，为广大群众提供了更好的展示机会。

组织广泛交流和比赛。2017年年初湖南省文化馆启动将社会主义核心价值观湖南省原创广场舞走进百家省直机关的项目，通过学习、交流、比赛等方式，将核心价值观的24个字融入其中。文化志愿者将社会主义核心价值观湖南省原创广场舞，带进湖南省女子监狱，面对特殊人群，在艺术上进行关怀和辅导，把核心价值观的内涵舞动进她们的心里去。在赛事组织上，"湖南原创广场舞"已创编共三集，该馆线上线下的赛事活动举办多届，群众参与度广，辐射范围宽，取得良好社会反响。"我们都来跳"社会主义核心价值观湖南原创广场舞电视舞蹈大赛通过电视直播，活动从初赛到决赛共2 000多支队伍参加，受到了群众和媒体的高度评价。

三、广场舞未来发展建议

1. 注重顶层设计

以活跃基层群众文化生活、提高公民身体素质和道德素质、促进基层社会和谐稳定为根本，以扶持、引导、规范为重点，培育一批扎根基层、综合素质较高、专兼职结合的广场舞工作队伍，推出一批具有文化内涵、审美品位和健身功能、便于群众接受的广场舞作品，培育一批具有导向性、示范性的广场舞品牌活动，实现城乡基层广场舞活动健康、文明、有序开展。

中国文化馆协会作为全国公共文化行业组织，应站在国家层面推出具体举措，持续举办"欢跃四季"全国百姓广场舞展演活动，丰富城乡基层群众精神文化生活，展示群众良好精神风貌。组织国家级专家团队就提升广场舞的文化内涵、审美品位、健身功能等课题，巡回到各省（区、市）文化馆举办讲座，并对广场舞品牌活动的导向性、示范性以及如何文明有序、健康发展，从理论层面上加以科学阐释，全面推动全民艺术普及活动的良性开展。举办广场舞编导提高班，编排出更多便于接受、又具有鲜明地域文化特色和一定艺术品位的好作品，制成教学视频，免费发放到全国各省、市、县文化馆，同时通过国家数字文化网、中国文化网络电视进行广泛传播。举办全国广场舞最佳编导、最佳领头人、最佳团队的评比、命名，以培养锻造一批扎根基层、综合素质较高、专兼职结合的广场舞工作队伍。积极引导和推动各地分级建立广场舞协会，充分发挥参与者的自我管理、自我教育、自我服务、自我监督作用，提升广场舞活动的管理水平。

2. 鼓励基层探索

广场舞是由人民群众创造出来的，是专属于人民群众的舞蹈。广场舞怎么发展、怎么完善、怎么规范，要尊重群众的意愿，倾听群众的呼声。广场舞源于百姓，源于基层，它的发展探索也要从基层做起。因为广场舞有着扎实而又广泛的基础与受众，因此基层广场舞活动场所、骨干及经费的管理、培养、落实就显得至关重要，这也是引导广场舞正确发展的最重要的抓手。

（1）管理科学化

要因地制宜，探索制定科学管理广场舞的有效机制。在管理上，政府要有所为，团队也要有所为。实现治理科学化，需要有为政府，更需要在引导中规范、在规范中发展。要使广场舞活动在组织严密、服务周到的保障中进行，避免安全和扰民问题。

（2）活动品牌化

广场舞要有序、健康地发展，各地文化馆、广场舞协会都要发挥桥梁、纽带作用，要有老百姓认可的品牌活动，培育一批具有导向性、示范性的广场舞品牌活动，这是推动广场舞活动组织化、规模化、规范化开展的有效途径。要通过抓活动、抓人才、抓作品，探索出具有自己特色的开展广场舞活动的道路。

（3）经费多元化

广场舞要健康发展，政府引导很重要。政府引导除了宣传、规范之外，经费的投入必不可少，政府的投入要与轰轰烈烈的广场舞热成正比。要对优秀的广场舞团队进行奖励，要让优秀团队带出更多、更优秀的团队来，形成一个良好的氛围。让广场舞大妈们也要明白有所为、有所不为。在社会各界举办广场舞活动的同时，政府经费要多扶持一些品牌活动、交流活动，发挥好导向作用。实践经验证明，群众自发的文体活动，"给点阳光就灿烂"。

3. 加强理论研究

广场舞蹈理论是对广场舞蹈的理性认识。广场舞蹈的实质在于创作，广场舞蹈理论的实质也就在于对广场舞蹈创作（及相关领域）的研究。广场舞蹈理论的使命，首先在于对已有的创作实践做出科学的说明。任何创作实践都内含着理论意义。成功，往往包括了对原有理论体系的突破；不成功的，往往包括了理论上的失误。将创作实践中种种内含的理论意义揭示出来，探寻其内在的规律，循此规律，再给将要进行的创作实践以理论上启示、依据、预见等。这就是广场舞蹈理论研究最根本的价值所在。

没有广场舞蹈创作实践，不会有广场舞蹈理论。没有相对发展的广场舞蹈创作实践，不会有相对发达的广场舞蹈理论。反过来，没有对广场舞蹈本质相当深度的理性把握，也不会有出色的创作实践，对一个民族而言，杰出的广场舞蹈创作标志着她杰出的广场舞蹈思维。不能设想，在贫瘠的广场舞蹈创作实践的土壤上，会成长起广场舞蹈理论的参天大树来。

从目前已发表的论文以及近年来召开的一些学术讨论会上看出我国广场舞蹈的研究，一方面势态兴旺，充满活力；另一方面，独创性、基础性、理论性的研究较少。为了将广场舞蹈研究推向一个新阶段，迫切需要认真组织关于广场舞蹈基本理论的研究与讨论。在研究中，要拓展思路，敢于借鉴其他学科的研究方法，提出一个比较严密的广场舞蹈学科体系。若能多组织一些全国性或部分省、市有关广场舞蹈的某个方面（问题）的专题性探讨，将有助于对不同观点的争鸣和对问题研究的深入。

让我们共同实践与努力，不断探索广场舞发展的新特点、新趋势，引导广场文化活动健康、规范、有序开展，推动新时期群众文艺的繁荣发展；让我们在优美的舞步、动人的旋律中，跳出自信，舞出梦想，进一步传播民族文化、提升时代审美，为民族凝魂聚气、为时代凝心聚力！

文化馆国际合作与交流新作为

王全吉 *

一、文化馆国际合作与交流的背景

1. 新时代中国特色大国外交的背景

党的十九大报告中明确指出，"中国将高举和平、发展、合作、共赢的旗帜，恪守维护世界和平、促进共同发展的外交政策宗旨，坚定不移在和平共处五项原则基础上发展同各国的友好合作，推动建设相互尊重、公平正义、合作共赢的新型国际关系"，呼吁"各国人民同心协力，构建人类命运共同体，建设持久和平、普遍安全、共同繁荣、开放包容、清洁美丽的世界"，向世界亮明了中国外交的大方向，把中国外交战略提升到了历史性的新高度，充分展现了中国外交的中国特色、中国风格和中国气派。

2.《中华人民共和国公共文化服务保障法》实施的背景

2017年3月1日实施的《中华人民共和国公共文化服务保障法》第十二条规定："国家鼓励和支持在公共文化服务领域开展国际合作与交流。"

公共文化服务领域开展国际合作与交流具有双重意义。一方面，通过国际合作与交流，推动优秀群众文化活动成果走出去，在国际舞台上展示中国老百姓的文化创造和文化表现，以文化的、民间的交流夯实"民心相通"的基础；另一方面，通过国际合作与交流，把国外优秀的文化活动成果请进来，既能活跃和丰富

群众文化生活，又为吸收借鉴国外的做法和经验提供样本。近年来，我国公共文化服务领域的国际合作与交流开创了新局面。"一带一路"文化合作与交流、海外中国文化中心建设、面向全球的"欢乐春节"活动、双边或多边文化交流年、"东亚文化之都"创建、以"相约北京""上海国际艺术节"为代表的国际文化交流品牌活动中，丰富多彩的群众文化活动都在其中发挥了重要作用。《公共文化服务保障法》将鼓励和支持公共文化服务领域开展国际合作和交流的方针政策法律化，对进一步完善我国多层次的对外文化交流格局具有重要意义。

3. 我国对外文化交流的背景

近几年，中国不断推出促进文化"走出去"的政策，其中《关于进一步加强和改进中华文化走出去工作的指导意见》《关于加快发展对外文化贸易的意见》《关于加强"一带一路"软力量建设的指导意见》等文件先后印发，统筹对外文化交流、文化传播和文化贸易、努力讲好中国故事，传播好中国声音，推进文化"走出去"的力度空前加大。

二、文化馆国际合作与交流的实践

1. 组织开展"欢乐春节"对外文化交流活动

"欢乐春节"是中华文化走出去的重要抓手和靓丽品牌，是讲好中国故事的重要平台。从 2002 年开始，文化部每年春节期间在海外举办一系列面向当地民众的春节主题文化活动，经过多年的实践和发展，利用春节时段集中向海外民众展示和介绍春节文化已逐渐成为我国对外文化交流的窗口和平台，受到海外民众的喜爱。随着活动内容越来越丰富、形式越来越多样、活动主体越来越多元，2009年国务院正式命名了"欢乐春节"，寓意是借助春节，把富有民族特色和时代特征的中华优秀文化和理念传递到世界更多地方，让世界人民共庆中国佳节，全球各地同享欢乐和谐。据文化部统计，2017 年"欢乐春节"在全球 140 多个国家和地区的 500 多个城市举办了 2 000 余场活动，海外受众达 2.8 亿人次。"欢乐春节"品牌化、本土化、市场化水平不断提高，正逐步成为具有广泛影响的中国文化品牌。

按照文化部统一安排，每年春节前后，全国各地文化馆系统纷纷组派团组，分赴世界各地开展各类文化交流演出活动。2017年春节前后，浙江省先后组派12批优秀文艺团组，分赴亚欧美大4大洲、21个国家的35座城市开展110多场海外"欢乐春节"演展活动。2018年春节前后，浙江省文化馆先后组派优秀文艺团组赴约旦、埃及、新西兰，开展"走进约旦过大年——浙江民间艺术展演""丝风瓷韵茶花香——浙江传统工艺创新展""欢乐春节大庙会——走进沙姆沙伊赫""喜迎新春　舞动开罗——中国民族歌舞晚会""欢乐春节走进埃及活动"，组派手工艺小组赴新西兰奥克兰、克莱斯特彻奇（基督城）两地参加"新西兰元宵灯节"活动，同时还深入新西兰的学校，与当地师生们进行交流展示。活动受到当地民众及中外游客的欢迎，中外媒体反响热烈，取得圆满成功。2018年1月4日至3月7日，河南省组派8个团组，分赴意大利、卢森堡、葡萄牙、爱尔兰、美国、俄罗斯、日本、加蓬、科特迪瓦、塞内加尔、斐济、澳大利亚、新加坡等13个国家，开展各类文化交流演出52场次，受众达25万人次。甘肃省先后派出省直和市州多个团组，赴英国、德国、白俄罗斯、印度、喀麦隆、卡塔尔等欧亚非20多个国家执行展演任务。广西连续9年参加海外"欢乐春节"活动，组派27个"欢乐春节"艺术代表团，940余名演艺、展览人员，赴老挝、新加坡、泰国、美国、马耳他、印度、不丹、波兰、文莱、马来西亚等国家开展"欢乐春节"活动。

2. 组织开展"一带一路"文化交流活动

"一带一路"是"丝绸之路经济带"和"21世纪海上丝绸之路"的简称，旨在借用古代丝绸之路的历史符号，积极发展与沿线国家的经济合作伙伴关系，共同打造经济融合、文化包容的利益共同体。

随着"一带一路"合作的实施，中外文化交流呈现快速化、多元化、品牌化发展趋势。2016年12月，文化部印发《文化部"一带一路"文化发展行动计划（2016—2020）》，提出加强中国与"一带一路"沿线国家和地区文化交流与合作机制化发展，推动成立丝绸之路国际剧院联盟、丝绸之路国际博物馆联盟、丝绸之路国际艺术节联盟、丝绸之路国际美术馆联盟和丝绸之路国际图书馆联盟等五大专业联盟。2017年，《文化部"十三五"时期文化发展改革规划》发布，强调将加强中国与"一带一路"沿线国家开展文化交流与合作。

据文化和旅游部 2017 年文化发展统计公报显示，截至 2017 年底，中国已与 157 个国家签署了文化合作协定，累计签署文化交流执行计划近 800 个，初步形成了覆盖世界主要国家和地区的政府间文化交流与合作网络。大力推进文化交流品牌建设，举办中国—中东欧、中国—东盟、中国—欧盟等十余个文化年、旅游年。自 2015 年起连续 3 年以"美丽中国—丝绸之路旅游年"为主题进行系列宣传推广，成功打造"欢乐春节""丝路之旅""青年汉学研修计划""中华文化讲堂""千年运河""天路之旅""阿拉伯艺术节"等近 30 个中国国际文化和旅游品牌。另外，还举办了丝绸之路（敦煌）国际文化博览会、丝绸之路国际艺术节、海上丝绸之路国际艺术节等以"一带一路"为主题的综合性文化节会。

各省文化馆也积极组织开展"一带一路"文化交流与合作，促进民心相通。浙江省文化馆先后与巴勒斯坦、以色列、卡塔尔、巴基斯坦、巴林等"一带一路"国家全方位、多层次开展文化交流，打造了"丝风瓷韵茶花香"这一品牌项目，在较大范围内得到了认可。利用"丝、瓷、茶"，这一具有鲜明中国文化符号的元素，结合"展、销、学"，在"一带一路"沿线国家进行中国文化推广，2017 年已分别赴约旦、埃及、巴基斯坦、马耳他等国举办活动，反响不错。此外，浙江省文化馆组织开展的"美丽中国·美丽卡塔尔——中卡文化年两国摄影家作品联展"活动，利用省文化馆的资源优势，分别走进武义、金华、舟山、磐安，进行了长逾半年的展览，很好地宣传了"一带一路"文化建设成果。

3. 配合海外文化中心开展文化交流活动

2017 年，海外中国文化中心总数增加到 35 个，在文化交流、文化外交上的桥梁和窗口作用更加突显。分布在五大洲的各中心在已有经验的基础上，不断探索新的合作与发展模式：围绕"一带一路"，以文化交流推动我国与沿线国家民心相通；新建文化中心的揭牌与已有文化中心的壮大，共同构建起新的对外文化交流网络；传统文化与当代艺术携手走上文化中心舞台，不断丰富和拓展对外文化交流的外延与内涵；一系列高品质品牌活动的涌现，让文化中心的阵地作用更加引人注目……截至 2017 年，海外中国文化中心开展各类文化活动达 4 000 余场次，直接受众达到 800 余万人次，成为全方位展示中华文化精粹和国家形象的重要平台。

各地文化馆积极配合海外文化中心开展文化交流活动。浙江省文化馆先后组团赴日本、德国、埃及、巴基斯坦、马耳他等国的中国文化中心举办展示活动。2017年，海外中国文化中心项目资源库正式启动，浙江省文化馆申报的3个项目：昆曲茶艺表演、舌尖上的中国——江南美食工作坊、丝绸瓷韵茶花香——江南文化体验工作坊被选中，多次受邀出访。

甘肃省与首尔、开罗、莫斯科等3个海外中国文化中心进行部省年度合作，举办"甘肃文化推介会""甘肃文化周"等系列活动30多项，积极参加"阿艺节""中埃文化年""国际心灵艺术节"等重要交流活动，接待"中心伙伴团"媒体记者、学者、艺术家、青年学生来甘参访、采风、创作，通过"走出去"和"请进来"，进一步推动双方文化交流与合作。

陕西与巴基斯坦中国文化中心在"部省合作"机制下开展全年文化合作，2018年已经派遣了3批70余人次的文化团组，在巴基斯坦为庆祝中国文化中心成立3周年、庆祝巴基斯坦独立日等开展了文艺演出、非遗展示、文创展览等多项活动，在两国均引起了强烈反响。

广西与泰国、新加坡、斯里兰卡、老挝等中国文化中心合作共建，举办"广西文化周"等对外文化交流活动。

2018年，青海省文化厅与坦桑尼亚中国文化中心开展为期1年的合作计划，向坦桑人民展示"大美青海"。

4. 组织开展与非洲国家的文化交流活动

近年来，文化和旅游部切实履行《中非合作论坛——约翰内斯堡行动计划（2016—2018年）》文化领域对非洲承诺，通过各种活动和渠道，持续推动中非文化交流与合作蓬勃开展，中非文明对话和文化互鉴日渐多彩，"欢乐春节""中非文化聚焦""中非文化人士互访计划""中非文化合作伙伴计划"等品牌活动，凭借日渐成熟的模式、不断扩大的影响，成为中非双方推动文化领域"民心相通"的重要桥梁。据文化和旅游部统计，2016年至今，中非共开展168项文化交流与合作活动，基本覆盖整个非洲。

作为文化部首批"对非培训基地"，浙江省文化馆自2013年起，就相继承办了形式多样的对非文化人力资源培训活动，使中非文化合作成果惠及非洲民生。

2017 年 6 月 20 日至 7 月 20 日，来自刚果（金）、吉布提、加蓬、中非共和国的 9 位木雕艺术家赴浙江参加木雕创作交流活动，在培训班结束后，还举办了非洲艺术家木雕创作交流活动暨大运河文化主题创作交流成果展，集中呈现了非洲艺术家在浙江近一个月的"培训成果"，并成功地将"成果展"延伸到衢州的开化，参加了"一带一路"首届国际根艺文化交流周，均取得了非常好的社会效益。2018 年 6 月 22 日，为期一个月的"文化和旅游部对非文化培训基地非洲艺术家木雕创作交流活动"在浙江杭州启幕。本次交流以理论与实践结合的授课方式进行。来自多哥、刚果（布）、刚果（金）、加蓬和科特迪瓦的 15 名艺术家在了解扁雕、漫雕等雕刻形式的同时，还能"解锁"3D 技术在木雕创作中的应用。

近年来，四川省成都市积极鼓励文化艺术团体走进非洲，向非洲人民展示独具魅力的蜀风蓉韵。"PANDA 成都"对外交流活动先后走进突尼斯苏塞、莫桑比克马普托、南非开普敦和约翰内斯堡。目前，成都市与文化部共建的摩洛哥中国文化中心即将正式运营。在鼓励文化艺术"走出去"的同时，成都也重视"引进来"。先后邀请到来自莫桑比克、赞比亚、尼日利亚的艺术团参加成都国际非物质文化遗产节、成都国际友城青年音乐周等大型国际性文化交流活动。

2017 年 9 月 21 日至 27 日，应塞舌尔维多利亚市的邀请，海南省海口市龙华区文化馆组织海南椰雕省级传承人吴名驹及其弟子林慧赴塞舌尔参加该国 2017 年《传承》椰雕艺术展，并在当地开展椰雕工艺培训交流活动。

5. 组织开展与周边国家的文化交流活动

（1）"东亚文化之都"

"东亚文化之都"评选是落实 2012 年 5 月第五次中日韩领导人会议达成的重要共识以及第四次中日韩文化部长会议签署的《上海行动计划》而开展的一项文化活动，是文化部统筹国际国内、加强国际文化交流与合作、增进与周边国家了解与友谊的切实举措。评选活动自 2013 年启动至今已开展了六届，泉州、青岛、宁波、长沙、哈尔滨、西安 6 个城市先后当选，并借此开展了形式多样的文化活动。

（2）"南宁国际民歌节"

南宁国际民歌艺术节的前身是创办于 1993 年广西国际民歌节，1999 年正式改为现名，它由国家文化部社会文化图书馆司、国家民委文化宣传司和南宁市人民政府联合主办，是一个融文化、旅游、经贸为一体的综合性大型节庆活动。该艺术节一年举办一次，举办地点定于广西壮族自治区首府南宁。从 2004 年起，南宁国际民歌艺术节在连续服务九届中国—东盟博览会的实践中，成功开启了中国与东盟文化合作的新篇章，也成为广西与全国各地、世界各地文化交流的重要平台。

2017 年 9 月 12 日晚，第十九届南宁国际民歌艺术节晚会在南宁上演，晚会以"丝路山水·画里民歌"为主题，力邀国内外优秀艺人同台献艺，对国内外经典民族歌曲进行创新编排和重新演绎。晚会以全画卷实景民歌小镇为概念，呈现出具有多民族文化与时尚潮流相结合的舞台，让观众身临其境感受广西与世界各国的民歌情怀。本届民歌节还举办了中国—东盟（南宁）戏剧周、阿根廷"探戈大师之夜"舞蹈音乐秀、"绿城歌台"等活动，共同演绎"歌的海洋"。

（3）亚洲艺术节

亚洲艺术节是新中国成立以来首次举办的国家级的区域性国际艺术节，由中华人民共和国文化部主办。自 1998 年首次于北京举办后，至今已先后举办了 15 届。起初几届均在北京举办；自 2004 年开始，先后在杭州、长春、佛山、南通、郑州、鄂尔多斯、重庆、泉州、宁波等地举办了亚洲艺术节。据不完全统计，来自亚洲 30 多个国家和地区的 300 余个艺术团组、1 000 余万观众参加了历届艺术节活动。

第十五届亚洲艺术节于 2017 年 9 月 23 日至 10 月 23 日在宁波举办。本届艺术节以"海丝古港　亚洲新梦"为主题，包括开幕式、文化论坛、表演艺术、视觉艺术等 4 个板块数十项活动。本届亚洲艺术节汇聚了各国致力于促进亚洲文化艺术传播与发展的艺术家和机构，推出亚洲艺术邀请展、亚洲优秀剧目展演、亚洲演艺合作论坛和亚洲演艺联盟等多项创新性活动。

6. 其他对外文化交流品牌活动

（1）"相约北京"

"相约北京"是由文化部、北京市人民政府、国家广播电影电视总局主办，由中国对外演出公司和北京市文化局承办的大型综合性国际艺术节，是中国国际文化艺术主题年活动的延续。继 '96 中国国际交响音乐年、'97 中国国际歌剧舞剧年、'98 中国国际美术年、'99 中国国际民族歌舞年等大型主题活动之后，中国政府从 2000 年起，开始举办"相约北京"联欢活动，迄今已连续成功举办 18 届，吸引了世界各地 100 余个艺术团体和艺术展览前来参加。第 18 届"相约北京"艺术节于 2018 年 4 月 27 日至 5 月 31 日在北京举行，来自 19 个国家和地区的 44 个优秀表演艺术团体、近 800 位中外艺术家为观众带来 130 场演出、3 个艺术展览。与此同时，"相约北京"继续坚持将优质国际演艺资源送往学校及公共空间，例如在菊隐剧场举办中国戏剧专家与希腊北方剧院的戏剧交流，在单向空间举办绿叶剧团肢体工作坊，在海淀区教师进修学校附属实验学校举办的全明星青年管乐团音乐工作坊等，以此来培养年轻人的文化艺术兴趣和鉴赏力，为广大公众尤其是青少年群体提供与国内外知名艺术家、专家学者近距离接触互动的机会。该届艺术节还格外聚焦罹患疾病的特殊群体，于 5 月 1 日在天桥艺术中心为孤独症儿童演出了匈牙利木偶戏《哈利·亚诺什——吹牛大王》。

（2）"上海国际艺术节"

"上海国际艺术节"是经国务院批准，由文化部主办，上海市人民政府承办的国家级国际艺术节，是我国最高规格的对外文化交流节庆活动之一，以吸收世界优秀文化，弘扬中华民族艺术，推动中外文化交流为宗旨。上海国际艺术节从 1999 年起，每年举办一届，时间一般在 11 月 1 日至 12 月 1 日。第十九届上海国际艺术节于 2017 年 10 月 20 日至 11 月 19 日举行，展演 45 台剧目，举办贵州文化周、以色列文化周，举办 10 项展（博）览，31 项邀约演展活动，并邀请 450 多家国内外机构参加演出交易会，举行 10 场论坛活动；设置无锡、宁波、合肥 3 个分会场，举办喜剧节、魔术节、朱家角水乡音乐节、上海（嘉定）互动戏剧节等 7 个节中节。艺术节期间，"丝绸之路国际艺术节联盟"宣告成立。来自"一带一路"沿线 32 个国家和地区的 124 个艺术节和机构携手加入"丝绸之路国际艺术节联盟"。2018 年 10 月 19 日至 11 月 22 日，第 20 届上海国际艺术节期间，来自 63 个国家和国内 22 个省市自治区及港澳台地区的万余名艺术工作者相聚上海，举办各类活动 350 项，惠及 500 多万人次观众。其中，舞台剧目共计 45 台，平均出票率和上座率近 9 成，20 部剧目出票率达到 100%；"艺术天空"覆盖全市 16 个区，共计献演 58 台 109 场节目；"扶持青年艺术家计划"委约 7 位青年艺术家推出了 6 部原创作品；艺术教育深入学校、社区、剧场，举办了 107 场活动；交易会共有来自 53 个国家和地区的代表参会，以多种形式达成 541 个合作意向；论坛汇聚 1 000 多位专业人士，一台台发言激起一场场头脑风暴。

（3）金砖国家文化交流

2017 年 7 月 6 日，第二届金砖国家文化部长会议在天津举行。该届会议主要达成两方面的重要成果：五国代表签署了《落实〈金砖国家政府间文化协定〉行动计划（2017—2021 年）》，金砖国家将在繁荣文化艺术、保护文化遗产、发展文化产业等多个方面进一步开展交流与合作；同时，各国代表一同见证了金砖国家图书馆联盟、博物馆联盟、美术馆联盟和青少年儿童戏剧联盟的成立和成果文件签署，在文博、艺术、美术、图书等领域，金砖国家未来的合作将更加细化、精准、频繁、高效。

三、文化馆国际合作与交流的特点

1. 数量逐年递增

近年来，随着国际社会对中国关注度的提高，中国文化走出去的步伐也随之加快，对外文化交流的领域不断扩大，内容不断丰富，取得了累累硕果。据统计，近年来我国的对外文化交流项目年均总数与受众人次均超过改革开放前 30 年的总和。截至 2017 年底，我国已与 157 个国家签署了文化合作协定，累计签署文化交流执行计划近 800 个，初步形成了覆盖世界主要国家和地区的政府间文化交流与合作网络。2017 年，海外中国文化中心开展各类文化活动达 4 000 余场次，直接受众达到 800 余万人次，146 个国家（地区）建立 525 所孔子学院和 1 113 个孔子课堂，"今日中国——合作·友谊·共赢"项目在德国举办了 250 余场文化活动，覆盖德国 11 个联邦州的 30 多个城市，"中国文化年"在墨西哥 22 个州共举办 19 项、158 场次文化活动。

2. 品牌逐步形成

在频繁的对外文化交流活动中，"文化年""国家年""交流年"等各类大型国际文化活动，让对外文化交流形成品牌和合力。自 2010 年创办至今，"欢乐春节"一直尝试通过更加新颖的活动形式、更有创意的活动内容和更具效力的传播手段，推动春节成为世界人民共享的欢乐节日。据统计，2017 年"欢乐春节"活动，近 20 个语种的上千家国际主流媒体进行密集报道，覆盖受众近 30 亿人。中国文化周是 2017 年起文化部在海外文化中心部署开展、以"传承与创新——中国非遗"为主题的品牌活动，通过丰富多彩、立体多元展览展演和互动体验活动，让中国非遗文化贴近当地民众。

3. 形式逐渐丰富

提升对外文化交流效果，培育国外民众对中华文化的整体认同，需要我们构建多种多样的文化交流载体。不同的载体适应不同地区民众的文化接受习惯，所准备的载体越多，适应性就越强。"一带一路"通过文化交流年、中国文化节、图书互译出版、建立海外中国文化中心等多种多样的形式开展文化交流与合作，向世界展示了中华文化自信，让世界更加了解中国。海外中国文化中心是文化部深化中外文化交流合作机制、增进中国与世界人民的感情、推动中华文化"走出去"，全方位展示中华文化精粹和国家形象的重要平台，凸显在文化交流、文化外交上的桥梁和窗口作用。此外，各地还积极自主创建对外文化交流平台。如温州市利用旅居世界 131 个国家和地区的 68 万温州人，创新实施"海外传播官培育工程"，让国际友人讲中国故事、让温籍华侨讲家乡变化，探索走出海外传播的新路子。

4. 影响力不断扩大

一个国家的文化影响力主要表现在他国民众对本国文化的认知和评价。近年来，我国对外文化交流空前活跃，交流的规模和范围不断扩大，内容与形式更加丰富多彩。借助文化活动、海外中国文化中心、孔子学院等平台，中国杂技、武术、书法、京剧、太极拳等传统文化纷纷走上国际舞台。"欢乐春节""东亚文化之都""中非文化聚焦""拉美艺术季""相约北京"等国际性文化节庆、赛事和展会品牌不断涌现，成为广泛传播中华文化的重要载体。通过举办国际性文化节庆、赛事和展会，向外国普通民众介绍中国文化，增进了他们对中国的亲近感，扩大了中国文化在国际上的吸引力和影响力。如今在全球很多地方，春节已成为本土化的节日。芬兰赫尔辛基市市长曾表示："春节已经成为赫尔辛基全体市民的节日。"

四、文化馆国际合作与交流的成效

1. 服务国家外交大局

我国各级文化馆主动服务于国家工作大局，积极参与"中国文化年""欢乐春节"等国家对外交流活动。"浙江文化年"是浙江连续十多年来每年坚持举办的对外文化品牌活动之一，浙江省文化馆根据浙江省文化厅与东京中国文化中心2017年度合作计划，承办了日本·浙江文化年系列活动中两项展览活动"浙江龙泉青瓷生活主题展"和"浙江农民渔民画展"，为浙江与东京两地在文化交流上打开了新窗口。浙江省在"欢乐春节"等对外文化交流活动中，组派团队规模、出访国家数量以及活动的国内外影响在国内名列前茅。多项高水准的文化展示活动，充分发挥文化外交的独特魅力。

2. 弘扬中华传统文化

中国文化周是2017年起文化部在海外文化中心部署开展、以"传承与创新——中国非遗"为主题的品牌活动。非遗文化周期间，29个海外中国文化中心共举办各类非遗活动计160余场，通过非遗展览、传承人讲座、现场展示、演出和文创产品推介等丰富多彩的活动形式，让非物质文化遗产走近国外民众，突出展示我国在非遗保护、传承、实践和发展中的丰硕成果，展现我国非遗传统文化及当代艺术魅力，彰显古老中国深厚的文化基因和生生不息的创造力。非遗文化周期间，浙江省文化馆等在不同文化中心举办了非遗展览及讲座等活动。通过丰富多彩、立体多元展览展演和互动体验活动，让我国非遗文化贴近当地民众。

3. 展示中国国家形象

十九大报告指出："加强中外人文交流，以我为主、兼收并蓄。推进国际传播能力建设，讲好中国故事，展现真实、立体、全面的中国，提高国家文化软实力。"以浙江省文化馆为代表的各文化馆通过承办文化部对外文化培训班、对外创作交流等活动，为中外文化交流与相助拓宽了渠道和内容，为中外艺术家的交流互动提供了平台，深受好评，成功展示了中国国家良好形象。

4.体现文化馆新作为

近年来，随着我国对外文化交流的不断扩大，不少地方群众文艺也走出国门，成为对外文化交流队伍中的一支轻骑兵。2018 年北京朝阳区文化馆在大年三十举办国际文化交流项目推介会，灯彩制作、旗袍、花丝镶嵌、雕刻技艺等中华优秀传统文化项目深深吸引了来自英国、法国、波兰等多个国家的文化机构和演出公司。内蒙古鄂尔多斯市组织全市各级文化艺术团体参与国家"欢乐春节""内蒙古文化周"等重大活动，组团分别赴美国、俄罗斯、德国、波兰、奥地利、泰国、蒙古等国家和地区进行文化交流，受到各国观众的广泛好评。各地文化馆在对外交流活动扮演了重要角色，有效体现了新时代文化馆的新作为。

一个个生动的中国故事向世界展示了"风从东方来"的气魄，一次次精诚的文化交流让中国与世界各族人民的友谊深厚长久。党的十九大报告将"坚持推动构建人类命运共同体"列入新时代坚持和发展中国特色社会主义的基本方略。对外文化交流将搭乘"一带一路"这架通向世界的时代高铁，行稳致远，不忘初心，继续前行！

文化馆基础理论研究现状与特点

刘晓东　李　阳　李秀敏　宗何禅瑞[*]

2017—2018 年是中国文化馆发展的重要阶段。2016 年 12 月 25 日颁布、2017 年 3 月 1 日开始施行的《中华人民共和国公共文化服务保障法》，是我国公共文化服务的"基本法"，将文化馆等公共文化设施开展艺术普及、优秀传统文化传承活动纳入该法律规范的内容。2017 年 1 月 23 日，国务院关于印发《"十三五"推进基本公共服务均等化规划》的通知，将政府购买公共服务、公共文化设施免费开放、文化馆图书馆总分馆制和文化遗产保护等列入重要工作内容。而后，文化部在此基础上制定《"十三五"时期文化发展改革规划》，将文化馆的重点工作细化为繁荣艺术创作生产、完善文化馆设施网络、推进文化馆免费开放、加强数字化科技化建设、推动社会化发展、提高非物质文化遗产保护和传承水平、深化文化馆体制机制改革等方面。在国家发展战略和系列政策的推动下，各地文化馆不仅在实践探索方面积极创新，在基础理论研究方面，也不断总结提炼，取得了丰硕成果。

本文将 2017—2018 年期间，文化馆领域公开发表的期刊论文、学位论文、图书和文化馆年会征文获奖论文作为数据源，进行系统分析，以期全面揭示文化馆基础理论研究现状与特点。

---

* 刘晓东、李阳，北京大学信息管理系 2017 级博士生。李秀敏、宗何禅瑞，北京大学信息管理系 2018 级博士生。

一、文化馆基础理论研究数据来源及分析工具

2019 年 1 月 11 日，笔者以"文化馆""文化站""群众艺术馆""群艺馆"为检索词，分别搜索图书、学位论文、期刊论文，限定时间为 2017—2018 年；并通过中国文化馆协会获取了 2017 年和 2018 年中国文化馆年会征文。

图书方面，在国家图书馆、北京大学图书馆、上海图书馆的书目检索系统中进行题名检索、主题词检索，并以文献内容为线索扩展检索范围，筛选后共获得以文化馆为专门研究对象的书籍 9 本。学位论文方面，选择国家图书馆和中国知网，筛选和查验后得到学位论文 19 篇，其中博士学位论文 1 篇，硕士学位论文 18 篇。期刊论文方面，在中国知网、维普资讯中文期刊服务平台等数据库检索关键词，整理剔除后，共得到 550 篇期刊论文。行业协会征文方面，选取了 2017 和 2018 年中国文化馆年会征文中的 308 篇获奖论文。

使用 Ucinet 和 Citespace 等数据分析工具，对所得数据进行统计分析。

二、文化馆基础理论研究定量分析

1. 研究成果发表情况

2017—2018 年各地文化馆实践不断创新，理论研究也快速发展。突出表现在图书类型多样，学术专著数量增加；期刊论文和学位论文数量逐步增长，实践和理论内容均有较多研究成果；征文数量较多，覆盖地域广泛。其数据整理情况如表 1 所示。

表 1　研究成果发表数量

类型	图书（部）		学位论文（篇）		期刊论文（篇）		年会征文（篇）	
年份	2017	2018	2017	2018	2017	2018	2017	2018
数量	7	2	11	8	295	255	138	170

文化馆领域图书方面，专著是主要类型，共有 5 部，如北京群众艺术馆副研

究馆员杜染的《群众文化的现代化》[①]和资阳市文化馆馆长张强的《文化馆与公共文化服务论》[②]都是立足基层实践，探索建立新时代的文化馆理论体系。其他类型，如研究报告和文集也是重要形式。全国性研究报告如《文化馆蓝皮书：中国文化馆全民艺术普及发展报告 2015—2016》，地方性研究报告如《重庆文化馆事业 2016 年度发展报告》，地方性文集如《大数据时代的公共文化服务——2013—2016 年厦门市群众文化论文集》等。研究报告和文集是全面、深入了解现状的重要方式，也是文化馆理论体系搭建的重要基础。

高校对文化馆基础理论建设关注度不断提高。该阶段共有学位论文 19 篇，其中硕士论文 18 篇、博士论文 1 篇。研究内容从宏观探讨文化馆在公共文化服务中的功能、内容供给、效能提升等问题，到微观层面研究单个文化馆免费开放、数字化、设施设计等具体工作。既有理论研讨又有案例介绍，多维度丰富了文化馆基础理论的内涵。期刊论文和年会论文理论与实践研究并重，多采用理论论述或案例介绍的形式进行组织，地域上覆盖面较广，东部、中部、西部等各地域，省级、市级、县级、乡镇级等各级文化馆站均有涉及。

2. 作者分布情况

图书馆、博物馆等部分公共文化机构在长期的发展过程中形成了完整的理论体系，形成了核心作者群和重点研究机构。相较之下，文化馆发展时间较短，未形成核心研究团队，基础理论研究人员也多为从业人员。如 2017—2018 年出版的 9 部图书中，有 3 部的著者为文化厅、群众艺术馆、文化馆等相关机构，有 5 部为从业人员撰写，内容也多集中在实操层面。李宏、李国新等合作编写的《文化馆蓝皮书：中国文化馆全民艺术普及发展报告 2015—2016》是目前我国文化馆领域最有代表性的全国性研究报告，是政府部门与研究机构合作的成果。

期刊论文和年会征文的作者也多为从业人员，学术研究人员所占比重较低。其中年会征文作者限定为全国各级文化馆从业人员，期刊论文作者中 52.3% 为文化馆（站）从业人员，约 25% 的作者为文化相关部门，如文化部、文化广电新闻

---

① 杜染 . 群众文化的现代化 [M]. 北京：华龄出版社，2018.
② 张强 . 文化馆与公共文化服务论 [M]. 成都：西南交通大学出版社，2018.

出版局、地方宣传部等，17.7% 为高校或研究机构人员，4.3% 为图书馆从业人员。其中，发文量超过 3 篇的作者如表 2 所示，马迎春、龙胜兰、杜曼、傅佩蓉、王先娥等人以基层文化馆的实际工作为基础，探讨全民艺术普及、数字文化馆建设、法人治理等内容。其他作者也多从负责工作出发，探讨文化馆的具体实践工作，如崔芳研究乡镇综合文化站的绩效评估、服务效能等；杨艳关注乡镇综合文化中的公共体育服务；傅才武则从财政增量投入、文化共享空间、供给侧改革等方面探讨文化馆发展问题。

表 2　期刊论文作者发文情况

作者	发文数量	工作单位	作者	发文数量	工作单位
马迎春	5	济南市群众艺术馆	傅才武	3	武汉大学国家文化发展研究院
崔　芳	4	江西省图书馆	杜　曼	3	张家口市群众艺术馆
杨　艳	4	商洛学院体育教学研究部	傅佩蓉	3	安徽省安庆市大观区文化馆
龙胜兰	4	湖南省文化馆	王先娥	2	万宝文化站

3. 研究机构分布情况

文化馆及相关机构是文化馆基础理论研究的主体力量，其中省、市两级文化馆的研究成果较集中。其具体情况如表 3 所示。

表 3　文化馆及相关机构论文数量

研究机构	期刊论文数量	研究机构	获奖征文数量
湖南省文化馆	4	南京市文化馆	2
济南市群众艺术馆	3	云南省文化馆	2
无锡市文化馆	3	广东省文化馆	2
河北省群众艺术馆	3	日照市文化馆	2
张家口市群众艺术馆	3	山西省文化馆	2
贵州省文化馆	3	衡水市群众艺术馆	2
广州市文化馆	3	万宝文化站	2
安徽省安庆市大观区文化馆	3	青岛市文化馆	1

表 4　文化馆及相关机构获奖征文数量

研究机构	期刊论文数量	研究机构	获奖征文数量
北京市石景山区文化馆	5	吉林省文化馆	3
山东省青岛市文化馆	5	江苏省文化馆	3
北京市朝阳区文化馆	4	江苏省无锡市文化馆	3
贵州省文化馆	4	江苏省镇江市文化馆	3
上海市嘉定区文化馆	4	辽宁省锦州市群众艺术馆	3
四川省文化馆	4	厦门市文化馆	3
天津市群众艺术馆	4	山西省文化馆	3
重庆市群众艺术馆	4	四川省成都市文化馆	3
北京市东城区第一文化馆	3	云南省文化馆	3
广西壮族自治区群众艺术馆	3	浙江省象山县文化馆	3
湖南省文化馆	3	广东省广州市文化馆	3

对比来看，湖南省文化馆、广州市文化馆、贵州省文化馆、无锡市文化馆、青岛市文化馆等机构的成果相对集中，发表期刊论文和获奖征文数量都排在第一梯队。湖南省文化馆主要从文化馆具体工作，如老年人服务、人才需求、工会工作、群文工作等方面探讨文化馆建设；广州市文化馆研究内容理论性较强，主要包括公共文化设施管理、信用积分系统应用、公共文化服务均等化等方面；贵州省文化馆突出用户需求，从指定战略、发展前景和效能评价等角度探究省级文化馆的建设与发展；无锡市文化馆研究前沿性突出，紧扣文化馆总分馆制、优秀传统文化传承、全民艺术普及等政策引导内容进行理论探讨；主要集中在用户需求的效能评价。

学术界对文化馆站也更加关注，在有论文产出的 452 个机构中，大学或研究机构是 100 个，所占比重为 22%。其中，南开大学商学院信息资源管理系、商洛学院体育教学研究部、北京大学信息管理系、华中师范大学等研究机构的研究成果相对突出。南开大学商学院信息资源管理系的研究内容主要有公共文化服务标准化、均等化发展下的文化馆评估定级与建设；商洛学院体育教学研究部的研究内容集中在农村乡镇综合文化站公共体育服务；北京大学信息管理系从现代公共文化服务体系、文化馆图书馆总分馆的角度切入进行研究；华中师范大学的研究主要集中在乡镇综合文化站的服务效能提升。另有来自清华大学、武汉大学、河北大学等 19 所高等院校的硕、博士毕业论文系统阐释了文化馆发展的重点问题。

表 5　研究机构期刊论文发文数量

研究机构	期刊论文数量	人　员
南开大学商学院信息资源管理系	3	柯平、王毅、孙慧云、刘子慧、刘旭青、裘爽、奚悦、胡银霞、胡娟
商洛学院体育教学研究部	3	杨艳
北京大学信息管理系	2	李国新、刘海丽
华中师范大学政治与国际关系学院	2	郭璐、高镜

4. 期刊分布情况

随着文化馆理论研究的逐渐独立和完善，相关刊物也逐渐繁荣。2017—2018 年，《大众文艺》刊载的相关论文最多，占全部论文的 30%，其次为《人文天下》《戏剧之家》《文化创新比较研究》。在公共文化服务体系建设的大背景下，图书馆界对文化馆的关注度也较高，《图书馆杂志》《河南图书馆学刊》《图书馆理论与实践》等刊载论文也较多。除此之外，一些关注农村问题的期刊，如《乡村科技》、《农村经济与科技》等，也是文化馆研究成果发表的重要阵地。

表 6　期刊发文情况

刊　　物	篇数	刊　　物	篇数	刊　　物	篇数
大众文艺	154	黄河之声	6	河南图书馆学刊	4
人文天下	23	宁波通讯	6	四川戏剧	4
戏剧之家	20	农家参谋	6	图书馆理论与实践	3
文化创新比较研究	20	现代交际	5	乡村科技	3
艺术科技	10	农村经济与科技	5	产业与科技论坛	3
图书馆杂志	7	科技风	4	传播力研究	3
才智	7	办公室业务	4	艺术评鉴	3
民族音乐	6	文艺生活（艺术中国）	4	情报资料工作	3

5. 关键词分布情况

以该阶段出版的图书题名、目录中的主题词，发表的学位论文、期刊论文的关键词为基础，进行统计分析，制作了研究热点关键词表格，见表7、表8。

表7 2017—2018年图书、学位论文、期刊论文热点关键词

关键词	词频	关键词	词频
文化馆	184	公益性	9
公共文化服务	106	文艺骨干	8
群众文化活动	100	均等化	8
乡镇文化站	75	非物质文化遗产	7
文化机构	36	数字化	7
基层文化馆（站）	19	互联网＋	7
图书馆	17	全民艺术普及	6
数字文化馆	14	文化惠民	6
农村	12	新农村	5
文化建设	12	服务效能	5
免费开放	12	文化馆建设	5
总分馆制	11	数字化建设	5
建筑物	10	标准化	4

2017—2018年，对文化馆的研究包括如下几个方面：①在现代公共文化服务体系建设的背景下，注重均等化、标准化建设和服务效能的提升；②在城乡一体化、新农村建设的背景下，关注乡镇文化站、基层文化馆的建设和农村文化服务；③注重新技术在文化馆的应用，包括数字文化馆、"互联网＋"理念的应用、数字化服务等；④文化馆总分馆制、文化馆图书馆总分馆制的建设；⑤以文化馆为阵地，开展非物质文化遗产保护传承和全民艺术普及工作。

表8 年会征文热点关键词

关键词	词频	关键词	词频	关键词	词频
文化馆	47	大数据	6	标准化	5
公共文化	29	传统文化	5	文化志愿服务	4
数字文化馆	10	新媒体	5	均等化	4
全民艺术普及	9	总分馆制	5	基层文化馆	4
互联网＋	9	精准扶贫	5	民族民间艺术	4

（续表）

关键词	词频	关键词	词频	关键词	词频
数字化	4	保护与传承	3	品牌	3
文化站	4	特殊群体	3	乡村振兴	3
文化产业	3	文化价值	3	服务效能	3

　　在现代公共文化服务体系建设、乡村振兴的背景下，行业协会的研究内容与新形势的结合较为紧密，包括：①数字文化馆建设及服务、互联网和新媒体技术的应用、大数据对文化馆服务的支撑等；②推进全民艺术普及，传统文化和非物质文化遗产的传承保护；③关注文化馆的服务供给，包括总分馆制建设，服务的标准化、均等化和效能提升；④关注特殊地区、特殊人群的服务；⑤文化馆的管理运营，包括建设模式、法人治理、社会化发展。

三、文化馆基础理论研究的主要内容

　　根据文化馆基础理论研究所有图书、学位论文、期刊论文的题名、关键词进行词频统计后绘制了关键词共现图谱，见图1、图2。

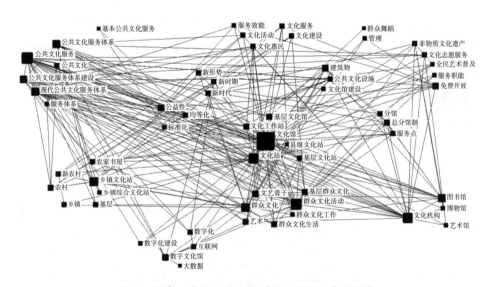

图 1　图书、学位论文、期刊论文关键词共现图谱

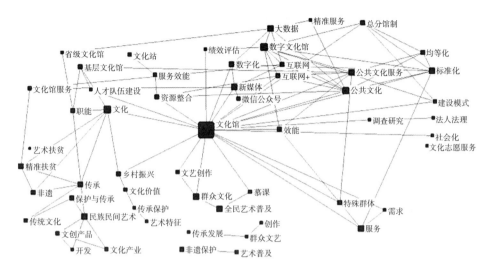

图 2　年会征文关键词共现图谱

根据词频共现图谱可以看出，文化馆基础理论研究的核心点主要集中在文化馆（站）、公共文化服务体系、各级文化馆（站）效能建设、农村文化建设、文化馆服务、文化馆管理、数字化、全民艺术普及等方面，其中公开发表的文献内容与年会征文在研究重点上略有不同。在对图书、学位论文和期刊论文的内容进行分析后，将文化馆基础理论研究的重点归纳为以下几个方面。

1. 文化馆与公共文化服务

文化馆是现代公共文化服务体系的重要组成部分，是政府向人民群众提供公共文化服务、满足人民群众基本文化需求的重要载体。文化馆植根基层，因其服务的多样性、对象广泛性和体系完整性，在现代公共文化服务体系中发挥着重要作用。近年来，对文化馆的研究立足于公共文化服务体系建设大背景之下，探讨其社会功能、职业使命、服务内容等。柯平等认为在公共文化服务体系中，文化馆是传播先进文化，引领群众文化发展的公共文化空间，其主要职能是开展社会宣传教育，普及科学文化知识和组织辅导群众文化艺术（娱乐）活动[①]。李国新等指出近年来文化馆将其主要职能向全民艺术普及聚焦，迈出了与公共文化服务体

---

① 宫平，等.我国基本公共文化服务标准化的重点领域与优先事项——基于省级基本公共文化服务实施标准的分析 [J]. 情报资料工作，2018（3）：11–16.

系建设相适应的转型步伐 [①]。张强对新时期文化馆在文化建设中的地位、作用、改造升级措施，传统文化的传承与创新，群众文化活动的引导与组织等方面的内容，进行了深入的探讨 [②]。

2. 文化馆与农村文化建设

随着人民生活水平的不断提高，农村群众的文化需求也在不断增强，文化馆如何有效组织农村文化活动，更好地服务于新农村建设，助力乡村振兴，成为近两年的研究热点。文化馆在新农村建设中发挥着满足农民精神文化需求、促进农村精神文明建设作用，但还存在着农村基层文化馆站人才总量不满足、结构不合理、引进不规范、服务效能不理想等现状 [③]。蒋承霞认为应当进一步提高文化馆工作人员的专业素质和创新文化活动的组织方式。在农村文化活动品牌建设上，应当以传统文化为基础，以农民实际需要为导向，增强农村文艺团队的软实力，建设农村特色文化品牌，促进新农村文化的发展与创新 [④]。张启伟 [⑤]、赵文雅 [⑥] 围绕如何在乡村振兴战略中推动农村文化礼堂转型升级，更好地保护和宣扬乡村文化提出了建议。

3. 文化馆业务工作

（1）全民艺术普及

2015 年，中共中央办公厅、国务院办公厅印发《关于加快推进现代公共文化的意见》，正式提出了全民艺术普及要求。近年来，通过政策引领、行业倡导和实践探索，全民艺术普及成为各级文化馆的核心功能和文化馆开展公共文化服务的主要内容，并在其意义、内容、形式和评价等方面进行了积极的探索。谢大申

---

① 李宏，李国新.文化馆蓝皮书——中国文化馆全民艺术普及发展报告（2015—2016）[M].北京：人民日报出版社，2018：7.

② 张强.文化馆与公共文化服务论 [M].成都：西南交通大学出版社，2018.

③ 龙胜兰.新时代农村基层文化馆站人才需求探讨 [J].艺海，2017（12）：144-147.

④ 钱冰冰.创特色文化品牌发展农村文艺团队的几点思考——浅论农村文化建设与公共文化服务品牌建设 [J].戏剧之家，2017（17）：214-216.

⑤ 张启伟.新时代乡村文化振兴的"村晚"实践 [C]// 中国文化馆协会.2018 年中国文化馆年会征文获奖作品集.北京：光明日报出版社，2018：50-56.

⑥ 赵文雅.论农村文化礼堂助推乡村振兴 [C]// 中国文化馆协会.2018 年中国文化馆年会征文获奖作品集.北京：光明日报出版社，2018：251-255.

指出全民艺术普及在人的精神追求和精神生活中具有特殊作用，可以提高人民的艺术修养和审美能力，促进人的全面发展[①]。在形式上，伴随着慕课在我国的兴起，业内人士认为运用慕课能够实现优秀资源全民共享，是开展全民艺术普及工作的有效手段[②]。我国还开展了一系列具有全民艺术普及特色的国际文化交流项目，如"欢乐春节""东亚文化之都"等，丰富了国际文化艺术交流，塑造了我国良好的国际形象[③]。在评价方面，宁波市出台了《"一人一艺"宁波市全民艺术普及工程实施方案》，设计了量化考核指标，在国内率先形成全民艺术普及工作评价标准指标体系[④]。

（2）非遗保护与传承

对优秀传统文化的传承与发扬，是文化馆的重要职能之一。文化馆凭借自身的优势，在非物质文化遗产的传承和传播工作中，发挥着重要作用。文化馆是非物质文化遗产保护中的组织者、执行者、统筹者，以非物质文化遗产为中心进行的整理、研究、学术交流、宣传、展示等活动是文化馆的具体任务[⑤]。对于目前在工作中存在的问题，万宁认为非遗保护工作应做到"点线面"相结合。"点"代表性传承人、代表性项目的保护和管理；"线"则保护非遗传承文脉不断；"面"则保护文化生态的完整性[⑥]。伴随着信息技术的发展，近两年如何运用新媒体平台开展非遗工作成为研究热点。陶梦婷对目前已有的24款非遗相关的小程序进行了分析，设计出适用于非遗传播的新模式[⑦]。刘得腾则分析了当前非遗网

---

①　张爱琴 . 宁波 "一人一艺" 全民艺术普及发展报告（2017）[M]. 北京：社会科学文献出版社，2017：18.

②　颜苗娟 . 慕课在全民艺术普及中的运用探析 [C]// 中国文化馆协会 .2017 年中国文化馆年会征文获奖作品集 . 北京：中国书籍出版社，2017：170–174.

③　李宏，李国新 . 文化馆蓝皮书——中国文化馆全民艺术普及发展报告（2015–2016）[M]. 北京：人民日报出版社，2018：17–18.

④　张爱琴 . 宁波 "一人一艺" 全民艺术普及发展报告（2017）[M]. 北京：社会科学文献出版社，2017：11.

⑤　于颉 . 地方文化馆在非遗发展中的作用 [J]. 黄河之声，2017（8）：128.

⑥　万宁 . 喧嚣下的务实主义——将文化馆打造为非遗保护区域性综合服务平台 [J]. 中国民族博览，2017（1）：66–67.

⑦　陶梦婷 . 微信小程序在非遗文化传播中的应用探析 [C]// 中国文化馆协会 .2018 年中国文化馆年会征文获奖作品集 . 北京：光明日报出版社，2018：97–104.

络直播中存在的问题，建议提高宣传的深度及内涵，与线下体验活动相结合发展①。

（3）繁荣群众文化活动

2017 年 5 月，文化部印发的《"十三五"时期繁荣群众文艺发展规划》中提出了文化馆繁荣群众文艺的重点任务，为文化馆开展群众文艺活动指明了道路。有人提出群众文化活动能够提升市民的综合素质和城市文化生活水平②，大力培育和发展群众文化是我国建设文化强国道路中的必然要求③。基础理论层面，杜染系统梳理了"群众文化"概念的发展过程，提出群众文化应当朝向科学化、社会化、规范化和专业化方向发展④；陈坤从基层社会管理的角度分析了群众文化活动和基层社会管理之间的联系，建议重视传统文化艺术的传承与发扬，促进多元化文化活动的交流与融合⑤。在管理模式上，戈英提出对群众文化活动服务的区域、时间和人员进行网格化管理，并通过数字化技术实现网格内的资源调配与互补，提升群众文化服务水平⑥。

4. 文化馆管理运营

（1）免费开放

公共文化设施免费开放问题一直是研究热点，伴随着《公共文化服务保障法》的出台，近两年，关于文化馆免费开放的研究持续升温。文化馆的免费开放，主要包括公益性讲座免费开放、图书阅览室、多媒体放映室、儿童文艺活动中心等部门的对外公益性开放⑦。牟晓娟将免费开放公共文化品牌的特征归纳为公益性、

---

① 刘得腾 . 非遗网络直播：做法、困局与前景 [C]// 中国文化馆协会 .2018 年中国文化馆年会征文获奖作品集 . 北京：光明日报出版社，2018：180–184.

② 朱巍 . 群众文化活动的发展与繁荣 [J]. 大众文艺，2018（23）：5.

③ 王瑶瑶 . 群众文化的社会功能和文化价值 [J]. 才智，2018（36）：206.

④ 杜染 . 群众文化的现代化 [M]. 北京：华龄出版社，2017：9–12.

⑤ 陈坤 . 从社会学视角分析基层社会管理和群众文化活动关系 [J]. 现代交际，2018（18）：48–49.

⑥ 戈英 . 论网格化管理对群众文化服务的推动作用 [C]// 中国文化馆协会 .2017 年中国文化馆年会征文获奖作品集 . 北京：中国书籍出版社，2017：194–199.

⑦ 陈亚军 . 文化馆免费开放工作的全面思考 [J]. 大众文艺，2018（8）：10.

效益性和艺术性三点，指出要坚持公益性，不断扩大社会效益，提高影响力[①]。陈荷蝶以云南省文化馆为例，运用史密斯过程模型作为分析工具，对云南省文化馆免费开放问题进行实证分析，提出从强化为群众服务理念、重视群众满意度测评和公共文化服务绩效评估等方面提升文化馆免费开放服务水平[②]。

（2）总分馆制

2016 年 12 月，《关于推进县级文化馆图书馆总分馆制建设的指导意见》出台，明确了文化馆建立总分馆制的指导思想和实施路径，文化馆总分馆制成为近两年的研究热点，在年会征文中体现尤为明显。研究主要集中于：①各地实践经验总结与推广。在政策的引导和推动下，各地文化馆不断涌现具有地方特色的建设模式。重庆市大渡口区形成"一个总馆 + 多个分馆 + 若干基层服务点"的三级公共文化服务网络，并建立起"五个统一"的标准[③]；浙江省嘉兴市[④]和上海市嘉定区[⑤]都建立了中心馆—总馆—分馆—支馆的服务模式。②文化馆总分馆制的特点、问题与对策。周姗姗从理论上提出了文化馆总分馆制具有偏平式和层级式两种组织结构，并从优化投入机制、优化工作体系等方面提出了建议[⑥]；吴永强建议采取"总分馆 + 联盟"的模式，由一个主体或多个主体联合建设一个"大"文化馆进行统筹协调，提升服务效能[⑦]。

（3）文化志愿服务

文化志愿服务是推进文化馆文化队伍建设的有效手段。2016 年，文化部印发

---

① 牟晓娟 . 论免费开放公共文化品牌的基本特征——以南京市文化馆为例 [J]. 美与时代（城市版），2018（9）：94–95.

② 陈荷蝶 . 云南省文化馆免费开放问题研究 [D]. 昆明：云南财经大学，2018.

③ 黄冀渝 . 贴近文化民生　创新服务模式——大渡口区推进文化馆图书馆总分馆制建设情况 [J]. 大众文艺，2017（6）：14.

④ 陈云飞 . 着力构建文化馆图书馆总分馆制的"嘉兴模式"——嘉兴市推进文化馆、图书馆总分馆制建设情况介绍 [J]. 图书馆杂志，2017（3）：13–16.

⑤ 余灵妍 . 嘉定区创新"中心馆—总分馆"模式，打通公共文化服务"最后一公里" [C]// 中国文化馆协会 .2017 年中国文化馆年会征文获奖作品集 . 北京：中国书籍出版社，2017：50–56.

⑥ 周姗姗 . 文化馆总分馆制对公共文化服务发展的影响 [J]. 文化学刊，2018（4）：130–131.

⑦ 吴永强 . 文化馆总分馆模式和联盟模式：优势与关键 [C]// 中国文化馆协会 .2017 年中国文化馆年会征文获奖作品集 . 北京：中国书籍出版社，2017：284–289.

的《文化志愿服务管理办法》进一步加强了对文化志愿者的管理规范和制度建设，各地也进一步健全了文化志愿服务相关制度。文化志愿者是群众文化建设和发展中的重要力量，能够缓解人力资源的压力、扩宽群众文化活动的范围和起到积极的道德示范作用[①]。冯莉对 2015 年河南省文化馆系统的文化志愿者活动开展情况进行了调研，提出应当完善工作机制和保障措施，加快地方性志愿服务法规的制订和完善，推进文化志愿服务科学规范发展[②]。黄燕以广州市文化志愿服务为例，从文化志愿者的孵化、培训和队伍建设 3 个方面，对如何有效培育文化志愿者进行了探讨[③]。

5. 文化馆数字化建设

从 2015 年开始，文化部全国公共文化发展中心通过数字文化馆建设试点、基层公共数字服务推广项目等一系列重大项目，支持各级文化馆开展信息化建设。2017—2018 年，以公共数字文化、数字文化馆为研究主题的学位论文共有 5 篇，占全部文化馆相关学位论文的 26.3%，丰富了该领域的理论研究。研究主要集中在以下几个方面：①对数字文化馆的建设现状、问题及成因、发展策略的研究。如袁思奇[④]以岳阳市群众艺术馆为例、李婷[⑤]以北海市群众艺术馆为例，探索群众艺术馆数字化建设进程中存在的问题和原因，并结合国内外经验，探索发展对策。②数字化服务质量研究。华方园等对我国省市级已建成的 22 个公共数字文化服务平台进行了调查和分析，指出应当在服务定位、交互设计和站定技术等方面进行提升[⑥]。③新兴技术应用研究。钟文汐[⑦]从数字媒体艺术的角度，研究文化馆功能

---

① 常虹 . 浅谈文化志愿者对群众文化建设和发展的重要性 [J]. 艺术评鉴，2016（3）: 30–31.

② 冯莉 . 现代公共文化服务的重要补充——河南省文化馆系统文化志愿者服务调查 [J]. 大众文艺，2017（14）: 5–6.

③ 黄燕 . 基层文化志愿者队伍建设：现状、问题与对策 [C]// 中国文化馆协会 .2017 年中国文化馆年会征文获奖作品集 . 北京：中国书籍出版社，2017: 140–146.

④ 袁思奇 . 岳阳市群众艺术馆数字化建设问题研究 [D]. 长沙：湖南大学，2018.

⑤ 李婷 . 公共文化服务数字化建设研究 [D]. 南宁：广西大学，2017.

⑥ 华方园，陈思任，佘安琪 . 国内公共数字文化服务平台建设现状调查分析 [J]. 图书馆研究，2018（1）: 37–45.

⑦ 钟文汐 . 数字媒体艺术在文化馆中的应用研究 [D]. 南京：南京航空航天大学，2017.

拓展与用户体验提升。如何运用大数据进行用户分析、应用慕课和直播等新型手段来提升服务质量，也成为行业内关注的新热点。

6. 文化馆设施建设

对文化馆建筑设计的研究主要集中于学位论文，2017—2018 年，围绕文化馆设施进行研究的学位论文共 4 篇，占全部文化馆相关学位论文的 21%，主要针对文化馆的建筑特色和空间布局进行研究。郑杰通过对上海市文化场馆研究发现，公共型文化场馆以街镇为依托，呈散点分布，建议增加远郊场馆的增量和质量，打造文化产业集群[①]。陶欢对文化中心内部功能特点、使用人群的感受和期望进行分析，从舞台、观众厅、服务房间等方面论述文化中心内部小型剧场的设计要点[②]。戴琳基于昆明地区的文化馆调研，指出在文化馆建设中存在着建筑特征不明、一楼多用、功能混杂等问题，建议在设计上应当与当地文化特征相融合，并与其他文化空间形成聚合[③]。

7. 文化馆评估

公共文化机构评估近年来一直深受关注，2017—2018 年间，在年会征文和学位论文中，均对文化馆评估机制、影响因素和指标构建进行了不同程度的探索。①文化馆评估机制。陆吉星将文化馆评估的特点归纳为评估活动制度化、评估标准动态化和评估结果导向化[④]；黄放认为文化馆评估应当遵循科学性、适用性和标准化的原则，开展定期考核评估、专项评估和第三方评估[⑤]。②文化馆评估指标体系构建。张力在对全国 2011—2015 年间，全国文化馆绩效评估指标数据进行聚类分析，筛选出相关指标，建立起适用于新疆昌吉州的文化馆评估指标体系；张建鑫参考 SERVQUAL 模型，从服务内容、服务形式和用户体验等方面构建了数字

① 郑杰.上海文化场馆空间集聚机制研究 [D].上海：上海师范大学，2017.
② 陶欢.文化中心内部小型剧场设计研究 [D].成都：西南交通大学，2017.
③ 戴琳.文脉传承下的文化馆建筑在地性研究 [D].昆明：昆明理工大学，2018.
④ 陆吉星.文化馆评估及其机制优化 [C]// 中国文化馆协会.2018 年中国文化馆年会征文获奖作品集.北京：光明日报出版社，2018：72-75.
⑤ 黄放.文化馆绩效评估的指标权重及量化依据 [C]// 中国文化馆协会.2017 年中国文化馆年会征文获奖作品集.北京：中国书籍出版社，2017：430-434.

文化馆服务质量评价指标体系 ①。

四、文化馆基础理论研究的特点

1. 文化馆理论研究受国家政策影响较大

整体来看，文化馆领域理论研究与国家政策紧密相关。特别是 2005 年之后，与文化馆相关的一系列法律、政策的出台，在推动各级文化馆（站）改革、创新、发展的同时也影响了理论研究的重点和方向。以 2017 年和 2018 年为例，公共文化服务体系建设、文化馆信息化、社会化等依旧是文化馆的研究重点，受《公共文化服务保障法》、十九大报告和国务院关于印发"十三五"推进基本公共服务均等化规划的通知、文化部《"十三五"时期文化发展改革规划》等法律、政策的影响，大力开展全民艺术普及、推动传统优秀文化传承和文化遗产保护、开展群众性文化活动等内容也成为这两年研究热点。

2. 行业协会引领作用明显

文化馆年会是文化馆界实现沟通、交流、学习的重要平台，中国文化馆协会通过征文、理论研讨等形式在全国文化馆（站）中推进基础理论研究，对于整个行业的发展重点和趋势都起着重要的引导作用。2017 年和 2018 年文化馆年会征文均以国家政策与行业发展、管理与体制创新、文化馆信息化建设、文化馆标准化和均等化、群众文艺创作、优秀传统文化的保护与传承、社会化与公众参与等为年会征文主题；2018 年增加理论体系研究征文，以文化馆基本概念、发展脉络与相关政策法规，文化馆的社会职能、服务理念与职业伦理，文化馆的管理、改革与行业发展，文化馆的业务建设与服务方式创新等为主题。这些主题对于整个行业实践探索和理论研究都起到了明确的导向作用。

3. 理论研究比重加大，研究独立性增强

从研究成果来看，重点集中，层次丰富是主要特点。图书、学位论文、期刊论文、年会征文都对于文化馆工作的各个方面进行了研究。从业人员，特别是省、

---

① 张建鑫. 数字文化馆服务质量的评价指标研究 [D]. 保定：河北大学，2018.

市两级的从业人员是文化馆基础理论研究的主体。虽然现阶段研究内容多为实践介绍、案例汇总、材料汇编等，但文化馆理论体系构建、文化馆基本概念、社会职能、行业发展等理论探讨越来越受到学者和从业人员的关注。如张强的《文化馆与公共文化服务论》一书、祁超（太原理工大学）的硕士毕业论文《山西省内文化馆在城市公共文化服务中的功能研究》，另有多篇期刊论文和年会征文都涉及相关内容，为"十三五"时期文化馆基础理论的发展进行了积极探索。

不同于 20 世纪末期从图书馆等公共文化机构视角出发，2005 年 10 月中共十六届五中全会提出要"逐步形成覆盖全社会的比较完备的公共文化服务体系"以来，文化馆基础理论的研究视角也从借鉴其他公共文化机构上转移到研究文化馆自身学科特性上来。从 2017—2018 年基础理论研究成果来看，研究机构主要为各级文化馆（站），研究主体为文化馆（站）从业人员，研究成果发表的平台也多为文化馆领域专业期刊，学科的研究独立性逐步增强。

文化馆的发展呈上升趋势，文化馆的理论研究也在蓬勃发展。但不容忽视的是，目前文化馆基础理论研究还存在较大发展空间，主要表现在研究人员学术水平不足，研究团队未形成；研究方法相对单一，并未形成多层次综合性研究；理论体系探讨较少，案例和实践依旧为主要研究内容；发表期刊多为大众通俗读物，学术研究性差；另外还存在一稿多投、重复投稿等不规范现象。

随着公共文化服务体系的不断建设和完善，文化馆在推动公共文化建设、推动社会文明进步、提升人民精神文化素养等方面将发挥越来越重要的作用，未来在文化馆社会化、数字化、智能化领域将有更广泛的探索和实践。

第三部分　地方案例

广东省东莞市文化馆"一核多元"总分馆制建设

黄晓丽 *

推进文化馆总分馆制建设是构建现代公共文化服务体系的重要任务，是公共文化服务领域供给侧改革的战略考虑和战术安排，对有效整合资源、提高效能、促进优质资源向基层倾斜和延伸具有重要的推动作用。东莞作为首批国家公共文化服务体系示范区和公共文化服务标准化示范城市，因地制宜，逐步探索出"一个体系、五种模式"的文化馆总分馆制，进一步拓宽了我国文化馆总分馆制的建设路径，对各地推进文化馆总分馆制具有较强的示范性和指导性。

一、建设概况

在学习借鉴全国各地先进经验的基础上，东莞市立足自身条件，提出了按照"1 个文化馆总馆 + 若干分馆 + 若干支馆及基层服务点"的思路，以东莞市文化馆为总馆，以数字化建设为主要特色和抓手，根据各镇街的文化建设情况，总馆与分馆形成不同的管理模式：总馆与条件较好的园区、镇（街）建立"平台联盟式"关系；与需要业务指导的园区、镇（街）建立"业务派驻式"关系；与基础条件较差的园区、镇（街）建立"管理委托式"关系。与此同时，与条件适宜的社会力量建立"品牌连锁式"关系，作为分馆纳入总分馆体系。此外，创新提出"共享文化馆"的概念，与东莞监狱等其他单位或社会化力量合作，打造特色分馆。

---

* 黄晓丽，东莞市文化馆馆长。

东莞市文化馆总分馆制建设分试点建设阶段（2017 年）、持续推进阶段（2018 年）、建设推广阶段（2019 年）、巩固提升阶段（2020 年）"四步走"。随着总分馆制的建设推进，总馆根据分馆的发展情况，及时调整与分馆的关系，"平台联盟式""业务派驻式""管理委托式"之间可以相互转化，"品牌连锁式"与"共享文化馆"之间可以相互转化。"东莞模式"具有延展性、成长性，随着总分馆建设情况的进展变化，未来可以有更多的模式加入该体系。

二、主要特点和成效

经过两到三年的探索实践，东莞市文化馆总分馆制建设成效明显，以数字化为主要手段，增强公共文化服务供给能力，变"政府端菜"为"群众点菜"，把"菜单"和"遥控器"交到老百姓手中，不断丰富文化菜单，让老百姓有"菜"可点，形成具有鲜明特点的"东莞模式"。

1. 资源配置"分类式"，精准带动分馆发展

"分类推进"是东莞市文化馆总分馆制建设的主要特征。针对分馆的发展水平，总馆在资源的配置强度上梯度递增，避免总分馆建设在资源投放上"大水漫灌"，既发挥总馆统筹功能，又为分馆"量身定做"，精准带动分馆发展水平从"低"到"高"的动态递进。

2. 社会分馆"连锁式"，积极开拓社会资源

公共文化服务是"政府主导、社会力量参与"。东莞的总分馆建设，既实现面向园区、镇（街）、村（社区）支馆、基层服务点的"纵向到底"，又积极拓展社会场馆，打造特色分馆，实现"横向到边"，即总馆为分馆提供统一的标识系统，并给予业务和资源支持，分馆在总馆的指导下，通过社会供给、购买服务等方式，突出特色文化服务。

3. 数字平台"一站式"，实现全域活动"大循环"

作为全国第一批数字文化馆建设试点单位，东莞市通过建设"一站式"数字平台"文化莞家"，将推进数字文化馆与总分馆建设工作"合二为一"，实现线上活动带动线下活动。其最大成效在于：将以往各镇（街）闭合活动的"内循环"，

转变为上下流通、全市"一盘棋"的全域活动"大循环"，有效打破时间、空间、行政体制的阻隔，实现"零门槛""零距离""全开放"的公共文化服务。

4. 服务活动"定标式"，规范提升建设质量

在文化馆总分馆制建设、管理、服务、考核等方面，东莞市构建了文化馆总分馆的标准框架和标准体系，先后发布了《东莞市文化馆总分馆服务标准》《东莞市文化馆分馆考核标准》等标准规范，推出了文化馆总分馆的"东莞标准"。

5. 资金保障"兜底式"，直接撬动基层投入

推进文化馆总分馆制，"财"是关键要素之一，东莞市积极争取财政支持，在《东莞市文化馆总分馆制建设实施方案》中明确对开展文化馆总分馆制建设的镇街（园区）分馆给予一次性经费补助，分75万元、50万元、25万元、10万元4个档次予以补助经费，并由总馆按程序统筹做好资金的申请、监管和使用。市一级财政直接给予镇街资金补助政策的做法，在国内少见，并直接撬动了镇街（园区）一级的投入。

我国东、中、西部的社会经济发展水平不一致，各地文化资源禀赋和特色也不尽相同。在文化馆总分馆建设中，根据东、中、西部地区的实际，坚持因地制宜、稳步推进、分类指导尤为重要。东莞市下好总分馆制"一手棋"，让整个区域公共文化服务"一盘棋"活起来，基本建成"上下联通、服务优质、覆盖全域"的文化馆总分馆，同时也形成了符合实际、讲求实效、具有鲜明特色的文化馆总分馆建设的"东莞模式"。

重庆市文化馆打造"区域文化馆联盟"

罗智敏　常延红　杨　梅[*]

一、项目简介

文化馆联盟，是新时代文化馆人以"聚合行业资源、促进要素流动、扩大服务总量"为目的而进行的创新实践，是推进文化馆行业治理体系和治理能力现代化的具体举措。

为深入贯彻落实党的十八届三中全会关于深化文化体制改革的精神，以改革创新促进文化馆行业服务的提质增效，着力破解公共文化服务发展不充分不平衡的难题，2016 年，按照重庆市文化委员会关于在文化馆领域推进改革创新的工作要求，围绕"整合区域资源、促进要素流动、增大服务总量、丰富服务内容"的改革创新目标，在重庆市群众艺术馆的倡议推动下，全市 40 个区县文化馆按照"地域就近"的原则，每个片区 9—12 个馆组建"区域文化馆联盟"，共组建了主城片区、渝东北片区、渝东南片区、渝西片区 4 个文化馆联盟。同时，4 个"区域联盟"又架构起了全市的文化馆"大联盟"。自区域文化馆联盟运行以来，各联盟成员馆以联盟为平台，以文艺演出、艺术展览、文艺讲座、文艺培训、文艺创作、专题研讨为主要形式，开展文艺演出 82 场、文艺展览 38 场、专题研讨 32

---

* 罗智敏，重庆市群众艺术馆馆长。常延红，重庆市群众艺术馆调研编辑部干部。杨梅，重庆市群众艺术馆调研编辑部主任。

场、培训交流 15 场等系列活动。近年来，通过重庆"区域文化馆联盟"的组建运行，开启了文化馆"开放、融合、互补"的发展之路，有效提升了行业的服务效能，更好地满足了广大群众的文化需求。

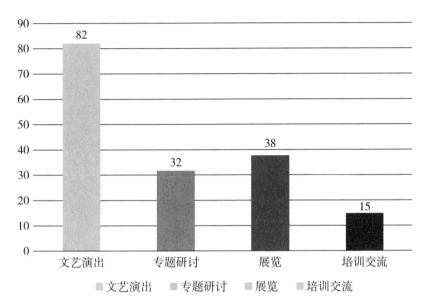

图 1　2017—2018 年区域文化馆联盟活动统计图

二、主要做法

1. 做好顶层设计，明确路径方法

在重庆市文化委员会的领导下，重庆市群众艺术馆为发起倡议单位，全市 40 个区县文化馆机积极参与成立"全市区域文化馆联盟"。市群众艺术馆从顶层设计上明确了"联盟"的五个要素：①有《盟约》和《章程》；②有联盟的组织机构和工作班子；③有联盟共享的服务资源清单；④有联盟常态运行的机制和规则；⑤有联盟运行的展示宣传平台。这"五个要素"为区域联盟的活动开展提供了根本遵循。

2. 建立运行机制，确保常态运行

在完成区域联盟成员《文化服务资源总目录》数据库的录入后，由重庆市群

众艺术馆牵头完成片区联盟配送规则的制度设计，从周期、程序、方式、办结各方面予以明确。各片区联盟运行由重庆市群众艺术馆统筹协调。片区联盟内单位之间（"馆对馆"）不收取费用，接受方只需支付服务人员交通费和午餐费成本。市里利用文化馆"免费开放"年度追加的部分奖励资金，根据文化馆联盟单位之间开展的跨区域配送绩效，实行以奖代补。

3. 建立绩效评价，形成激励机制

随着文化馆联盟的运行成熟，为有效推进文化馆联盟工作，重庆市文化委员会和重庆市财政局在 2016—2018 年度联合下发的全市文化馆免费开放绩效考核标准中，将加入并参与区域文化馆联盟工作纳入年度"免费开放"绩效评价的"加分项目"，有效激发"联盟"运行的动力。

4. 强化品牌建设，发挥示范作用

重庆市区域文化馆联盟建立目的之一就是共抓文艺创作、共创文化品牌，充分发挥区县文化馆的社会职能。如渝东北片区联盟组织的"岁月记忆"新歌大赛、歌曲创作会演等，就是依据渝东北片区深厚的音乐基础，盘活了片区联盟的音乐资源，打造区域特色的活动品牌。渝东南片区联盟组织的武陵山片区民族民间音乐、舞蹈展演深入挖掘当地特色文化资源，焕发当地文化活力，推动了群众文艺精品创作生产和文化活动品牌的创立。

三、具体成效

1. 提升了文化馆行业制度设计的能力和水平

重庆市区域文化馆联盟是贯彻落实中央关于深化文化体制改革精神要求的具体实践，整合公共文化服务资源，聚合繁荣发展社会主义先进文化力量，推动文化馆行业自身能力建设。

2. 整合服务资源，增大服务总量、丰富服务内容

重庆市群众艺术馆作为联盟发起倡议和统筹协调单位，积极发挥市馆"规划、组织、协调、指导、服务"的龙头作用，着力促进全市文化馆"免费开放"服务资源整合，形成了免费开放服务"全市一盘棋"的格局。通过文艺演出、艺术展览、文艺讲座、文艺培训等联盟活动，有效推动全民艺术普及。

3. 形成区域常态交流协调机制

两年多来的联盟活动，有效促进了各文化馆间的交流合作形式。主城区联盟通过户外写生创作笔会、联合画展、期刊交流会、合唱团展演等形式进行文化交流，搭建起理论研究、经验分享、合作交流的平台。渝西片区联盟以文艺培训师资互补、全民艺术普及成果巡演为主要方式，加强了区域间的文化交流与协作。渝东北片区联盟通过创作交流座谈会及采风活动、赛事活动等，多渠道、多形式地交流学习，充分提升文化馆系统业务干部的综合素养。渝东南片区联盟采取"请进来"与"走出去"相结合的培训方式，组织文艺骨干进行馆与馆间的交流学习，提升队伍整体业务素质，实现人才资源的共享和互补。

4. 补齐文化服务短板，促进区域均等发展

通过联盟活动开展，有效吸纳、整合、利用联盟区域内及周边优质文化资源，通过跨区域"馆对馆"配送服务资源，进一步缩小区域之间公共文化服务总量的差距，补齐文化服务短板，实现区域资源互补，促进区域文化供给均等化发展，让欠发达地区的人民群众享有更多文化服务。

5. 发挥优势特色，注重文旅融合

渝东南片区拥有丰富的少数民族资源，联盟紧密结合当地的地域特点，将文化和生态旅游相结合，相继举办首届渝东南生态文化旅游节开幕式文艺晚会、非遗联合展演等活动，实现文化和旅游的深度融合，不断深化探索文旅融合途径。

浙江省温州市文化驿站建设

陈 泳 *

温州是一座充满活力的沿海开放城市，更是一座历史文化氛围浓郁且弥漫着传统韵味的江南名城。近年来，随着生活水平的提高，人民对文化的需求越来越强烈。温州市不断加大公共文化服务供给，创新基层公共文化服务模式，着力打造公共文化服务创新项目——文化驿站，较好地满足了人民群众对文化生活的多种需求，提升了公共文化设施的效用，促进了各类文化的交流与融合，弥补了公共文化服务有效供给的短板，起到了一定的艺术引领作用，提升了城市文化品位。

一、项目概况

文化驿站，顾名思义，就是享受文化，让心灵稍作休憩的去处，是公共文化服务的拓展空间，是时尚化、体验版、休闲式、文艺范的休闲空间，是感受各类文化与最新艺术潮流的文艺空间，也是品味"瓯"文化传统滋味的生活空间。2017 年，温州市文化广电旅游局以 15 分钟文化圈为服务半径，创新深化"1 + 10 + N"模式打造文化驿站，即突出 1 家龙头文化驿站，形成 10 家各具特色的文化驿站，带动县（市、区）和社会合作的 N 个驿站共同创建。

作为温州市的龙头文化驿站，以及市本级单位的第一家文化驿站，温州市文化馆文化驿站坚持政府主导、社会参与，推出文学、音乐、美术、摄影等各艺

---

* 陈泳，温州市文化馆视觉艺术与拓展部主任，副研究馆员。

门类的分享与体验，常态化开设文化沙龙，吸引了各类文化大咖、文艺达人和众多优秀社会团队和普通市民前来分享和参与。文化驿站场场爆满，引发网络热议，形成了常态化、群众化、品牌化的活动模式。

二、主要做法

1. 统一机制，紧跟时代，活动规格高

温州文化驿站采取连锁运行机制，对全市文化驿站活动进行统一包装策划，开发网络公众号平台，开展形象宣传、品牌强化、活动推广、网络直播、线上报名、连锁安排、信息发布、票务销售等工作。在统一的运行机制下，温州市文化馆文化驿站的活动均具备一定的高度和档次，形成系列化、个性化的特点。

2017—2018 年，温州市文化馆文化驿站共推出了 100 多场文化沙龙，既包括精致、高雅的专场沙龙，如以艺术引领为主题的知名专家回温讲座系列、艺术赏析沙龙等，也有紧贴市民生活的重大节假日专场沙龙，传承发展瓯越文化的传统文化系列沙龙、结合十二节气的乡土系列沙龙，还包括紧扣时代主题的喜迎十九大系列沙龙、改革开放四十周年系列沙龙，围绕中心工作的"五水共治"系列沙龙、两区建设系列沙龙，以及关爱特殊群体的专场沙龙、未成年人亲子教育沙龙等。此外，温州市文化馆文化驿站还面向社会优秀团体开展各种活动，为优秀社会团队提供展示、交流的平台。社会团队通过申请、预约，可在文化驿站分享艺术感受。如民乐团、读书社等社团在驿站举办的民乐沙龙、阅读沙龙等，深受市民青睐。

2. 打造品牌，特色突出，活动影响广

温州市文化馆文化驿站通过嘉宾娓娓讲述、市民沉浸式的体验分享方式，打造自己的品牌特色，使参与文化驿站活动成为市民的一个习惯。如"在温州·游世界"系列沙龙自 2018 年 4 月创办以来，每月举行一至两场，贯穿全年。它将多彩世界呈现在观众眼前，带领观众畅游五洲，感受魅力的风土人情物，形成了外国友人群体与温州市民群体的有效互动，扩展了市民的国际视域，为建立中外友谊、进行交流互动、提升温州文化创造了条件。沙龙先后开设了"留学生中国

民俗艺术与创意实践""风从剑桥来""一个外国人的中国诗歌情怀""一个俄罗斯姑娘在温州的故事""美国青年中国梦""印度之行""南非之行"等多场活动，均获得了较好的反响。其中，"一个俄罗斯姑娘在温州的故事"沙龙当晚微信直播点击量更是多达 20 万余人次。

三、主要成效

1. 满足人民群众多元化的文化需求

新时代，人民群众已不再满足于纯粹欣赏音乐、戏剧、舞蹈和读书看报等单向式文化交流，而期待多样化、多载体、多形态、多渠道、多方式的文化生活。文化驿站以高品质、多元化、接地气的艺术形式为市民提供了个性化、品质化的公共文化服务，为推动全社会形成积极向上的精神追求和健康文明的生活方式取得了良好的社会效益，获得了社会各界的广泛好评。在文化驿站的分享活动中，作为公共文化服务对象的市民个体，也从原本单纯的接受者、享有者转变为公共文化的参与者、分享者。

2. 提升公共文化设施的效用

近年来，政府投入大量财政资金建设大批公共文化设施，满足了人民群众对精神和文化的需求，但相当多的公共文化设施使用效率并不高，而文化驿站却较好地发挥和提升了此类设施的效用。如温州市文化馆文化驿站，之前位于文化馆二楼的一空置展厅，利用率很低，而文化驿站建成后，最大限度拓展了原文化馆的服务内涵。

3. 促进各类文化的融合交流

温州历史悠久，文化底蕴深厚，同时作为沿海开放城市，也吸纳着来自世界各地的多彩文化。文化驿站正是联结市民大众与各类文化之间的桥梁。雅逸、隽永、厚重的瓯越文化，当下时尚的艺术潮流，多姿多彩的世界文化都成为文化驿站取之不尽的绝佳土壤和深沉力量。

重庆市南岸区文化馆总分馆建设扎实推进

鲁苏葭　戴　婧 *

　　重庆市南岸区位于长江之南，故称南岸。全区面积 265 平方千米，常住人口 92 万人，辖 8 街 7 镇。南岸区文化资源丰富，历史底蕴深厚，有著名的抗战文化、开埠文化、大禹文化等，拥有施光南大剧院、国际马戏城等文化地标，是以城市为主的都市旅游区，先后荣获全国文明城区、全国文化先进区、全国文物工作先进区等 20 个国家级称号，目前正在创建第四批国家公共文化服务体系示范区。

　　南岸区文化馆成立于 1951 年 1 月，现为国家一级文化馆。近年来，根据《关于推进县级文化馆图书馆总分馆制建设的指导意见》，结合南岸区区情，因地制宜、分类指导，通过"一个总馆＋多个分馆＋若干服务点"的建设模式，明确了"两化""三明确""五统一"的工作方法。在整个模式中，积极探索社会力量参与文化馆总分馆建设，现已初见成效，已将 15 个街镇标准分馆逐步打造为"非遗联盟""音乐联盟""舞蹈联盟""书画联盟"，以及关爱"特殊群体"文化活动联盟 5 大类各具特色的联盟分馆，以及 6 个以戏剧、舞蹈、音乐、古琴、展览、演艺为特色的社会分馆的建设，年均开展活动 1 000 余场，服务人次 105 万人次，对南岸区公共文化服务效能、产品质量、满足群众需求等方面起了极大的推动作用。

---

　　* 鲁苏葭，重庆市南岸文化馆书记、馆长。戴婧，重庆市南岸区文化馆干部。

一、主要做法

1. 找准定位，抓特色

南岸区是以城市为主的都市旅游区，人民群众对文化的需求较高。为弥补公共文化产品不足、产品质量较低的情况，政府采取 PPP 模式、政府购买、民办公助等多种形式鼓励民营文化企业参与总分馆建设。目前，南岸区已建成戏剧、演艺、古琴、音乐、展览、舞蹈 6 个特色分馆。

2. 明确需求，抓项目

为解决群众对高品质文化的需求，南岸区根据工作实际情况，联合民营文化企业、社会组织、学校等，建成了极富"南岸特色"的社会分馆，打造了群众喜爱的文化项目。

303 戏剧分馆：2018 年正式成为分馆，和总馆共同打造原创戏剧节目，创办城市戏剧节，开设公益性专业培训课程：剧本朗读会、身体剧场、素人工作坊等形式多样、内容丰富的群众文化活动，年均 140 余场活动在分馆开展，为南岸区建立了一个"专业戏剧学习交流"平台。

王家大院演艺分馆：2019 年正式成为分馆，总馆充分利用该分馆地理优势，共同打造了"老街故事荟"项目，由分馆提供舞台、音响、灯光等文化设施，总馆提供优质文化资源，每周定时免费为群众演出，较好地发挥了文化馆"面向基层，服务群众"的宗旨，也成为 4A 级景区中极受欢迎的"文化大餐"。

南山书院古琴分馆：南山书院中的南山古琴作为南岸区市级非遗项目。南山书院于 2018 年成为南岸区分馆，主要以传承和发扬中国传统文化为主，和总馆共同打造了"古琴进社区（校园）""把遗产交给未来"等活动品牌，年均开展活动近 100 场，在南岸区掀起了一股学习"传统文艺"的风潮。

城市向上音乐分馆：2018 年正式成为分馆，在总馆的指导下，不断引进国内外优秀音乐文化资源，开展"音乐大师交流会"，为留守儿童开展免费音乐教育，开设"阿卡贝拉同好会"等课程，不断将其打造为南岸区音乐艺术学习、交流的平台。

原·美术展览分馆：2018 年正式成为分馆。该分馆建成以来，与总馆共同策划开展了"艺见"公教活动，为群众提供免费的艺术培训和赏析活动。

珊瑚实验小学舞蹈分馆：2016 年正式成为分馆，舞蹈是其文化特色，多年来在总馆指导下参加了众多国内外赛事，为孩子提供了一个更广阔的舞台。

3. 平台搭建，抓管理

总馆统一建立了《南岸区"文化馆总分馆制"双重考核实施办法》《南岸区文化馆总分馆绩效考核办法》等一系列较为完善的管理制度，同时建有文化馆总分馆业务管理信息化平台，将总馆、分馆的业务进行数字化管理，另外还将文化志愿服务接入"重庆群众文化云"平台，通过"你点我送"方式，年均配送文化活动近千场。

二、工作亮点

1. 政府用准力，扶持社会分馆

政府通过灵活有效的方式激励民营文化企业参与公共文化服务，303 戏剧分馆采用 PPP 模式，政府投资 300 万，控股 20%，还采用政府购买戏剧进校园的方式，使这个分馆活起来，活下来。王家大院演艺分馆、原·美术展览分馆采用了分馆出设备，总馆出资源的方式来开展活动。这些灵活的投入方式充分调动了社会分馆开展各项工作的积极性。

2. 分馆添助力，拓宽产品资源

在总分馆建设发展过程中，发挥总馆"引导作用"，并根据南岸都市旅游区的特点，吸引社会力量广泛参与，拓展了公共文化服务的空间、项目及人力。现在，社会分馆面积约 2 万平方米、文化项目 16 个、新增公共文化服务的人员近 100 人，实现了"总馆"服务的延伸。

3. 联盟聚合力，提升文化繁荣

在文化馆总分馆模式下，结合法人治理结构建设，构建了辖区内文化馆联盟服务体系，并形成了以文化馆为龙头，303 戏剧分馆、王家大院演艺分馆、南山书院古琴分馆等 21 家分馆为成员的法人治理模式雏形，促进了南岸区公共文化事业的繁荣与发展。

三、工作成效

1. 激活社会分馆优质资源，提升群众文化品质

南岸区充分引入社会力量参与总分馆建设，并以"人、项目、空间"为纽带，使群众文化活动在数量和质量上都取得了很大的飞跃。电影美术创作艺术家叶锦添、古琴家吴钊、国内顶尖舞者李德戈景等著名艺术家来到南岸区，为南岸区的群众带来精品文化，使百姓满意度不断提升。

2. 用好社会分馆供给内容，吸引广大群众参与

总馆充分利用社会分馆的优秀文化资源：高端的画展、流行的音乐、传统的文化等，来满足广大群众对精神文化的多元需求，通过两年的运行，吸引了每年不少于 100 万人次参与到文化活动中。

3. 发挥社会分馆特色项目，助推文旅深度融合

南岸区文化馆在总分馆制的探索与实践中，充分发挥南岸特色分馆项目，不仅极大地满足了群众的精神文化需求，还促进了文旅深度融合。如：303 戏剧分馆举办的长嘉汇·重庆南滨国际戏剧节，2017 年 11 个表演团体，102 场演出；2018年 16 个表演团体，2 场大戏，228 场嘉年华，1 场戏剧论坛，1 场音乐分享会；2019 年 22 个演出团体，6 部青年竞演好戏，228 场嘉年华演出，2 公里百人大巡游，1 场戏剧论坛，1 场全民戏剧工作坊，三年来吸引了 100 多万人到长嘉汇观演，同时也推动了旅游业的发展。

南岸区在建设总分馆的过程中，紧扣改革目标，不断完善公共文化服务体系，助推南岸区公共文化服务的繁荣兴盛，为南岸区风景提供强大的文化支撑，不断满足全区人民群众对美好生活的向往。

北京市海淀区北部文化中心社会化管理运营

关思思 *

北京市海淀区北部文化中心位于海淀区西北部温泉镇中心区，总面积 88 100 平方米，由档案馆、文化馆、图书馆和温泉中心四部分组成，2015 年由海淀区历时 3 年，投资 10 亿余元建成，成为目前北京市 16 个区中最大的综合文化中心。

海淀区北部文化中心文化馆、图书馆总建筑面积 44 000 余平方米。其中，北部文化馆有一个容纳近 400 人的小剧场、多功能展厅、非遗展厅、1 000 平方米的舞蹈排练厅及各类功能教室，开展的服务项目有：剧场文艺演出、静态作品展览展示、艺术门类培训、辅导创作文艺作品、送文化活动、创建品牌活动、向群众团队提供活动场地等。文化馆开设文艺培训班 73 个，每个培训班 10 节课。北部图书馆总占地面积 28 900 平方米，共六层，由各类型开放式阅览室、多功能厅及配套用房组成，设阅览座席 1 200 个、馆藏纸质书 80 万册。

一、政府采购

海淀区北部文化中心文化馆、图书馆没有采取传统给编制、建队伍、配领导的管理运营方式，而是采用政府采购引进社会力量管理的新模式开展运营。2016 年 6 月，海淀区北部文化中心经过严格的招投标程序，采取竞争性磋商的方式，选出由艾迪讯电子科技（无锡）有限公司（私营企业）和北京节日乐文化艺术有

---

* 关思思，天津外国语大学图书馆馆员。

限公司（私营企业）分别管理运营图书馆和文化馆，整体委托费用分别是 790 万 / 年和 904.0562 万元 / 年。

艾迪讯电子科技（无锡）有限公司是在江苏成立的一家台湾电脑公司的子公司。其母公司联华神通集团 40 多年来致力于提供客户软硬件整合的系统化解决方案，业务成功案例涉及政府、交通、教育、医疗、金融以及图书馆等领域，属于台湾高科技代表厂商。

北京节日乐文化艺术有限公司是集培训、演出、企业文化活动为一体的综合文化实体，是中央电视台、北京电视台以及北京音乐厅、中山音乐堂的定点合作单位。公司自 2000 年以来，一直致力于弘扬中华文化、开拓文化产业、推动中国文化的国际交流与发展。

二、服务要求

根据文化部《地市级文化馆等级必备条件和评估标准》中一级馆的建设要求，以及北京市创建国家公共文化服务体系示范区的要求，将文化馆运营管理要求分为服务外包的基本原则、服务目标、服务内容及主要社会效益指标、进度与计划安排等内容。

根据文化部全国公共图书馆（市级）评估标准的一级馆定级标准和《海淀区创建第三批国家公共文化服务体系示范区重点工作目标任务书》，将图书馆运营要求的主要内容量化为服务外包的基本原则、服务目标、服务期限、服务内容及主要社会效益指标等内容。

在文件和合同中，根据国家一级馆的标准制定了《海淀区北部文化中心文化馆服务外包项目岗位需求描述》《海淀区北部文化中心图书馆服务外包项目岗位需求描述》。文化馆设置了艺术培训、流动服务、宣传推广等十类岗位，图书馆设置了文献整理、文献流通、阅读推广等十二类岗位。每一类岗位分别就岗位职责、任职条件、考核标准进行了详尽的职责和工作数量描述。

三、监管评价

1. 成立工作领导小组

海淀区成立由海淀区文化委员会主任、主管副主任、文化科、办公室、组织宣传科等为成员的北部文化中心社会化运营工作领导小组，领导小组办公室设在文化科。领导小组主要对服务商的人员聘用、资金使用、服务效能、运营质量实施全面有效的监管和考核。

2. 建立日常监管机制

一是社会化运营团队接受区文化馆、图书馆对其业务进行指导和管理。二是北部两馆执行馆长每周将工作开展情况向业务主管部门汇报、每月定期上报月工作小结。三是不定期开展专家论证。针对社会化运营过程中出现的问题，由海淀区文化委员会牵头邀请行业专家现场观摩，召开论证会，研究下一步解决对策并提出可行性方案。

3. 建立考核评价机制

一是明确考核标准及细则。考核方法按照服务商准备材料、自评打分，考核组听取汇报、实地检查、座谈讨论、服务质量反馈测评、查看相关文件资料、评定打分的程序进行。二是建立第三方测评机制。结合示范区创建要求，聘请第三方公司对北部文化中心文化馆、图书馆社会化运营模式的服务效能、群众满意度进行测评。三是进行群众满意度测评。利用"海淀公共文化"微信公众号、区文化委员会网站等平台开展群众满意度征集工作，同时在北部文化中心设立群众满意度留言簿，多渠道获取群众对北部文化中心社会化运营的意见建议。四是组建年终考评小组。由区文化委员会联合财政、纪检监察等相关部门会同专家组成专家考评组，于年度末进行全面考核。考核必备条件未全部达到视为年度考核不合格，区文化委员会有权不支付余款并责令其限期整改或中止合同。

四、外包成效

北部文化中心文化馆、图书馆整体社会化运行第一年，累计接待群众 80 余万人次，接待社会各界调研、参观近 60 批次，收到群众感谢信近 1 000 封。图书馆主动将闭馆时间从晚 20 点延长至 21 点，实现 365 天开馆，周开馆时间达到 76 小时，开馆一年接待到馆读者累计超过 62.4 万人次，图书外借量超过 28.35 万册次，办理读者借阅卡超过 1.2 万张，组织各类型读者活动 150 场，文化馆全年共完成273 个培训班次。外包到期考核最终得分中，北部文化中心文化馆得分 94.78 分，北部文化中心图书馆得分 94.39 分。

浙江省台州市楚洲文化城社会化管理运营

周尼顺 *

浙江省台州玉环市楚门镇文化站坐拥楚洲文化城、文玲书院等多个文化设施，因受文化站人员数量的限制，同时也为探索文化站的社会化运行机制，自2013年起，引入市场化管理手段，实施公共文化服务社会购买计划。采取"政府＋服务机构＋志愿者"的公共文化服务途径，由政府宏观引导并出资，向社会组织购买服务，社会组织提供专业化服务，带动志愿者、文艺骨干、企业家等"多方加盟"。

一、主要措施

1. 文化需求调研

政府首先确定一般的公共文化产品，如艺术培训、体育培训、百科讲座、文艺演出、小型赛事、展示展览等，在打造一定社会影响力的基础上，定期开展有针对性的市民文化需求调查，使之成为政府购买公共文化服务的重要依据，避免政府"供给方缺陷"和百姓"需求方缺陷"问题。如楚门街道综合文化站提供的服务项目从传统的书法、美术、摄影展览、中心工作主题宣传演出逐渐扩展到时尚舞蹈培训、手工美术剪纸培训等群众接受度更高的项目。

大型文化活动的组织承办、向社会租赁文化设施及其管理与运营等，使得采购内容持续扩展，形成系统的菜单。如楚门镇委托天宜社工服务社连续三年举办

---

* 周尼顺，台州市玉环市文化和广电旅游体育局文化艺术科科长。

了"小镇风情、和美楚门"春节联欢晚会，群众反响极好。

2. 因地制宜的购买方式

（1）公共文化项目购买

改变政府包办做法，以政府出资或奖励形式，将"小城大爱"文化惠民工程、"书香楚门"全民阅读等重大文化活动和品牌文化项目改由委托生产或购买服务，吸引文艺团队、民间资本、社会力量进入文化服务领域。又如楚门镇公益杂志《楚门·里》《曲桥》等，政府对杂志内容进行宏观把控，由楚洲人才梦工厂的专业团队对项目具体负责，高质量高效率完成既定目标。

（2）公共文化设施整体服务外包

由政府投资 3 000 多万元建成楚洲文化城、文玲书院等一批重要文化基础设施，每年安排 150—200 万元左右专项资金向社会组织购买公共文化产品和服务，其中大约 50%—60% 的经费用于开展公共文化活动，培育基层文化团队等。具体操作流程如下：

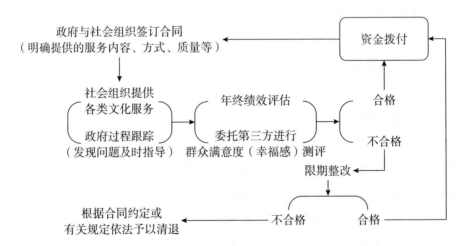

图 1　政府向社会组织购买公共文化产品和服务工作流程图

（3）公共文化岗位购买

针对文化站人员不足、文化场所管理运营困难等问题，与物业公司、文化专业团队等第三方签订劳务合同，将文化基础设施交由第三方进行管理并提供相关服务。同时以劳务派遣形式购买公共文化岗位，对劳务派遣人员进行岗位培训，提高其业务技能，实现公共文化设施正常运营，减轻管理压力和财政负担，开创镇级公共文化设施委托第三方管理和运营服务的先河。

3. 市场主体培育

政府向社会力量购买公共文化产品（服务）的一个主要制约因素是文化市场发育不全。政府可选择的空间非常有限，大多项目只能采取定向采购的途径，一定程度上导致市场不公、产品（服务）质量下降、资金使用效率不高等问题。因此，培育文化市场主体是文化站服务管理运营模式创新的应有之义和社会化的重要前提和路径。通过广泛宣传，吸引创业人士、社会组织和企业进入文化产业领域；加上《关于政府向社会力量购买公共文化体育服务的管理办法的通知》《关于支持和促进文化产业发展的实施意见（试行）》等政策的实行，让先期进入的社会组织和企业有一定的利润空间；《关于玉环市重点文化企业认定和扶持资金申报的通知》进一步明确扶持主体，明晰申报流程，帮助转型进入文化产业的社会组织和企业尽快熟悉流程、掌握要旨、做精业务。近两年，区域内陆续涌现出台州顽皮妞文化传媒有限公司、浙江蛮好望文化传播有限公司等一批新兴文化企业。

二、相关成效

文化站实行市场化管理运营以来，楚门镇文化工作得到了群众高度认可，推动了该镇经济社会的全面协调发展。楚门镇相继获全国文明镇、省级文化强镇、浙江省首届小城镇大文化十强示范样本、位列 2015 "浙江最具吸引力小城市"十佳榜单等荣誉，楚门镇文化站于 2017 年被定为特级文化站。

1. 文化站职能转换深化

随着乡镇综合文化站管理运营模式的推进，大量公共文化服务职能从政府部门剥离出来，逐步向社会组织转移，生产职能和监管职能逐渐分离。文化站的主要精力集中到区域文化发展规划研究、文化发展机制的制定、文化项目的监管和文化团队的管理上。目前所有乡镇文化站的工作人员均不再参与文化活动的具体执行，更多是对第三方提出的活动方案进行把关、对活动开展过程进行监督以及对文化团队培育管理。

2. 文化团队管控强化

随着文化人口的持续扩张，文化人口的管理也显得越来越重要。坚持"三融合"原则，使文化人口、文化团队、社会组织与政府之间建立起相互支持促进、相互监督制约的紧密合作关系，建立市场准入机制，最大限度地发挥文化部门的影响力、号召力和控制力。自项目实施以来，玉环市文广新局联合民政、工商等部门，鼓励有意向进入政府委托采购名单的民间文艺团队注册登记民办非企业组织、表演团队和民营团体，将原先类似于兴趣小组的社团逐步进行规范，新增民办非企业组织和表演团体近十家，如阳光文化活动中心、媛梦艺术交流中心、春暖文化艺术团等。

贵州省毕节市"新时代农民（市民）讲习所"

毕节市文化广电旅游局

贵州省毕节市按照习近平总书记推动党的十九大精神"进企业、进农村、进机关、进校园、进社区、进军营、进网站"的"七进"工作要求，充分发动和组织万名讲习员深入农村、深入新农民（新市民）、深入脱贫攻坚最前线，走进讲习所、走进百姓家，紧扣习近平总书记在参加贵州省代表团讨论时提出的"四个深刻学习领会"重点任务，精准聚焦"决战脱贫攻坚、决胜全面小康"主线，深入开展万场"万名干部大讲习、十九大精神进万家"主题活动。

各县（区）各部门充分发挥"新时代农民（市民）讲习所"功能，把党的十九大精神宣传宣讲列为当前各级讲习所的主修课，采用快板、曲艺、顺口溜、花灯戏、月琴弹唱等新农民（新市民）喜闻乐见的形式，推动党的十九大精神入脑入心。黔西县把十九大精神融入作品，歌舞《花灯献给十九大》、歌曲《你的爱》深受新农民（新市民）喜爱；金沙县平坝镇双新社区文艺宣传队65岁的杜吉芬老人，用爱人编写的顺口溜宣传党的十九大精神，深得新农民（新市民）点赞；纳雍县讲习员将十九大报告新编成声律启蒙十四则，朗朗上口、广为流传；大方县小屯乡利用"赶场天"现场讲习，组织新农民（新市民）开展十九大精神知识竞赛。

一、最新做法

1. 建立"三支队伍"，着力解决"由谁讲"问题，让新农民（新市民）有一批优质师资

"要给别人一滴水，自己要有一桶水"。毕节市充分整合各级党政领导干部、专业技术人才等资源，建设一支规模适度、集聚"十八般武艺"的多元化人才队伍。根据新农民（新市民）创新发展的主要内容将各级资源划分为"政策宣传员""专业技术员"和"文化服务员"三支队伍。"政策宣传员"由市、县、乡、村各级党组织书记、第一书记、文化干部等组成；"专业技术员"由新农民（新市民）专业技术人员、培训指导员等组成；"文化服务员"由后勤人员、志愿者等组成。市、县、乡、村四级合理区分各级新农民（新市民）功能定位，加强规范化运作和管理，并结合新农民（新市民）需求制定切合实际的培训计划和方案，明确阶段，精准培训。

2. 开展"三类讲习"，着力解决"怎么讲"问题，让新农民（新市民）接受便捷服务

本着"便民利民"的初心，按照集中和分散相结合原则，发挥讲习所的便民利民优势，采取三种开展方式。一是开展好"讲习活动"。毕节市充分整合市县文化场馆、党员活动室、乡镇文化站、村级文化活动室、精神文明活动中心等场所资源，定期不定期集中开展相关讲习活动。二是拿捏好"讲习输出"。从高效便民的角度出发，以市、县、乡、村为重点，通过开展"文化走进万家惠民"活动，以直观的视觉冲击开展形式多样的"现场讲习"；开展政策宣传、经验介绍、技术培训、讨论交流、知识竞答等活动，多形式提升农民综合素质。三是完善好"云上宣传"。运用互联网、网上直播等现代信息手段，完善新农民（新市民）"村村通、户户用"工程，在电视信息平台中开辟"新时代农民讲习所"家庭讲习台，将各类优质学习资源、文化动态等栏目植入专版窗口并进行分类呈现，实现新农民（新市民）个性化、自由化视频点播，开设互动和反馈功能，实现电视、电脑、手机等多终端互联互通，方便广大新农民（新市民）了解新动态、新走向。

3. 探索构建"四项机制"，着力解决"讲什么"问题，让新农民（新市民）听得进记得住用得着

"一分部署，九分落实"。为确保习近平总书记的重要指示精神落地生根、开花结果，毕节市通过健全完善机制确保讲习效果。一是强化自身队伍建设。承秉"引进来、走出去"原则，一方面，着力建设一支思想政治素质高、业务能力好、专业技术强并且善于担当、乐于奉献的文化队伍。另一方面，提供全方位平台让这一批有素养、有担当、有技术的人员充分发挥他们的能力，锦上添花。二是丰富充实内容。制定《毕节市"新时代新农民（新市民）"规范化发展方案》，重点围绕党的十九大精神、脱贫攻坚政策、文化产业发展、文化宣传、与民交流等方面，进行"多走动、多了解、多学习、多提升自我能力"的"四多"讲习路径，打赢脱贫攻坚战，确保讲习稳定输出。三是强化督促考核。制定《毕节市"新时代新农民（新市民）"工作成效考核方案》，把开展"新时代新农民（新市民）"工作纳入各县区工作目标管理内容，建立动态跟踪督查考核机制，以真考核推动真落实，确保创新发展取得实在效果。四是培育推广典型。制定《毕节市"新时代新农民（新市民）"工作宣传方案》，利用互联网，加强"云上宣传"的深度和力度，发挥"新时代新农民（新市民）"的数字功能，让新农民（新市民）焕发新色彩。

二、工作成效

1. 加快结构调整步伐，有效助推脱贫攻坚

全市各级各部门以深入开展"新时代农民讲习所"工作为平台和载体，围绕"户户有增收项目、人人有脱贫门路"目标，采取先"讲"再"习"或边"讲"边"习"的方式，依托"乌蒙山宝·毕节珍好"品牌，组织农民大力实施蔬菜、马铃薯、食用菌、肉牛、生态家禽、中药材、经果林、茶叶、旅游等产业发展工程，逐步迈向"百姓富、生态美"的美好未来。

2. 充分激发内生动力，实现讲习最终成果

毕节市成立"新时代农民（市民）讲习所"约4 215个，实现所有乡（镇、街道）全覆盖，建立约41 592人组成的讲习员库，组织开展讲习（培训）活动约7.6万

场（次），培训受益干部新农民（新市民）约 278 万人次。全市已建立"村社一体"专业合作社约 1 585 个，开展"文化进万家惠民互动"之系列活动，开展"器乐""少儿""中老年""梨园"等专场演出，运用新农民（新市民）看得懂、听得懂的方式，进行思想灵魂深处的碰撞，最大限度激发新农民（新市民）热情。

湖南省凤凰县文化馆服务与新时代文明实践中心建设融合发展

吴香花 *

凤凰县隶属湖南省湘西土家族苗族自治州，全县土地总面积 1 745 平方千米，辖 17 个乡镇 281 个行政村（社区），总人口 42.8 万人，是一个以苗族为主的少数民族聚居县。也是一个依托厚重文化底蕴、浓郁民族风情、秀美自然风光成功迈入中国首批旅游强县之列的国家级贫困县。自凤凰县被纳入全国开展新时代文明实践试点县以来，凤凰县文化馆积极对接上级部门要求，主动作为，按照"融文化、育阵地、讲故事"的总体思路，对推进新时代文明实践工作进行有益探索，增强文化服务创意，突出本县地域文化特色，全面开展文化志愿服务活动。

一、融队伍，确保新时代文明实践有组织

被纳入全国 12 个省份 50 个县（市、区）新时代文明实践试点，对于凤凰县，不仅是一份荣誉，更是一份神圣的责任。为了推进新时代文明实践工作，凤凰县文化馆探索的第一个重点的就是人的因素。文化志愿者队伍是凤凰县九支新时代文明实践志愿服务队的一支分队。为确保这支队伍有人抓，有人管，文化馆按照城乡两个部分，分别进行了系统化确立了工作组织。在县级层面，凤凰县成立以县委常委、县委宣传部部长为文化志愿队队长，整合宣传战线的力量参与文明实

---

* 吴香花，湖南省凤凰县文化旅游广电局办公室副主任。

践工作班子。文化馆作为文化志愿服务队中的一支分队，专门成立以县文化馆馆长为队长，馆办公室主任为副队长，全体馆员为成员的文化馆分队，具体统筹全县文化志愿者工作队伍。在下辖各乡镇，全县以 17 个乡镇文化站为依托，建立了多层次的文化志愿者队伍。为确保文化志愿者工作队伍的活力，文化馆还重点对"三区人才"这个队伍进行管理。开展新时代文明实践工作以来，全县组建了272 个文化志愿者队伍，人员有摄影、书法、美术、音乐、舞蹈等专业的工作者、也有一般文娱工作者，还有乡村普通农民。文化馆的定位就是做这些文化志愿者的娘家，有什么消息，由这里发出；有什么困难，从这里商量解决；有什么创意，从这里审定包装。

二、育阵地，确保新时代文明实践有载体

新时代文明实践，说简单一点就是用一种更为方便的手段宣讲党的理论政策，宣传科学技术普及，弘扬优秀文化，培育健康生活方式，引导移风易俗新风尚。在推进新时代文明实践过程中，文化馆做得最多的探索就是如何借力相关载体，让新时代文明实践主题更深入浅出入脑入心。一方面用好传统文化元素。工作中，坚持"哪里有需要，就办到哪里；群众需要什么，就传习实践什么"工作导向，通过"讲、做、评、帮、演、庆"志愿服务方式，开展一系列的文明实践活动，大力弘扬时代新风，着力培养新时代新人，助推新时代基层公共文化服务工作。

另一个重点是突出节会载体。节会是凤凰民间文化传播的重点，也是群众最喜闻乐见方式之一。为确保新时代文明实践宣讲效果，凤凰县文化馆重点对传统节日和其他民族节庆进行重点策划和包装。2019 年元旦至春节期间，凤凰县以新时代文明实践为主题，先后策划和包装了 2019 全国"乡村春晚"百县万村网络联动的"新时代　新文明　兴乡村"凤凰县乡村春节联欢晚会、"2019 舞动新春"文艺晚会、大型现代阳戏《结婚的味道》专场演出。与此同时，还开展了"新时代文明实践活动 100 个笑脸"摄影征集作品展，以"我们的中国梦·湖湘文化进万家"为主题的新春笔会，"轻舞迎春""春韵·春色""弘扬价值观·传播正能量"

文艺展演，"猜灯谜·迎新春"及"文明实践促和谐·百花齐放树新风"凤凰县2019（己亥）年元宵文艺晚会等系列文化活动。同时，全县 17 个乡镇 281 个行政村（社区）在派驻的"三区人才"文化工作者的指导下也相继举办春晚，通过村村办春晚推动基层文化发展新局面，凤凰县城乡处处洋溢着新时代文化气息。

此外，全县范围内，一年一度举行的"三月三"马兰节、"四月八"跳花节、"六月六"苗歌节等当地民族节庆都成为文化志愿者推进新时代文明实践中心建设的重要舞台。

三、讲故事，确保新时代文明实践有内容

新时代下，百姓对文化的需求日益丰富多样，质量要求越来越高，但现有的文化服务让群众又不"解渴"。在这样的现实背景下，凤凰县文化馆在推进新时代文明实践过程中，坚持将过去"我们认为什么好，就给群众送什么"变成了"群众想要什么，我们就送什么"，实施"菜单式"文化服务方式，群众可以"各取所需"和"私人定制"，满足自身的文化需求。

为了更好地融合新时代文明实践工作内容，凤凰县文化馆选派全县 34 名"三区人才"文化工作者到各乡镇、社区及特色村，组织乡镇辖区的各行政村（社区）的文艺业余队伍，利用闲暇时间以学习宣传习近平新时代中国特色社会主义思想和十九大精神为主题，进行节目编排。每个队伍除了参加县里的各种展演或比赛外，每年还为当地乡亲们义务演出 12 场次，全年为基层演出共计 2 800 余场次，全县形成了"月月有文艺活动，村村有文艺队伍，精品文艺与群众文艺'双花'怒放"的喜人局面。此外，借力"三区人才"文化工作者文艺特长，先后在县文化馆内或乡镇、村举办"广场舞""旗袍秀""地方戏剧""花鼓"等各类艺术培训 30 余场次，全县城乡文艺团队骨干参加培训，参加培训人数达 2 000 余人。

追求永无止境，新时代文明实践也将永远在路上。2018 年 11 月 23 日至 24日，文化和旅游部党组书记、部长雒树刚到凤凰县调研建设新时代文明实践中心试点工作，参观了新时代文明实践工作现场，召开了座谈会，对凤凰县新时代文明实践工作模式给予高度肯定，各级媒体也在重点版面进行了重点推介。2019 全

国"乡村春晚"百县万村网络联动——凤凰县乡村春节联欢晚会分会场通过国家公共文化云和中国文化网络电视的 PC 端、微信公众号、APP 等多种终端进行全程直播，为全国观众送上一道道原汁原味的凤凰乡村新年文化大餐。《湖南凤凰：文明实践谱新篇　凤凰展翅竞翱翔》《湖南凤凰举办 50 余个文艺展演活动：文化大餐凸显浓浓"年味"》等新闻报道也在中国文明网首页刊发。

宁波市文化馆"一人一艺"乡村艺术普及计划

邵剑勇 *

2018 年 11 月 25 日，宁波市以"乡村振兴，文旅乡情"为主题在象山县溪里方村发布"一人一艺"乡村计划并成立首个乡村文旅中心。这个"首家"乡村文旅中心的成立，受到了文化和旅游部领导和专家的高度重视和关注，有望为全国乡村振兴、文旅融合方面提供可借鉴参考的"宁波样本"。

一、"一人一艺"乡村计划的创新做法

几年来，"一人一艺"成为宁波文化建设的一张金名片。"一人一艺"乡村计划，是"一人一艺"全民艺术普及工程向乡村的延伸。2018 年中央一号文件《中共中央、国务院关于实施乡村振兴战略的意见》发布，对实施乡村振兴战略进行了全面部署。宁波以"一人一艺"为抓手，迅速制定行动计划，率先构建乡村文化振兴的内容体系，涵盖乡村文旅中心、乡野艺术节、壹艺坊、文旅一日游、百场活动进文化礼堂等近十项内容。

一是首创乡村文旅中心，创造文旅融合新模式。乡村文旅中心在乡村文化礼堂增加乡村文旅中心服务功能，内容涵盖游客服务站、文史展示厅、乡创工作坊、艺普讲习所四大功能版块，通过展示展览、文艺活动、培训辅导等，结合数字化、智能化等手段，全方面展示特色的乡村文旅文化。同时组建专业运营团队管理，

---

* 邵剑勇，宁波市文化馆全民艺术普及中心主任，助理馆员。

承担机制创新，服务推广，策划运维等职责，发挥基层文化馆（站）职能，以"政府主导，社会参与"为原则，邀请社会组织加盟共同运营，提升乡镇综合文化馆（站）效能，逐步实现文旅中心社会化运作，形成"4+1"的创新内容和管理体系。

二是建立农户壹艺坊，探索乡村发展新路径。在乡村选取具备特色技艺或文化创意的村户，通过品牌包装等手段，实现前店后坊，供游客互动体验。制定互动标准、形象标准、卫生标准、服务标准、休闲标准五大标准，对壹艺坊进行规范化管理。促进乡村公共文化服务和乡村非遗保护传承、传统工艺振兴、乡村旅游发展有机结合。

三是举办乡野艺术节，激发乡村年轻主体新活力。乡野艺术节将乡村文化特色与城市现代文化相互融合，将艺术带到乡村，将艺术融入自然，创造出一场场别开生面的视听盛宴，包含乡野音乐、乡野互动、乡村会演和乡野集市四大版块，为年轻人规划了精彩纷呈的系列活动，同时也激发年轻人在乡村生活中进行创新和创造，为乡村注入了年轻力量。

四是实施数字乡艺行动，引领乡村艺术普及新方向。依托"一人一艺"云平台的功能与资源，为乡村文旅中心提供专业的数字艺术服务，实现村民学艺、赏艺、秀艺、授艺线上直达，将现代信息技术应用于乡村艺术普及，通过数字资源定制、数字空间体验、线上线下结合等服务，开辟了乡村文化艺术普及的新途径。

二、"一人一艺"乡村计划的创新价值

"一人一艺"乡村计划的提出，是"一人一艺"普及计划由城市走向乡村的开始，这是全民艺术普及广度的拓展和深度的推进，是提升农民文化艺术素养、提高公共文化服务覆盖面和适应性的有效举措，也是落实乡村振兴战略规划、促进乡村文化繁荣兴盛的实际行动，更是完善乡村公共文化服务体系、提升基层公共文化服务效能的创新实践。

实施"一人一艺"乡村计划，让农民群众逐步接触艺术知识、欣赏艺术经典、掌握艺术技能，提升农民群众的文化艺术素养，从根本上奠定了新时代农民享有美好生活的基础。同时，通过文化引领，完善乡村公共文化服务体系、提升基层

公共文化服务效能的创新实践，以文化的向心力和凝聚力，解决乡村的空心化等突出问题。

"一人一艺"以文化艺术融入乡村生活，探索文旅融合的发展模式，形成各级党委领导、各级政府负责、社会参与的体制机制，唤醒乡村沉睡的自然、人文资源，提升乡村形象、品质，塑造景美、情美、人更美的新时代农村新风貌，实现"村村有品牌，户户有特色"的繁荣现象。

三、"一人一艺"乡村计划的思考与前瞻

近年来，宁波市高度重视乡村发展建设，从文化科技卫生"三下乡"到美丽乡村建设，从"送文化"到乡村全域旅游再到"一人一艺"乡村计划，所带来的融合发展呈现出规模不断扩大、业态内涵不断丰富、产业链条不断延伸的良好态势，同时也存在基础设施弱、资源相对匮乏和精准性不够等问题与不足，需要进一步努力加以解决。

一要加快优质文化资源下沉，提升农村文化综合服务效能。推进"一人一艺"乡村计划，激活农村文化礼堂活力，实施"艺+堂"项目，将优质文化资源精确导入，充实农村文化礼堂内容；"培育"文化火种，输送专家、人才团队到基层乡村，培训、帮助当地农民，提升文化修养，提高文化生活水平。

二要建设生态宜居乡村，打造文旅风景线。充分发现和挖掘乡村自然、历史、人文资源，对田园风光、古村风情进行包装、设计和推广，重点策划实施乡野艺术节、田园水果季、古镇民谣风等主题活动，推行乡村文旅一日游，拓宽乡村旅游市场，提高农民收入。

三要吸引人才进村落户，打造农工坊和网商平台。鼓励、扶持年轻的创业群体走进村庄，对农产品进行文创设计、包装；搭建农产品网商平台，帮助农民开设工坊，增加售卖、体验、互动等元素，吸引年轻人到乡村创业、工作和生活。

四要推动社会力量、社会资源广泛介入，积极参与。用村史故事、人文底蕴等具有当地乡土特色的文化符号或文化资源，吸引社会资本投资民宿、康养、野外拓展、夏令营等休闲娱乐项目，增加品牌注入，促进业态多元。

福建省艺术馆文化精准扶贫：农民漆画

陈 丰 *

2016 年起，福建省艺术馆聚焦文化精准扶贫，创新出"农民漆画"这一全新的艺术形态，有效提升农民画的艺术价值与市场价值，探索实现非遗传承、艺术创新、精准扶贫相结合的"福建模式"。

一、具体做法

1. 漆艺与农民画融合，创新传承传统文化形式

农民画是乡土艺术的代表，作为最基层的群众艺术创作形式，受当今多元文化与新兴艺术形式的冲击，发展后劲不足，创作群体严重萎缩。漆艺是一门有着悠久历史的工艺，其中的漆画作为一个新画种，于 20 世纪 80 年代被中国美术家协会列为独立画种。福建省是中国漆画艺术的始发地。2016 年 6 月 28 日，福建省艺术馆启动了农民漆画培训实验计划，这是农民画与漆艺跨界融合的艺术创新实践。首期以漳平农民画为实验对象，以漆艺老师带班的形式，封闭培训，辅导学员把农民画转化成非遗艺术中具有优势的福建漆画，创造出"农民漆画"这一崭新的艺术形式。农民漆画在保留农民画固有的图式语言基础上，结合大漆技法进行再创作，通过漆"千文万华"的特殊材料语言展现农民画的丰富性，大大提高了画面的精彩程度和画种的整体档次，为传统文化艺术添加了新时代元素。

---

* 陈丰，福建省艺术馆理论调研部副主任。

2. 变"输血"为"造血"，开启文化精准扶贫新模式

在福建省文化和旅游厅的大力支持及首期农民漆画培训班的实践基础上，福建省艺术馆响应中央精准扶贫的号召，迅速向全国推广，着眼于培养艺术精准扶贫带头人，通过农民漆画培训，加强农民画家内生动力，变"输血"为"造血"，开启文化精准扶贫新模式。2016 年 11 月，福建和宁夏的文化部门联合在福州举办了"闽宁农民漆画实验班"，进行跨区域对接和跨领域融合，成为我国东西部扶贫协作中文化精准扶贫的有益尝试，被央视誉为"闽宁模式下的精准扶贫"。在此基础上，福建进一步建立与西藏、新疆、甘肃等省份的扶贫对接模式。2017 年 5 月，"全国农民画创作群体漆画技艺实验班"举办，学员覆盖全国 26 个农民画乡，包含回族、维吾尔族、彝族、满族 4 个少数民族地区。2018 年 11 月，"首届中国农民漆画高级研修班"在福州大学厦门工艺美术学院举办，高级研修班是对"农民漆画"的全面升级和提高，学员以历次培训班中的佼佼者为主，又增加了藏族、畲族和来自台湾地区的新学员，并特邀苏国伟、佘国华、杨国舫、江书荣等漆画艺术名家进行全程指导，成为农民漆画品牌创立以来第一次走进 211 大学，进行"馆校合作"的先进探索。

3. 搭建平台，广泛宣传

三年来，福建省艺术馆共组织开设了 11 期农民漆画培训班，培训对象覆盖全国 26 个农民画乡，共计 200 余名农民画家参加，创作作品 400 多件。为此，福建省艺术馆在馆内开辟农民漆画展厅，在福建省非遗博览苑设专门区域展示培训班学员作品并设农民漆画制作 VR 体验厅，让游客们亲身感受这一创新艺术形态的魅力。部分精品画作还亮相"金砖"国家领导人厦门会晤等重要外事场合和大型艺术展，各级领导、专家、学者都对农民漆画的扶贫模式和艺术创新给予高度肯定。央视综合频道《辉煌中国》、央视财经频道《文化年货的春天》、央视军事农业频道《乡村大世界》和《中国文化报》以及香港《文汇报》等媒体对农民漆画的实践做了专题报道。在 2017 年全国文化馆年会上，"福建农民漆画工程"获得全国文化馆（站）优秀群众文化品牌的荣誉。

二、取得成效

1. 增强精准扶贫对象文化自信，传统文化焕发新生

历届农民漆画培训班学员的作品，除长年在福建省非遗博览苑展出外，已有 10 件作品入选全国美术作品展览，6 件作品被美术馆或其他专业收藏机构收藏，500 余件作品入选省级展览，仅翔安画乡就举办了"田园漆味——农民漆画专题展"等多个专题展览，3 幅作品入选第五届全国漆画展，13 幅作品入选全国农民画展，2 幅作品获得第七届福建艺术节优秀作品奖。这一创新艺术形式，既提升了农民画的学术品味和艺术附加值，重塑了农民画家的文化自信，又借助农民画广大的创作群体拓展了漆画的涵盖领域，壮大了漆画创作队伍，取得了双赢成效。

2. 促进公共文化服务与文化产业协调发展

农民漆画的出现是新时代人民对美好生活追求的必然结果，人民对精致、精雅、精美艺术品的追求，为农民漆画走向市场创造广阔前景。2017 年 2 月"守艺新生"农民漆画文创产品展上，不少漳平学员首次亮相自主创作的农民漆画作品，价格从 300 元至 2 000 元不等，展出后收获不少订单。同时，为了让农民漆画有更好的发展前景，福建省艺术馆与唯美客文创聚落合作，将这些作品转化成文创产品，通过文创产品挖掘其市场价值。自 2018 年唯美客农民漆画项目启动以来，其系列产品的销售额已达约 30 万元。同时，各类展出平台也为农民画家创收提供有利条件，艺术成为精准扶贫的直接生产力。

3. 成为"一带一路"的文化名片

区别于传统中国画多以写意为主的绘画语言，农民漆画多以图式语言为创作基础，成为传播中国文化的良好载体。如农民画家杨晓梅的漆画作品《丰收时节》在 2017 年哈萨克斯坦世博会展出。2018 年，中国农民漆画获得 2019 年度国家艺术基金海外推广项目资助，学员们创作的优秀作品赴日本、马来西亚、澳大利亚的福建海外文化驿站交流巡展，向世界传播中华优秀传统文化，成为"一带一路"的文化名片。

福建省艺术馆将通过总结经验、完善模式，激发文化创新创造活力，把农民漆画创作融入美丽乡村、特色乡镇等文化建设中，推动农民漆画品牌辐射全国、走向世界，为构建公共文化服务体系建设和振兴福建优秀传统文化做出新贡献。

陕西省安康市群众艺术馆：留守儿童的艺术关怀

刘汉滨 *

安康市，地处陕西省南部秦岭巴山之间，全市 10 个县（区）均是国家秦巴集中连片特困地区。贫瘠的自然环境，滞后的经济发展，日益增多的外出务工人员，导致农村留守儿童权益保障问题日益突出。据安康市人民政府公布信息显示，截至 2016 年 10 月，安康市约有 3 万农村留守儿童。

面对留守儿童这一特殊群体，安康市群众艺术馆积极关怀、主动尽责，采取措施、体现担当，以因地制宜的文化服务、周到贴心的文化关怀点亮孩子们的艺术梦想、丰富留守儿童文化生活。从 2009 年以来，安康市群众艺术馆工作者的足迹遍布全市 10 个县（区），为近百所镇村学校留守儿童送去温暖与缤纷的文化慰问。

一、以全方位艺术培训培育留守儿童的艺术萌芽

培育起孩子们心中的艺术萌芽，艺术培训至关重要。为解决留守儿童参与艺术培训所存在的诸如师资、设施、设备等困难，安康市群众艺术馆组织开展了全方位的公益艺术培训，让更多留守儿童在最重要的成长阶段接受艺术启蒙。

在安康市群众艺术馆阵地开展的每年春夏秋冬四季的公益培训中，安康市群众艺术馆把大多数的培训名额分配给了留守儿童与环卫工子女，让更多的弱势群

---

* 刘汉滨，安康市群众艺术馆艺委会副主任，《安康文学》文艺专号主编，馆员。

体享受到了公益文化服务的优惠与便利。为方便广大农村地区留守儿童接受最初的艺术启蒙，安康市群众艺术馆把公益艺术培训的触角延伸到了乡镇村落。

2017 年暑假，安康市群众艺术馆在旬阳县金寨初级中学、金寨乡中心小学和寨河社区文化站举办了为期两周的"精准文化扶贫——送公益艺术培训到基层活动"，音乐、舞蹈、美术三大类别的艺术培训，给大山里的孩子们心中播下了艺术的种子。

2018 年，安康市群众艺术馆联合陕西省艺术馆、汉滨区文化馆为汉滨区谭坝镇松坝九年制学校的 8 个艺术兴趣班开设了版画、动漫、书法、舞蹈、演唱、演奏等多个艺术培训科目，近一年丰富有趣的课程和高质量的专业教学，激发了留守儿童的艺术兴趣，让他们享受到了与城里孩子同样的公共文化服务。在安康市群众艺术馆包抓帮扶的紫阳县麻柳镇，公益艺术培训以多种形式展开。专业舞蹈老师在紫阳县麻柳镇中心学校、书堰村书院小学、青岩小学开展少儿舞蹈培训，并帮助学校创编、排演了多个舞蹈作品，极大调动了孩子们热爱艺术、投身艺术的积极性。专业美术老师深入麻柳镇紫黄小学、书院小学开展儿童版画培训，并辅导近百名孩子完成了自己的第一件版画作品。

全方位的艺术培训，尤其是走进乡村中小学校的培训模式，让群众艺术馆公益文化服务的职能得以最好地施展与发挥，更在农村广大留守儿童的心中培育起了艺术的萌芽。

二、以高质量艺术产品开阔留守儿童的艺术视界

在网络高度发达的今天，身处大山深处的留守儿童依然难以直接感受高水平艺术作品的艺术魅力。为打开孩子们的艺术视界，安康市群众艺术馆充分发挥自身的资源优势，在上级主管部门大力支持下，邀请陕西演艺集团、陕西省美术家协会、西安美术学院等单位深入基层，普及传统文化和艺术知识，将多场高水平的文艺演出和高水平的展览培训带到了县城、乡镇和学校。

2018 年，陕西省民间艺术剧院有限公司创排的，荣获第八届陕西省艺术节"文华剧目奖"的儿童剧《天鹅公主》和童话剧《小红帽》在紫阳县、汉阴县进行了

12 场下基层巡演，形成了极大的轰动效应，很多留守儿童第一次感受到了舞台艺术的魅力。

自 2015 年起，安康市群众艺术馆多次邀请陕西省京剧院将经典剧目下基层的演出地点定在安康市下辖的县区、乡镇和学校。2015 年的红色经典剧目《智取威虎山》，2016 年的大型现代京剧《风雨老腔》，经典折子戏《拾玉镯》《卖水》《遇皇后》《武家坡》等先后巡演汉滨区、石泉县、紫阳县、汉阴县，让山区的孩子们有了亲近高水平戏曲艺术的更多机缘。2018 年新春之际，新编京剧现代戏《老偏头"斗酒"传奇》在汉滨区、白河县、宁陕县三县（区）进行了六场巡演。2017年、2018 年，陕西省京剧院在安康市石泉县连续两届成功举办了京剧夏令营，山区的孩子们得以感悟传统艺术的独特魅力，有数十名孩子被选入石家庄艺术学校接受戏曲专业教育，开辟了文化扶贫的新路子。安康市群众艺术馆组织开展的巡展、巡演活动，也从县（区）开始向基层乡镇，尤其是向中小学校进一步延伸。

三、以创新型艺术活动激发留守儿童的艺术梦想

活动产生活力，是文化馆多年来的工作经验。在对留守儿童的艺术关怀中，安康市群众艺术馆以创新型艺术活动不断激发着留守儿童的艺术梦想。

"一台文艺演出、一场艺术知识讲座、一个主题展览、一次书画笔会、一次捐赠与结对"，"五个一"关爱活动是安康市群众艺术馆的品牌活动。连续十年举办的"公益文化春风行·关爱留守儿童送欢乐进校园"在 2017 年被文化部表彰为全国基层文化志愿者服务活动典型案例。

2017 年，安康市群众艺术馆在西安市亮宝楼举办"草根青青·安康留守儿童版画作品展"，二十余名留守儿童参加第三届中国西安国际少儿美术节交流学习。2018 年，"安康留守儿童版画作品展"入选"陕西省文化交流传播交流推广"项目，巡展先后在上海等大城市和安康多个乡镇学校展开。2017 年，安康市群众艺术馆组织"放飞梦想——公益文化夏令营"活动，六十余名贫困地区的学生在参观、学习、交流中接受艺术培训，了解安康历史、文化，感受安康发展变化，享受到了城市建设和文化发展的成果。

新疆维吾尔自治区昌吉回族自治州庭州爱乐乐团成功转型

刘金秀　杨再义 *

新疆维吾尔自治区昌吉回族自治州（以下简称昌吉州）庭州爱乐乐团（以下简称庭州乐团）组建于 2013 年 7 月，2014 年 8 月，经昌吉州文化行政部门批准，民政部门注册挂牌，成为昌吉州首家民办非企业性质的较大规模民间管弦乐团，团员由本地艺术院团的专业演奏员和业余管弦乐爱好者组成。庭州乐团的成立填补了昌吉州管弦乐团的空白，也为音乐爱好者搭建了一个体现自身音乐价值的艺术平台，为昌吉州群众文化和高雅艺术的繁荣发展提供了艺术阵地，成为宣传昌吉州和对外文化艺术交流的一张名片。

建团以来，昌吉州庭州乐团以高雅艺术服务于各族群众为宗旨，以"起点高、要求严、作风实、敢实践、善创新"为建团方针，共演出中外管弦乐、器乐、声乐作品 160 余首，面向社会各界群众演出 150 多场，观众达 50 多万人，取得了良好的社会效益，被誉为"百姓自己的乐团"。

2018 年，昌吉州政府出台《昌吉州关于做好政府向社会力量购买公共文化服务工作实施意见》，将庭州乐团选定为政府购买服务的承接主体，相继承担了昌吉州"千场演出下基层""高雅艺术进校园"等活动。从群众业余文艺团队到民办非企业形式的文化类社会组织，庭州乐团积极探索出了一条文化类社会组织培

---

　　* 刘金秀，新疆维吾尔自治区昌吉回族自治州文化体育广播电视和旅游局办公室科员。杨再义，昌吉回族自治州原文体局文艺科科长，昌吉回族自治州庭州爱乐乐团秘书长。

育、成长的路径，具体做法如下：

一、健全机构制度

庭州乐团采取措施，督促乐团加强自我约束、自我管理，实现依法规范运作，初步形成了业余乐团专业化管理的运行模式，有效地保证了乐团排练、演出的需要。

一是按照要求，成立庭州乐团党支部，加强了党组织对乐团的领导和监督，使乐团的发展走上更加健康、正规的轨道。排演工作紧密结合党的中心工作，牢牢把握文艺为人民服务，为昌吉州政治、经济、文化发展服务提供正确方向。

二是建立完善乐团领导体制。实行团长负责制前提下的团委会集体领导，声部长各负其责的管理体制，乐团设音乐总监，全面负责乐团的业务工作。乐团实行团长聘用制，设团长 1 名，由团长聘用常务副团长 1 名，秘书长 1 名，副团长 2 名。

三是实行团长负责制集体领导下的聘用制。严格把好进人关，专业人才实行固定岗和临聘岗相结合的原则。乐团设 8 个声部，各声部长各负其责。采用紧密型与松散型结合的管理办法，演奏员通过自愿报名，考核考评合格后，签订安全协议后上岗。

四是不断强化乐团的自律机制。相继建立了以章程为主的民主决策、财务管理、考核奖惩、排练演出等十余项规章制度，严格按照核定的章程和业务范围开展活动。

二、提升人员素质

乐团秉承"人才是第一竞争力"原则，注重高素质人才的培养。

一是结合昌吉州意识形态领域反分裂斗争的实际，有计划地组织乐团进行反分裂斗争再教育，努力提高从业人员的政治素质，强化政治意识、阵地意识和责任意识。

二是着力解决好乐手之间理解、接受能力和实际演奏水平参差不齐的问题。加强基础培训力度，拉近强弱之间的距离，使之能够较为完善地表现出演奏曲目所需的共性。增强乐手的配合意识和演奏能力，提高乐团在演奏中协调配合的能力。

三是本着量体裁衣的原则，选择一些目前较为胜任，观众耳熟能详，乐于接受的曲目。坚持对基本现有曲目反复练习，从严要求，提高演奏水平。经常性组织乐团参加各类演出，在实际演练中提高整体演出水平和乐手个人演奏能力。

截至 2018 年，庭州乐团在册人员 86 人，其中固定人员 65 人，临聘人员 21 人，具有专业水平人员占 70%，业余人员占 30%，具有国家二级以上职称的演奏员 30 人。

三、精心打造品牌

庭州乐团始终坚持走品牌路线，立足实际，打造精品。不仅抓好本地区、本民族特色的作品编排，还大力培养和扶持本团人员创作的作品，对创作基础好、创作思路有新意、提升空间大的作品加大力度打造，并对优秀作品给予必要的奖励。成立五年来，精心排练上演了中外经典管弦乐作品、本土自创作品、声乐作品 80 余首。持续开展深入机关、部队、学校、牧区、企业、工地开展文化"六进"活动，实施公益文化惠民演出 100 多场次，重大节庆和纪念日专场音乐会共 120 多场次。连续三年组织开展"高雅艺术进校园"活动月，在州直各大中专院校和县市学校公益巡演 40 多场次，乌鲁木齐、石河子、克拉玛依、五家渠等北疆部分地州市的公益巡演 10 余场次。代表昌吉州赴香港参加全国中老年"舞动夕阳"文艺大赛，获得了交响乐比赛第一名的好成绩。

昌吉州庭州爱乐乐团由群众业余文艺团队成功转型为民办非企业形式的文化类社会组织，乐团组织机制健全，管理运行规范，具有多方面的创新示范意义。首先，乐团探索了文化类社会组织培育、孵化、成长的路径与机制，对解决目前我国普遍存在的文化类社会组织不多不强、政府购买公共文化服务中缺乏合格的专业承接主体问题具有示范意义；其次，乐团建立健全了党支部、团委会、总监办协同管理的现代治理方式，为文化类社会组织加强内部管理和有效运行提供了样板；第三，乐团将志愿服务和专业服务有机结合，艺术普及与提高引领相得益彰，体现了文化志愿服务的特色，搭建了具备一定艺术素养人群"奉献社会、完善自我"的平台。

山东省烟台市文化馆推进艺术志愿团队高质量发展

翟明江　朱志明 *

　　烟台是国家历史文化名城、全国文明城市、国家公共文化服务体系示范区，文化底蕴深厚、文化资源丰富。工作中，烟台市文化馆着力推进公共文化服务社会化发展，创新艺术志愿文艺团队培育模式，相关经验介绍如下：

一、坚持民本导向，培育"一馆四团"

　　习近平总书记强调，宣传思想文化工作必须坚持以人民为中心。烟台市文化馆坚持"以民为本"的文化事业发展理念，充分发挥市文化馆的阵地优势、资源优势和人才优势，创新建立了"一馆四团"艺术志愿团队。"一馆"，即市文化馆，是"一馆四团"的主导和核心，负责为团队建设提供保障，确保团队发展始终沿着正确方向；"四团"，分别是市文华爱乐管弦乐团、华韵民族乐团、文华现代乐团和闻迪话剧团，是文化传播和交流的主体。"一馆四团"的建立，是文化自信的彰显，通过引导社会艺术人才，鼓励市民文化创造，打造独有的烟台文化特色品牌；是城市形象的展示，通过开展系列交流活动，在省内外乃至世界舞台上，讲述烟台故事、发出烟台声音，成为烟台市对外交流的重要纽带；是文化惠民的体现，通过组织各类惠民活动，满足群众对多样文化生活的美好期盼，打造全民参与、共建共享的重要平台。

---

　　*　翟明江，烟台市文化和旅游局副局长。朱志明，烟台市文化和旅游局政策法规科副科长。

二、强化保障服务，打磨精品团队

3 个举措打造精品团队。对团队内演艺人才实行优胜劣汰的动态管理机制，招募团员不看本职看能力，以艺术功底决定是否录用，时刻保持团队活力。主动为优秀团员策划举办独奏音乐会，给予更多个人展示机会，协助其应聘更高层次乐团。同时，邀请国家一级指挥常畅、旅美钢琴家沈佳音、二胡演奏家李梅等业内名家担任团队客座指导，定期参与团队演出，提升团队艺术水平。

3 个来源强化资金保障。"馆里保一块"，由市文化馆为每支团队安排专门排练厅，配齐演出设备，设立专项资金保障团队演出的交通和伙食补贴。"社会筹一块"，市文化馆当好"演出经纪人"，积极主动为团队寻找冠名商和商演机会，吸引社会资本保障团队发展，取得良好成效。"政策补一块"，实施繁荣舞台艺术"双演"工程，对舞台艺术创作进行资金奖励，激发团队热情，推动优秀作品常演常新。

3 个渠道强化平台保障。烟台市文化馆在烟台大剧院为志愿团队安排的演出场次，占全年总公益演出场次的一半，并在市民文化节、国际海岸生活节及其他 20 多项品牌文旅活动中邀请团队参演，不断提升烟台文化的影响力。在各方面的共同努力下，市华韵民族乐团环渤海四省巡演项目获 2017 年度国家艺术基金资助，先后走进大连、天津等 17 市举办音乐会，赴美国圣迭戈市、法国昂热市等地开展文化交流，在世界舞台奏响了烟台旋律，展示了烟台文化的丰富内涵。

三、激发创新活力，引领文化风尚

"一馆四团"是烟台基层公共文化领域的重要创新成果，是习近平新时代中国特色社会主义文化思想在烟台市的生动实践，为烟台文化的发展增添了浓墨重彩的一笔。从 2012 年建立管弦乐团至今，烟台市文化志愿团队由 1 支发展到 4 支，成员由 30 人发展到 220 人。

一是增加了高雅文化供给。建立推广"演出季 + 小分队"的服务模式，在组织好乐团演出季、新年音乐会演出季的同时，每年以"小分队"形式，深入福利机构、学校、工厂等开展慰问演出 30 余场，推动"文化反哺"，使群众"零距离"感受交响乐等高雅艺术，丰富群众精神文化生活。

二是引领了城市文化生活。"四团"成员全部为文化志愿者，他们利用业余时间苦练技艺，演出不收取任何报酬。这种"奉献、友爱、互助、进步"的志愿服务精神传递了向善向上的正能量，吸引和带动了越来越多的文化爱好者踊跃投身到志愿服务队伍中。文化志愿者超过 2 万人，工作站超过 150 个，年服务对象 20 余万人次，取得了良好的社会效益。

三是激发了改革创新活力。烟台市 4 支艺术志愿社会团队的快速发展，引燃了原有 3 支国有院团的改革发展激情。多年来，7 支团队相互学习、抱团取暖，形成了既合作、又竞争的良性互动关系。在艺术志愿团队积极走出去的同时，国有院团年均创排一部大型剧目，有力鼓舞和促进了各类文化团队高质量繁荣发展。

成都市文化馆"街头艺人"管理机制创新

赵靓靓　唐元玲 *

城市街头艺术表演来自社会基层，其自发性、常态化与生活化的特征，使之与城市文化氛围息息相关，成为城市文化的一个有机组成部分。然而，由于街头艺术表演缺乏规范，质量参差不齐，长久以来成为各大城市治理的难题。成都市在以新时代文化建设的基本要求为指引，奋力推进"世界文化名城"和"音乐之都"建设的时代征程中，开创性地将街头艺术表演纳入公共文化统一管理并交由成都市文化馆组织实施，盘活了城市文化资源，增加了优质公共文化服务供给。公益性的街头艺术演出，对提升市民文艺素质、增强城市认同感、深化文化自觉自信起到了有力的促进作用，也拓展了文化馆的公共文化服务内容，为全面建设新时代文化馆提供了实践经验。

截至2018年，"成都街头艺术表演"共完成艺人招录4批，累计153组260人，较全面地整理收集到社会各行各业的400多组（名）优秀文艺人才信息；已设立表演点位60个，街头表演场次共计2 600多场，累计时长超过5 000多小时，并开展了首届成都街头艺人音乐节和街头艺人音乐嘉年华等音乐活动，吸引现场观众60余万人次。成都街头艺术表演引发了社会各界与《人民日报》《中国文化报》《光明日报》《四川日报》《成都日报》等主流媒体的广泛关注，众多网友、市民和艺人们一致"点赞"，艺人们精彩的表演以及个人背后温暖而丰盈的艺术故事，也吸引了来自CCTV-3、网易云音乐、咪咕音乐等业内权威媒体的报道与认可。

---

* 赵靓靓，成都市文化馆调研部副主任，馆员。唐元玲，成都市文化馆调研部馆员。

一、合法化、规范化、专业化：保障街头艺术表演长效发展

合法化是街头艺术表演的前提。经成都市文化广电旅游局（原市文化广新局）、成都市城市管理委员会统一授权，由成都市文化志愿者协会为考核通过的艺人颁发表演证，化解了长期以来街头表演与城市管理的冲突，允许艺人"打开琴盒收费"，鼓励艺人自收自支，开辟艺人生存通道。规范化是推动街头艺术表演有序开展的重要手段。成都市在全市精选60个演出点位并逐步铺开，演出时间在每周五及节假日的16：00—21：00之间，既符合周末市民需要放松休闲的需求，又做到不扰民规范化表演，演出内容积极正面，符合主流价值精神。专业化是街头艺术表演品质的保证。成都市文化馆在成都市音乐影视产业推进办公室的指导下，邀请相关专家、学者组建"艺委会"，对招募艺人进行考核、评审、培训，最终获批的艺人在艺术素养和专业水平上都较为上乘，确保街头演出质量，为市民提供街头艺术美好享受。

二、"办文化"到"管文化"：凸显政府文化治理方式转型

在街头艺术表演组织管理中，成都市政府定方向、定原则，提供选拔、培训、管理等相关经费，成都市文化广电旅游局统筹协调、调配资源，成都市文化馆谋划项目、组织推进，引入第三方社会机构负责具体实施，成都市文化志愿者协会担当起日常服务和管理事务，各部门责任明确，各司其职，形成工作合力，推动形成政府主导管理、社会广泛参与、市民共享的街头艺人表演管理体系。这扭转了过去政府"办文化"吃力不讨好的局面，政府通过"管文化"提升了整合优势文化资源、拓展公共文化服务的能力，着重强化指导与管理，借助文化志愿者的力量，只投入了少量的经费就取得了极好的社会效益。

三、数字化动态管理：完善街头艺人激励与考核机制

目前成都市对街头艺人以动态考核、积分管理、平台激励等方式推动管理机制进一步完善。在"文化天府"APP 上开辟街头艺人智能化管理模块，让街头艺人通过专属账号在平台上选择演出点位和演出时间，从而实现自主排期，提高工作效能。同时，该模块还将开设街头艺人展示专区、街头演出 TOP 榜、演出排表、街头演出视频、艺人直播等丰富的功能，搭建街头艺人与粉丝和社会机构之间的沟通桥梁。通过搭建艺人交流平台，加强专业指导，提供专业演唱会的观摩门票，推荐参加大型音乐节会演出，加强与专业经纪公司的互动联络，协助举办专场演出等务实措施为街头艺人提供发展的动力。

四、"六大突破"：助力公共文化服务效能提升

一是公共文化发展空间的拓展：突破以往阵地式的服务模式，由自守"一亩三分地"的固定场所走向大街小巷，将更多城市公共空间"收编"成为公共文化服务阵地。二是群众文化队伍的扩大：整理收集到社会各行各业的 400 多组（名）优秀文艺人才信息，组建街头艺人资源库，为公共文化活动注入新的血液和活力。三是公共文化服务方式的创新：遍布全城的网络化街头艺人表演点位设置，给予市民一个便捷而轻松的欣赏音乐艺术的审美场所。街头艺术表演成为推动全民艺术普及，提升民众审美素质最亲近、最便利的方式。四是公共文化工作格局的提升：成都市街头艺人的组织与活动开展，是将文化工作融入政府中心工作的一次创新举措，也见证了成都市近年来公共文化服务创新化、扩大化与品质化的发展。五是文旅融合发展的探索：街头艺术表演是城市独特的风景线，彰显了城市的文化内涵和艺术气质，丰富了成都游客的旅游体验，促进了旅游消费，这种文旅融合的模式具有可复制性、可推广性。六是文化馆公共服务职能的开拓：对于在其中充当了具体实施、策划与组织的成都市文化馆而言，在满足人民对美好生活向往的时代目标下，通过积极"有为"，促使文化馆本身的定位与职责更明确，社会关注度与美誉度明显提升，文化馆人的身份感和责任感进一步增强。

广东省佛山市"智能文化家"打造新型公共空间

佛山市文化广电旅游体育局

一、背景

2017 年以来，佛山市在原有智能文化馆的基础上，通过文化与其他领域的跨界融合，推出智能文化家项目，旨在通过现代科技和智能设施设备提升空间档次，拓展物理空间内涵，促进文化与科技的融合、线上与线下的互动，满足人民群众新时代的文化需求。截至 2018 年年底，通过改造提升、选址新建完成了 9 个示范点建设项目。

二、做法

1. 建设方式：政社"合唱"

智能文化家的建设以政府为主导，政府制定政策标准，投入经费，同时强化社会参与，变政府"独唱"为政府与社会"合唱"。智能文化家有合作共建、独立建设、加盟建设、众筹建设等多种建设方式，如尼奥斯智能文化家是佛山市首家采用众筹方式建成的图书馆，碧桂园智能文化家是首个联合企业自办图书馆建设的智能文化家。

2. 运营方式：统一规范

智能文化家通过项目规划，按照统一的空间设计、内容策划、服务规范、建设标准等"四个统一"有步骤地推进，并在运营管理过程中形成了《智能文化家运营规范》，对智能文化家的建设原则、建设标准、资源保障、运营管理、服务提供、绩效考核等进行规范。智能文化家也由之前的示范点建设步入全面铺开和深化建设阶段，在佛山联合图书馆的大循环内形成了智能文化家的小循环。

3. 运营主体：民间力量

智能文化家的运营管理主体是来自政府机关和文化事业单位以外的组织和个人，如企业、文化机构、志愿者等。民间力量的参与促进了公共文化服务方式的多元化和社会化，成为公共文化服务投入的新机制。其中，以"市民馆长"为代表的文化志愿者是智能文化家的管理和运营主力，一般通过招募的方式在志愿者中进行选拔。"市民馆长"的主要职责包括开展特色阅读活动、进行智能文化家的日常运营维护与监管、参与智能文化家的馆藏建设、组建馆属文化志愿团队等。

4. 服务内容：智能多样

智能文化家是综合性的公共文化服务空间，集智能化、全功能为一体，为市民提供书刊借阅、美学欣赏、艺术展览、文化讲座、影音鉴赏、交流分享、教育培训、咖啡轻食等多样化服务。"智能化"指通过先进的智能设备，促进文化与科技的融合，开展线上与线下活动。"全功能"指通过统筹协调图书馆、文化馆、博物馆、美术馆、文艺团体、社会组织等各级各类文化资源，实现共建共享，为市民提供综合性文化服务。

三、主要成效

1. 进一步满足人民群众多样化的文化需求

智能文化家不仅避免了公共文化设施的重复建设与浪费，而且通过扩展服务功能，使原来只提供图书借阅的智能图书馆转变为提供多样化服务的综合性文化服务中心，成为年轻人交流休闲、儿童学习娱乐的场所，这与佛山市小康社会建设相适应，满足了经济发达地区人民群众对美好生活向往的文化需求。

2. 资源共享、活动联动提升服务效能

佛山市以智能文化家为终端服务平台，建立了"智能文化家资源库"，通过整合共享、协同服务，发挥资源集聚的最大效应，提高场馆设施的使用效益，提

升了公共文化服务效能。如图书馆活动在智能文化家联动举办，方便市民就近享受公益文化服务。截至 2018 年 12 月，9 家智能文化家的进馆人次超过 80 万人，累计流通 32.36 万册书籍，举办活动超过 570 余场，参与人次超过 5.29 万人，孵化社会组织 31 个，取得了良好的服务效益。

3. 创新基层公共文化服务运营管理机制

一方面，智能文化家通过标准化的准入机制、规范化的运营管理，确保在服务管理、设施维护、活动开展、安全保障等方面有章可循，实现场馆设施的良性运转和可持续发展；另一方面，智能文化家鼓励支持企业、社会组织、个人通过直接投资、赞助活动、捐助设备、资助项目、提供产品和服务、公益创投、公益众筹等方式，参与基层综合性文化服务中心的建设管理，探索出不同投入主体合作共建的运行管理模式。如今，智能文化家已形成诸多文化服务品牌，如市民馆长、佛山行动派手账小组、乐观佰爱家庭健康教育、科普直通车等，品牌活动的推广不但集聚了人气，为合作方带来了经济效益，也对其他机构团体的参与起到积极的引导和示范作用。

江苏省苏州市公共文化中心大型数字互动墙：不落幕的文化艺术展

怀　念　沈宇豪 *

苏州市公共文化中心成立于 2011 年 9 月，由苏州市委、市政府将原文化馆、美术馆、名人馆等 8 家机构整合而成。为深入贯彻落实《中华人民共和国公共文化服务保障法》及中共中央办公厅、国务院办公厅《关于加快构建现代公共文化服务体系的意见》精神，中心自成立以来高度重视高质量公共文化服务，开展了一系列先行先试，以数字文化馆建设为引领，充分运用互联网、多媒体和新媒体等技术手段，加快与现代科技、"互联网＋"深度结合，着力推进全民艺术普及服务平台和"互联网＋"现代公共文化服务建设，全面转型升级服务的内容和形式，让最新、最具吸引力、最优质的文化成果惠及更广泛的市民群众。

大型数字互动墙是苏州市公共文化中心聚焦市民群众对公共文化设施实体空间的数字文化服务需求，着力打造的具有优质创新体验的实体空间之一。该项目从凸显实体空间的创新体验出发，以依托免费无线网络环境为基础，率先建成大型数字互动墙，全面展示特色馆藏资源。

一、基本内容

大型数字互动墙由 16 块高清液晶显示屏分上下两层拼接形成，可供 8 人同

---

　　* 　怀念，苏州市公共文化中心文化馆管理部副部长，研究馆员。沈宇豪，苏州市公共文化中心信息部副部长，助理馆员。

时使用。墙体中部上方装有能够捕捉动作的"雷达眼"，通过人体感应、多点触控技术，实现人机交互功能。具体而言，一是以数字方式全面展示苏州市公共文化中心馆藏艺术品，包括油画、中国画、粉画、版画等数字资源；二是以科技化、体验化的互动方式营造出生动、有趣的体验模式，吸引市民群众参与互动；三是通过移动化的获取方式让市民实现一键扫码收藏喜爱的数字资源。

同时，中心不断探索大型数字互动墙的拓展性、延伸性功能。例如，"江南如画——中国油画作品展（2015）"是苏州首次以公开征稿的方式举行的全国性高端美术展览。为满足观众因错过展期未能欣赏到展览的需求，中心将"江南如画——中国油画作品展（2015）"的作品进行数字化，通过大型数字互动墙进行展示。截至 2018 年，苏州市公共文化中心已将近期展览的 400 多幅展品图片存入该系统，供观众随时取阅。苏州市公共文化中心还计划在未来展示国内外其他馆的数字化藏品，将这面墙变成永不落幕的大型画展。

二、服务导向

随着物质生活和精神生活水平的日益提高，传统文化服务方式和手段已难以满足人民群众的需求。特别是在经济发达、文化底蕴深厚、公共文化服务走在全面前列的苏州市，高效率、高品质融入用户体验的公共文化服务逐渐成为市民群众的新需求。因此，需要加快建设数字化、信息化、网络化环境下高质量公共文化服务的新平台、新阵地、新空间，既创新文化表现形式，丰富文化服务内容，又拓宽服务渠道，提升服务效能为服务导向。

就苏州市公共文化中心而言，推进高质量公共文化服务，要将固定设施体系、流动设施体系和数字服务体系结合起来，共同提升传统服务方式、手段及数字资源提供能力和远程服务能力，改变文化的载体形式及人们利用公共文化设施、享受公共文化服务的方式。苏州市公共文化中心作为优质文化资源集中展示的场所，对满足群众的精神文化需求，提升群众文化素养，形成高质量公共文化空间、引领高质量公共文化生活有着重要作用。内容丰富、融入用户体验的高质量公共文化设施空间，对于吸引社会公众，尤其是青少年群体的广泛参与，具有重要意义。

大型数字互动墙项目的建设和开放服务，充分体现了实体场馆的价值，增强市民群众对公共文化服务的认知度与参与度。

三、效能发挥

大型数字互动墙在解决传统展览模式瓶颈问题的基础上实现了文化共享、互动体验、数字探索、数字欣赏、休闲娱乐、数字制作等全方位功能。其效能主要体现在三方面：一是拓展和深化馆藏资源的利用。画展永不落幕，观众能随意查看近期举办过的展览中千余幅展品图片。二是实现多种移动终端无缝融合。观众通过扫描二维码，就可轻松把作品"带"回家观看。三是提供大数据采集、分析功能，促进精准服务的开展。通过观众进行点赞、下载等互动操作进行大数据采集，分析观众的喜爱偏好。据统计，自大型数字互动墙建成以来，用户点赞量已达 10 772 人次，其中点赞量最高的是一幅《三国演义》开篇词的书法作品。

大型数字互动墙也吸引了国内媒体的广泛关注。《中国文化报》《新华报业》《苏州日报》《姑苏晚报》等媒体均刊登了专题报道。"国家数字文化网""国家公共文化网""凤凰网""新华网""光明网""中国江苏网""中国苏州"等互联网媒体也都发布了相关报道。

国家公共文化服务体系建设专家委员会主任、北京大学李国新教授，国家公共文化服务体系建设专家委员会委员、华东师范大学金武刚教授等专家认为：大型数字互动墙通过引进国外先进理念，在中国实现改造、消化、吸收、研发，创造了国内公共文化机构首个"大型数字互动墙"。通过集成先进技术，该大型数字互动墙创新了公共文化机构展览展示的新载体、新形态，创造了公共文化服务的新手段、新方式，在公共文化服务机构数字空间构建中具有推广价值；打破了美术展览的时间、空间限制，让展览进入全媒体时代，有利于更好地发挥服务功能，对同类场馆提供现代公共文化服务具有示范引领意义。

上海市嘉定区社区文化活动中心标准化建设

李　辉　陈　玲 *

提升基层公共文化服务效能，是《中华人民共和国公共文化服务保障法》及建设现代公共文化服务体系的重要内容。随着经济、社会的不断发展，我国社区文化活动中心设施网络建设及公共文化服务项目日趋完善。社区文化活动中心标准化建设是促进公共文化服务均等化的有效载体和手段，嘉定区在社区文化活动中心标准化建设方面开展初步探索，为建成现代公共文化服务体系形成示范性经验，让社区文化活动中心发挥出重要作用。

一、基本背景

社区文化活动中心作为基层文化设施，在满足市民基层文化需求的同时，也暴露出了一些问题和潜在矛盾。以上海市为例，上海市已实现了社区文化活动中心基本覆盖所有街道乡镇的目标，但由于布局分散、各区发展不均衡等原因，不同地区的社区文化活动中心在公共文化硬件设施配置、服务水平及内部管理效率上标准不一、层次不等，导致公共文化服务无法均衡发展，群众对公共文化服务的满意度下降。在此情形下，急需统一的标准来规范社区文化活动中心的软硬件配置，实现公共文化资源优化整合，激发公共文化服务创新活力，促使社区文化活动中心真正发挥基层公共文化服务平台的重要作用。嘉定区自2016年起开展公

＊　李辉，上海市嘉定区文化馆馆长，馆员。陈玲，上海市嘉定区文化服务中心工作人员。

共文化服务体系标准化建设，社区文化活动中心作为基层公共文化服务的重要阵地，始终是嘉定区公共文化服务体系标准化建设的一项重要内容。

二、主要做法

1. 搭建组织机构，形成公共文化标准化工作队伍

嘉定区共有社区文化活动中心 12 个，分中心 2 个。在标准化建设初期，嘉定区成立标准化工作委员会及标准化管理办公室，并在每个社区文化活动中心成立标准化管理分室，各分室由中心主任担任标准化工作负责人，同时指定一名标准化专员负责具体工作，形成了由领导挂帅、分管领导主抓，标准化办公室指挥协调，社区文化活动中心全员参与的标准化建设组织体系，有效实现标准化管理常态化。

2. 深入走访调研，建立行之有效的标准化体系

标准化办公室在建立标准体系前对 12 个社区文化活动中心进行走访，对每个中心的硬件设施、服务规范、运行管理方式等进行了深入调研，同时收集国家、地方相关政策法规，结合社区文化活动中心原有的制度规范，与一线工作人员及负责人共同研讨起草标准，形成了适用于社区文化活动中心的公共文化服务标准体系。目前，共制定了与社区文化活动中心相关的企业标准 98 项，包括服务通用基础标准 5 项，服务保障标准 37 项，服务提供标准 56 项，从基础设施、环境安全、设备保障及服务提供等诸多方面规范了社区文化活动中心的服务水平、服务要求及服务流程，为社区文化活动中心标准化工作的全面开展提供了依据。

3. 注重标准实施，切实提高标准的执行力

嘉定区文化和旅游局始终将标准的贯彻实施作为标准化工作的重要环节。为确保标准落实到每一个社区文化活动中心，嘉定区文化和旅游局进行了广泛的宣贯活动，制定了较为完善的标准实施监督检查制度。首先，采取灵活多样的宣贯方式推广标准，如集中培训、知识竞赛、印发读本等方式，让社区文化活动中心的每一位工作人员熟悉标准、使用标准；其次，推行社区文化活动中心自我检查与标准化办公室监督检查相结合的监督检查机制，一方面由社区文化活动中心标准化专员每月对照标准进行自我检查，检查结果填入《标准实施的自我检查记

录》，同时由标准化办公室不定期走访社区文化活动中心，对其工作开展随机抽查，发现问题限时整改；此外，标准化办公室定期召集社区文化活动中心标准化专员参加标准化工作例会，针对标准实施过程中遇到的问题进行沟通，根据标准化专员提出的意见和建议，不断改进原有标准体系，确保每个标准皆可为工作服务，每项工作均有标准可参照。

三、主要成效

三年来，通过社区文化活动中心标准化建设，嘉定区逐步规范、统一了社区文化活动中心的公共文化服务，将服务项目、服务条件、服务方式和服务评价均纳入标准化流程，基本实现了公共文化服务从经验管理向科学管理的转变，达到"四个实现"。

一是实现公开服务。服务对象可从服务大厅公示栏、电子显示系统和触摸屏查询系统，即时了解服务人员、服务规程和服务要求；二是实现规范服务。包括实行首问负责制等规范要求，明确服务投诉处理、意见反馈等处理规程；三是实现文明服务。从服务礼仪到工作流程，都提出了规范要求，并逐渐成为服务工作人员的自觉行动；四是实现安全服务。制定了社区文化活动中心的突发事件应急处理标准，明确服务过程中可能遇到的硬件故障、治安事件、灾害事故、服务对象突发疾病等突发事件的处置程序，并通过不定期演练增加标准使用的熟练度。

通过实施标准化建设，社区文化活动中心服务能级的提升和服务水平的改善使得群众满意度提高。据第三方机构调研表明，自 2016 年到 2018 年，嘉定区公共文化服务满意率连续三年达到 95% 以上的优秀水平。目前，嘉定区共有上海市示范性社区文化活动中心 5 家，一级社区文化活动中心 7 家，并已成功创建成为第三批国家公共文化服务体系示范区，创建成绩位列东部地区第一。

"一流的服务需要标准"，从嘉定区社区文化活动中心标准化建设取得的成效可以看出，标准化对于促进政府职能转变，提升政府服务效能具有重要意义。就公共文化服务而言，只有将服务群众放在首位，建立起接地气、可操作、有效能的标准体系，切实使标准化工作发挥实效，才能推动公共文化服务不断创新发展。

厦门市文化馆提升馆员业务水平新举措

陈 娟 苏华琦 *

国以才立、业以才兴，人才培养是事业发展的关键。习近平总书记就深化人才发展体制机制改革强调：办好中国的事情，关键在党，关键在人，关键在人才。文化馆，作为公共文化服务体系的重要组成部分和窗口单位，承担着全民艺术普及的职能。为充分发挥职能作用，全面做好新时代群众文化工作，厦门市文化馆牢固树立"人才是第一资源"的意识，在人才培养机制上下功夫。通过"立起来、走出去、请进来、沉下去"的途径，用心培育肥厚的"人才土壤"，打造多种培养平台，营造有利于优秀人才干事创业的工作环境，提升人才队伍的业务能力和水平。

一、立起来：营造环境，打造团队

首先，建立员工培养机制，树立职工终身学习理念。厦门市文化馆鼓励职工对口业余学习、参加第二学历学习、继续教育等。2017—2018 年，全馆人员年均完成继续教育 90 学时以上，15 人参加在职学位提升学习。如赵倩同志在职攻读澳门科技大学文化保护专业博士，单位支持每年 4 个月的学习假，并保留其正常工资和相关待遇，为其顺利完成学习提供保障。同时结合事业单位体制改革和人事制度改革，建立正向激励机制，实行绩效工资以工作业绩为分配导向，逐步建

---

* 陈娟，厦门市文化馆馆长。苏华琦，厦门市文化馆副馆长。

立符合文化馆事业特点、体现岗位绩效和分级分类管理的薪酬制度。

其次，育人必先树已，突出高层次人才培养，形成鼓励人才干事业、支持人才干成事业、帮助人才干好事业的环境。厦门市文化馆对常年在基层辅导、有突出业绩的人才给予创作经费扶持和项目申报方面的倾斜，鼓励其多创作，激发他们的创造潜能，特别是把能主动作为、有工作热情、有创新能力的优秀中青年艺术人才推出来重点培养，为他们提供展演、展览、参赛等机会，仅近两年，就有50人次在各类赛事中获奖。

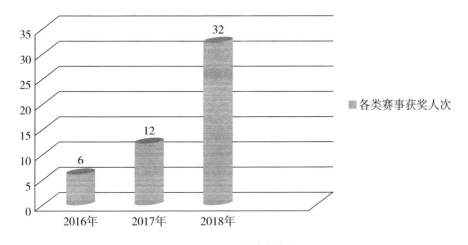

2016—2018 年获奖次数

如曾颖创作、演出的小品《生日》获华东六省一市小品比赛金奖，是福建省唯一入围第十八届群星奖决赛的节目；其创作的少儿群口答嘴鼓《小童哥卖菜》获福建省第二届"丹桂奖"少儿曲艺大赛一等奖，并入选全国少儿曲艺展演。张晶晶创作的少儿舞蹈《龙的孩子》获第十三届福建省音乐舞蹈节创作奖和节目奖、第七届福建省原创少儿舞蹈大赛暨"小荷风采"全国少儿舞蹈展演福建选拔赛创作银奖和表演铜奖、厦门市鹭岛花朵文艺会演金奖。

庄红伟创作的国画《高原的风》荣获 2016 年"意之大者——第三届福建省写意画大展"优秀作品。梁力成的工笔画作品《错格的幻影系列——逐梦》，傅松华的工笔画作品《趋》入围 2018 厦门全国工笔画展优秀作品。

厦门市文化馆举办了苏华琦"沐浴改革开放 40 年·华光琦影——苏华琦摄影

作品展"群芳竞秀——庆祝改革开放四十周年厦门市文化馆（站）职工美术书法作品邀请展"等。

二、走出去：纳新知识、拓宽眼界

厦门市文化馆鼓励、推荐员工通过多种形式和渠道走出去参与学习，适时掌握文化行业新政策，纳新知识，更新理念，拓宽业务人员眼界，提高自身业务素质。2017—2018 年，有 30 余人次参加中国人民大学、中央文化和旅游干部管理学院、文化和旅游部艺术司、文化和旅游部全国公共文化发展中心、中国舞蹈家协会、中国曲艺家协会、大别山干部学院、福建省文化厅、福建省艺术馆等组织的各类培训。

推荐林玉坤、林秀玲到乡镇挂职锻炼，参与乡村文化振兴活动，组建乡村文艺团队，既推动当地文化繁荣，也开拓了挂职馆员的眼界，提升了组织协调能力。

三、请进来：专家面授、提升水平

厦门市文化馆不仅通过网络互动培训设备、智慧教室远程培训、"公共文化空中大课堂"、全国文化信息资源共享工程的"数字学习港"等开展业务活动，而且多次把国家级专家请进馆，通过授课、讲座、现场辅导、口传身授等形式，加大对相关业务人员的培训、教育，升级人员结构，提升专业水平，提高服务能力。

2017—2018 年，厦门市文化馆共举办公共文化服务保障法、舞蹈编导、戏剧小品、摄影摄像、活动组织、非遗保护等 10 场群文骨干业务培训班，既对全市文化馆业务人员、镇街文化站长、村居文化协管员等进行培训，也让全馆职工从中得到业务提升。

尤其是 2018 年厦门市群众文化理论研讨会，以会代训，特邀国家公共文化服务体系建设专家委员会主任委员、北京大学教授李国新等专家莅临现场点评论文，有效提升了干部职工论文写作水平，最终投稿的 39 篇论文中有 25 篇在 2018 年中国文化馆年会征文和"新时代文化馆理论体系构建"征文活动中获奖，成绩斐然，有力地促进了厦门市群文理论研究发展进程。

四、沉下去：广接地气、学以致用

理论只有联系实际，才能从实际出发，在实践中提升。文化馆的工作重点之一就是组织基层群众文化活动。厦门市文化馆在全市建立了 28 个基层示范点、辅导点、基地，要求业务人员经常沉下去，入社区、进乡村、走基层，接地气，组织开展辅导、培训活动。

采用这一做法的主要原因是：一是因为高手在民间，许多热心人士在基层自发组织老百姓喜爱的文化活动，有很多创新做法和独到经验值得文化馆借鉴、学习。二是通过活动培养锻炼专业水平高、具有组织能力的文化馆精英人才，通过他们发挥带动作用，建立一支充满生机与活力的人才队伍。三是通过活动，组建优秀群众文艺队伍，发动更多的群众投入到文化馆各项活动中来，为文化馆建设提供坚强有力的人才支撑和智力保障，全面提升文化馆全民艺术普及的整体效果和服务效能。

深圳市罗湖区"09 剧场"

——《军哥剧说》系列

符史安　邸叙然 *

一、项目概况

09 剧场（《军哥剧说》系列）是由深圳市罗湖区文化广电旅游体育局策划，罗湖区文化馆打造，立足于本土戏剧展示、丰富社区居民生活、推广罗湖文艺精品的剧场主题公益文化活动。目前已形成以节目创演为核心，以剧团资源为依托，以馆有场地为阵地，以社会参与为支撑、以群众满意为动力的公共文化服务创新品牌，并于 2013 年入选"深圳十佳创意项目"，2017 年成为第一批"广东省公共文化服务体系示范项目"。

二、创新之处

1. 节目创演创新

从节目主题、节目内容、节目形式等方面探索新样式，保持较高的思想性、艺术性和观赏性。节目主题上，突出主创人员和主持人"军哥"的角色，将系列节目定名为《军哥剧说》戏剧主题晚会，围绕《军哥剧说》推进其他节目的创演，

---

*　符史安，深圳市罗湖区文化馆馆长，研究馆员。邸叙然，深圳市罗湖区文化馆创编活动部主任，研究馆员。

推动晚会资源优化配置，在观众中形成名人认同效应。节目内容上，突出与弘扬社会主义核心价值观、时代、深圳有关的主题。节目形式上，通过"脱口秀 + 戏剧小品"的模式，同时配合其他形式的演唱、乐队等，形成持续两个小时的晚会高潮效果。

2. 品牌培育创新

09 剧场（《军哥剧说》系列）注重阵地使用、创演人员宣传、节目定位提炼之间的联动打造效应，通过节目本身的质量提升，形成以剧目为核心的剧目、剧场、剧人的品牌连锁效果。在剧目品牌打造中，形成《军哥剧说》系列主题小品戏剧品牌，深受现场观众的热爱和支持。在剧场品牌打造中，通过与剧目的联动宣传，扩大罗湖区文化馆剧场的声望声誉。

3. 社会参与创新

09 剧场（《军哥剧说》系列）注重文化人才队伍建设，形成了专业人员、志愿者和业余文化骨干专兼结合的文化工作队伍，成为罗湖区文化馆探索社会力量参与支持公共文化服务的创新示范。深圳市罗湖区戏剧家协会对其提供全方位的支持，专业上为节目品质提供保障，创作上为项目提供新作品新思路。成立深圳市罗湖区军哥剧说文化志愿者协会，建立成熟的文化志愿者团队，除为《军哥剧说》系列服务外，还多次服务国家、省、市级比赛和讲座。深圳小品话剧团、现代戏剧社、风华正茂艺术团、09 剧场青少年话剧团等多支社会团体业余文化骨干力量也注入《军哥剧说》系列项目，推动项目持续发展。

4. 服务方式创新

09 剧场启动之初，罗湖区文化馆工作人员和众多社会团体主动走进社区，邀请社区居民到剧场观看免费主题演出。这种"走出去，请进来"的模式本身就是公共文化服务的模式创新，旨在让市民了解熟悉文化服务内容，同时吸取市民对演出的意见建议。通过人际传播和现代网络传播，09 剧场的演出效果迅速得到观众的高度肯定。基于此，剧场开始利用现代网络技术进行服务方式创新，主要依附电视栏目、纸媒报道、网络直播、手机 APP、网站等进行宣传推广。同时，通过政府采购、基金支持的方式，促进项目健康快速发展，为政府承担更多的戏剧艺术精品创作。

5. 场馆功能创新

罗湖区文化馆通过打造《军哥剧说》系列主题文化活动品牌，实现了文化馆服务功能的创新和提升，有效解决了过去文化馆场馆使用率低、节目演出少、场馆空间资源浪费、市民文化需求无法满足的问题。《军哥剧说》系列以罗湖区文化馆剧场作为主阵地进行常年演出，形成常态化的剧场演出机制，既满足了辖区市民的文化需求，又提高了政府文化机构的满意度，成为宣传社会主义核心价值观的重要文化阵地。

三、取得成效

《军哥剧说》系列项目按照创新性、导向性、带动性、科学性标准，在领导的支持下积极推进项目创建工作，取得了重大进展和创新。

1. 带动作用明显

通过多渠道的品牌宣传推广提高创作团队和主创人员的创意创新活力，加强对明星主持和创演人员的宣传推广，策划明星创演人员系列宣传活动，打造出了"军哥""快乐老妈"等深圳本土明星，让"快乐老妈"登上了央视星光大道，并多次参加深圳电视台著名栏目《老有才了》的录制，参加中国文联"中国梦·百姓梦·我的梦"——庆祝建国 65 周年原创小戏小品汇报演出，参加广东省文联、广东广播电视台主办的"喜庆十九大，颂歌献给党"——广东精品曲艺专场演出，与深圳电视台娱乐频道合作 40 集电视栏目《剧说深圳》，将项目影响力扩到最大。不断有文化馆（站）率队参观学习并进行模式复制，如东莞市文化馆"一见你就笑"剧场、张家港市文化馆"港城梦工厂"、洛阳广播电视台的市民戏剧周等，在全国范围内起到了很好的示范带动作用。

2. 社会影响显著

《军哥剧说》系列每年常规演出 80 场以上，邀请全国行业专家及专业院校参加研讨和演出，如中国音乐学院、上海音乐学院、山西省曲艺家协会、中国田汉研究会等，每场演出都能保持 80% 以上的入座率，甚至有不少观众从外地坐高铁前来观看演出。主流媒体持续报道，部分演出中使用网络直播，在线收看超过 3

万人次。《军哥剧说》系列作品多次获得国家、省、市级戏剧比赛大奖，受邀到全国各地文化馆（站）示范演出，如井冈山、洛阳、常德等地，并在当地引起轰动；受中央电视台录制邀请并播出，大幅提升了罗湖区文化馆公共文化服务体系示范项目的知名度。

3. 公共文化创新

《军哥剧说》系列项目坚持以"推广深圳本土文化，宣传罗湖正能量"为宗旨，以创建"深圳本土的明星剧场和明星剧目"为目标，现已成为全省乃至全国具有较大影响力的公共文化服务创新示范品牌。根据中央宣传部提出的"观众欢迎、专家认可、领导满意"的艺术标准，通过"脱口秀 + 戏剧小品"模式，融合时代元素，打造主题鲜明、形式创新、风格独特、感染力强的励志幽默、寓教于乐的系列产品，展现特区小品戏剧特色，为群众提供优质公益文化服务产品，成为培育和践行社会主义核心价值观的典范活动。

浙江省文化馆多项举措推动群众文艺"走出去"

颜苗娟[*]

近年来，浙江省文化馆围绕文化和旅游部、省文化和旅游厅工作中心，创新对外文化交流方式，积极开展对外和对港澳台文化工作，展示文化浙江新形象，为服务中国特色大国外交、"一带一路"建设、推动中华文化走出去做出了积极贡献。

一、创新做法

1. 围绕中心，服务大局

近年来，浙江省文化馆主动服务于国家工作大局，积极参与"欢乐春节""情系中华""意会中国""中国文化年"等国家对外文化交流活动，提升浙江群众文艺的对外影响力与辐射力。2018 年浙江省文化馆承办执行了文化和旅游部在埃及、新西兰、约旦的"欢乐春节"项目，法国·浙江文化年之"古堰画乡——浙江特色小镇海外推广展"，并赴老挝和坦桑尼亚开展"舌尖上的中国——江南美食工作坊"和"匠之道——中国浙江传统文化体验工作坊"等活动。上述活动深入展示了浙江传统文化和群众艺术，有效彰显了浙江群众文艺的自信，取得了较好的反响。

2. 提质增效，创新升级

浙江省文化馆是文化部（现文化和旅游部）命名的全国 4 个对非文化培训基

---

* 颜苗娟，浙江省文化馆数字信息服务中心干部，馆员。

地之一，自 2013 年承接起文化部对非洲培训任务以来，已连续承办了 8 届对非培训、交流活动。浙江省文化馆立足"对非文化培训基地"，充分发挥浙江特色资源优势，推陈出新，通过理论与实践相结合，全方位向非洲学员展示浙江文化，为浙江群众文艺"走出去"奠定了良好的基础。2017 年"第七期非洲艺术家创作交流活动"培训班结束后，主、承办方在杭州举办了"大运河文化主题创作交流成果展"，并成功将"成果展"延伸到衢州市开化县，参加"一带一路"首届国际根艺文化交流周。2018 年"非洲艺术家木雕创作交流"活动，对群众采取免费开放的交流分享授课模式，实现了优质师资资源中外共享。

3. 突出重点，精准发力

为推动浙江群众文艺更好地"走出去"，浙江省文化馆树立全省"一盘棋"理念，加强省、市、县三级文化馆联动与合作，完善对外文化交流工作机制，发挥地方文化资源优势，为地方特色文化和品牌项目走出去搭建平台。目前全省对外文化交流项目库、人才库共收录优秀对外交流项目 26 项、对外交流团队 15 支，对外文化交流志愿者约 60 名，约 15 个文化馆建立了对外文化交流项目培育机制。应海外中国文化中心邀请，通过三级联动、统一申报的方式赴他国举办展示活动，如 2017 年浙江省文化馆申报的"昆曲茶艺表演""舌尖上的中国——江南美食工作坊""丝绸瓷韵茶花香——江南文化体验工作坊"，以及赴德国、埃及、巴基斯坦、马耳他等国举办展示活动。此外，浙江省文化馆还不断创新工作举措，如青瓷展、茶文化展、中卡摄影展等多个展览活动在省内预展和巡展，实现文化艺术交流资源全民共享。

4. 突出特色，做强品牌

"欢乐春节"是浙江对外文化交流工作的重要平台和特色品牌。2017 年、2018 年春节前后，浙江省文化馆先后组团赴约旦、埃及、新西兰开展"欢乐春节"系列活动，推动浙江文化走向世界。在认真完成文化和旅游部、浙江省文化和旅游厅品牌项目任务的同时，注重自身品牌的创立与维护。浙江自古以来是丝、瓷、茶的主要产区和重要出口地，在丝、瓷、茶文化遗产和产业发展中具有重要地位。为落实"一带一路"战略，浙江省文化馆积极与文化和旅游部、浙江省文化和旅游厅"一带一路"文化发展行动计划对接，打造"丝风瓷韵茶花香"品牌项目，利用"丝、瓷、茶"这一具有鲜明浙江文化符号的元素,结合"展、销、学",在"一带一路"沿线国家进行浙江文化推介,先后赴约旦、埃及、巴基斯坦、马耳他等国举办活动,讲好浙江故事。

二、取得成效

1. 服务国家外交大局

"浙江文化年"是浙江省连续十多年来坚持举办的对外文化节品牌活动之一。2017 年,浙江省文化馆根据浙江省文化厅(现浙江省文化和旅游厅)与东京中国文化中心 2017 年度合作计划,承办了日本·浙江文化年系列活动其中两项:"浙江龙泉青瓷生活主题展"和"浙江农民渔民画展",为浙江与东京两地在文化交流上打开了新窗口。此外,浙江省文化馆每年组织优秀文艺团队,奔赴海外开展"欢乐春节"演展活动,并组织承办对非文化交流培训活动。通过艺术演展、人力资源培训等形式,既展现了文化外交的独特魅力,也推动浙江群众文艺"走出去"。

2. 弘扬浙江传统文化

浙江传统手工艺历史源远流长,民间手工艺争奇斗艳,工艺美术大师人才辈出。通过对外文化交流活动,充分展示浙江传统文化,有效传达了传统文化元素。在交流过程中,深入当地学校,进一步扩大宣传中国优秀传统文化及创新理念。如,"匠之道——浙江传统文化体验工作坊"走进坦桑尼亚达累斯萨拉姆大学孔子学院圣马修斯中学教学点,通过丰富多彩、立体多元展览展演和互动体验活动,让浙江非遗文化贴近当地民众。

3. 展示中国国家形象

2017 年和 2018 年举办的非洲艺术家创作交流活动,分别邀请了来自刚果(金)、吉布提、加蓬、科特迪瓦等国的多位木雕艺术家参加。作为文化部首批"对非培训基地",浙江省文化馆已连续承办文化部"博茨瓦纳学员刺绣培训班""非洲学员竹编培训班""非洲学员陶艺培训班""非洲艺术家木雕创作交流"等活动,为中非文化交流与相助拓宽了渠道和内容,为中非艺术家的交流互动提供了平台,成功展示了良好的国家形象。

4. 体现文化馆新作为

随着对外文化交流的不断扩大，浙江群众文艺纷纷走出国门，成为对外文化交流队伍中的一支轻骑兵。如"意会中国——阿拉伯知名艺术家访华采风创作"、"情系钱塘·诗画浙江——两岸文化联谊行"、第十二届台湾·浙江文化节之衢州文化周等活动，在浙江对外交流活动扮演了重要角色，有效体现了新时代文化馆的新作为。

第四部分　调研报告

我国公共文化机构社会化发展调研报告

北京大学国家现代公共文化研究中心课题组 *

一、我国公共文化机构社会化发展的基本数据

2018 年年底，课题组对当年我国公共文化机构社会化发展状况进行了摸底调研，主要内容涉及社会力量举办或运营的公共文化机构、政府购买公共文化服务以及文化志愿服务等情况。

1. 社会力量举办或运营的公共文化机构情况

截至 2018 年底，全国 20 个省份（占全部省份的 77%）有社会力量举办的公共文化机构。其中，11 个省份（占全部省份的 37%）社会力量举办的公共文化机构超过百家，湖南省数量最多，达到 4 217 家，湖北省和广东省分别达到 3 150 家、1 071 家，分列第二位和第三位。

社会力量运营的公共文化机构主要布局于基层，运营的机构类型有村（社区）文化中心、乡镇（街道）综合文化站（中心）、公共图书馆及文化馆（群众艺术馆），呈现出越向基层社会化运营机构的数量越多的特点。在社会力量运营的公共文化机构中，村（社区）文化中心数量最高，为 9 216 个；其次是乡镇文化站（文化中心），为 700 个；再次是公共图书馆，为 634 个；文化馆（群众艺术馆）数量最少，全国仅有 99 家。

---

　　* 课题组成员：李国新，北京大学信息管理系教授，国家公共文化服务体系专家委员会主任。张广钦，北京大学信息管理系副教授。关思思，天津外国语大学图书馆馆员。李阳、刘晓东、张皓珏，北京大学信息管理系博士研究生。

　　社会力量运营的公共图书馆。相对于文化馆来说，公共图书馆社会化运营的数量较多。其中，重庆市为 152 个；浙江省位居第二，为 105 个。江西省、广东省、江苏省和安徽省社会力量运营的公共图书馆数量均超过 50 个。

　　社会力量运营的文化馆（群众艺术馆）。这种类型的社会化运营机构数量总体较少。分省来看，湖南省最多，为 33 个；江苏省、浙江省、湖北省在 10 个以上，其余各地均为个位数。

　　社会力量运营的乡镇综合文化站（中心）。湖南省和湖北省最多，分别为 269 个和 170 个；重庆市和浙江省为 50 个以上。值得注意的是，西部地区的宁夏回族自治区社会力量运营的乡镇文化站（文化中心）数量相对较多，为 33 个。

　　社会力量运营的村（社区）文化中心。湖南省社会力量运营的村（社区）文化中心数量最多，为 3 982 个。湖北省、广东省、浙江省、福建省、江苏省、北京市、河北省等地社会力量运营村（社区）文化中心的实践较多；广西壮族自治区、重庆市、内蒙古自治区等地在村（社区）一级的社会力量委托运营力度较大。

2. 政府购买公共文化服务情况

　　按照开展公共文化服务购买的地方政府占所在级别地方政府总数比重统计，地（市）级层面政府开展购买的比重平均值为 75.89%，县（区）级层面政府开展购买的比重平均值为 62.42%。北京市、天津市、广东省、重庆市、甘肃省和青海省的地（市）、县（区）两级政府均有购买公共文化服务的行为。

　　从地方政府购买公共文化服务的财政投入角度来看，全国公共文化服务的总投入经费为 37.98 亿元。浙江省购买公共文化服务的财政总投入为 39 303.37 万元，位居全国第一；紧随其后的是江苏省 39 101.16 万元和湖南省 38 678.16 万元。

　　据统计，全国各地方政府购买公共文化服务岗位数量总计 80 955 个，每省平均购买公共文化服务岗位 2 699 个，近半数省（自治区、直辖市）购买公共文化服务岗位数超过全国平均值。江西省购买公共文化服务岗位 10 782 个，居全国第一；浙江省、江苏省分别以 9 330 个、5 428 个位居第二、三位。

　　地方政府购买公共文化服务岗位的财政总投入约为 11.20 亿元。浙江省购买公共文化服务岗位的财政投入为 16 531.36 万元，位居全国第一，远高于全国其他地区。各自（自治区、直辖市）购买公共文化服务岗位的财政投入平均达到

3 443.50 万元。

3. 登记在册的文化志愿者

据不完全统计，全国登记在册的文化志愿者总人数为 26 535 61 名，遍及全国 30 个省（区）。分区域看，东部地区志愿者数量最多（占比 65.7%），中部地区其次（占比 23.2%），西部最少（占比 11.1%）。浙江省以 892 613 名志愿者数量排名第一，山东省（326 381 名）和江苏省（263 415 名）分列第二位和第三位。第四位和第五位的省份分别是湖南省和河南省，登记在册的文化志愿者均在 10 万名以上。

二、我国公共文化机构社会化实践的主要形式

课题组根据实地调研、文献调研以及分析典型案例材料，梳理总结出目前我国公共文化机构社会化发展的六类主要形式。

1. 政府购买

（1）整体委托

政府通过采购的方式，将公共文化设施整体委托给第三方（企业、社会组织等）管理运营，通过契约规定服务的数量、质量和所需经费，承接者依据契约规定提供管理运营服务，政府根据契约进行监督检查、支付费用。

整体委托的承接主体，目前有公司企业、社工组织和事业单位。比较典型的案例有企业承接管理运营的北京市海淀区北部文化中心、四川成都市武侯区文化馆和图书馆、无锡新区文化馆和图书馆；浙江省台州市的公共文化机构由社工组织承担管理运营；"社工＋义工"模式的广东省佛山市南海区基层社区中心；事业单位承担管理运营的湖北省武汉市经济技术开发区职工文化活动中心等。

（2）部分业务外包

公共文化机构通过签订契约的方式将部分业务委托给外部企业或社会组织，并根据其提供服务的数量和质量支付费用。

自 20 世纪 80 年代开始，国外许多图书馆将大量事务性工作，诸如后勤、保卫、装订、上下架等业务外包，后来延伸到编目、数据库建设、系统管理、活动承办

等专业性业务。20 世纪 90 年代，部分业务外包在我国公共文化服务领域开始出现，近年来发展迅速，覆盖了图书馆、文化馆的许多业务领域。

目前，我国公共图书馆普遍外包的业务类型主要包括：采编、流通、图书期刊加工、数据库建设、纸质文献数字化、硬件设备、信息系统、人力资源管理、阅读服务以及其他非核心业务。我国文化馆采取外包方式的业务类型主要包括：展览展演、非遗传承、辅导培训、送戏下乡、文化活动（策划组织、舞台搭建、灯光音响、服装道具、演出团队）、场馆剧场运行管理、慕课制作等。

（3）购买岗位

政府购买工作岗位就是通过一定的招聘考核程序，配置公共文化机构的工作人员。近年来，通过政府购买岗位的方式配置公共文化机构工作人员，在我国发展较快。2018 年 8 月，从第三批国家公共文化服务体系示范区验收时获取的有关示范区创建城市情况显示，北京市海淀区政府年投入 4 500 万元购买 680 多个公益文化岗位，平均每人年补贴 6.7 万元；哈尔滨市道里区平均每人年补贴 4 万元；吉林省吉林市平均每人年补贴 1.77 万元；重庆市江津区平均每人年补贴 2.4—2.8 万元；新疆生产建设兵团平均每人年补贴连队为 3.76 万元、社区为 3.55 万元；甘肃省白银市每人年补贴 1.2 万元；贵州省毕节市达到每人年补贴 1.8 万元。

（4）第三方评估评价

政府向第三方专业公司或研究机构购买服务，委托其对公共文化服务的绩效进行独立暗访和评估。近年来，在国家公共文化服务体系示范区创建中期督查、实地检查，以及重要事政策落实情况督查评价中，这种形式经常被采用。如 2018 年初，国家公共文化服务体系建设协调组（文化和旅游部公共服务司）委托北京大学国家现代公共文化研究中心开展"《公共文化服务保障法》暨中央重点改革任务贯彻落实情况督察第三方评估"工作；2018 年 5 月至 7 月，文化和旅游部公共服务司委托北京零点市场调查有限公司作为第三方机构，对第三批国家公共文化服务体系示范区开展验收阶段的暗访评估工作。一些示范区创建城市也采用政府购买服务方式，引入第三方机构对基层创建工作进行暗访评估。

2. 政府和社会力量合作

社会力量参与到公共文化设施的建设、管理、运营、服务中。政府和社会力量双方通过协议明确各自承担的责任，发挥各自优势，扩大覆盖面，丰富服务内容，完善服务体系。合作方式包括社会力量参与公共文化机构单体设施建设运营、参与设施网络拓展提升、开展低收费服务、政府与大型企业战略合作、社会力量以联盟方式参与公共文化服务等。

（1）社会力量参与单体设施建设运营

北京市海淀区北部美术馆、非遗科学城就是由海淀区政府统筹协调，海淀区文化委员会统筹指导并提供运行资助，北京稻香湖景酒店提供空间，海淀区文学艺术界联合会汇聚书画资源建成。目前入驻的非遗项目有京绣、普洱茶制作技艺、景泰蓝制作技艺、京作家具、聚元号弓箭、彩塑京剧脸谱、书法等。

（2）社会力量参与设施网络拓展提升

目前社会力量参与设施网络拓展提升主要集中在城乡公共阅读设施建设和阅读网络体系完善方面。一般的模式是社会力量提供场地空间、日常管理，公共图书馆提供阅读资源，当地政府以适当方式给予补助。近年来在全国各地出现较多，如北京市西城区公共阅读空间、成都市城市阅读空间、南京市江宁区邻里书房、合肥市城市阅读空间、苏州市特色阅读空间及主题特色分馆、江阴市"三味书咖"、扬州市城市书房、温州市城市书房、佛山市智能文化家、台州市农村文化礼堂等。

（3）互联网经营场所提供公共文化服务

2014年11月，文化部出台《关于推动互联网上网服务行业转型升级的意见》，提出鼓励上网服务场所参与公共文化服务，鼓励把符合条件并积极参与公共文化服务的上网服务场所，纳入政府采购范围，实行购买服务，并在北京、上海、长沙和洛阳4个城市开展互联网上网服务行业转型升级试点工作。此项工作促进一批互联网服务经营场所开展公共文化服务，成为社会力量参与公共文化服务的一个独特方式。比如河南洛阳市"网吧转型升级"试点、深圳市福田区的"网吧公共电子阅览室"等。

（4）低收费服务

在政府与社会力量合作的模式中，允许社会力量的部分项目以优惠收费的形式向公众提供。典型代表有北京市东城区体育馆路"皮卡书屋"、北京西城区宣阳驿站"第二书房"等。

（5）政府与大型企业战略合作

作为阿里巴巴集团的总部所在地，杭州市与阿里巴巴开展多项与公共文化服务相关的战略合作，如信用城市建设、互联网＋文化消费；陕西省西安市政府与喜马拉雅合作，合作提升文化旅游产业生态环境。

（6）社会力量以联盟方式参与公共文化服务

分属不同行业、不同领域、不同属性的社会文化机构相互联合，打破条块和权属分割，实现文化设施统筹利用、文化资源共建共享、文化活动共同开展、文化人才互通有无。比如浙江省温州市建立了表演艺术类培训机构公益大联盟、北京市海淀区组建全区的演出联盟、浙江省台州市的环市民广场公共文化服务联盟等。

3. 社会力量独立建设

自然人、社会团体、基金会、公司和企业等社会力量独立创建文化机构，目前的主要类型有民办图书馆、民办博物馆、民办美术馆等。

开发商为小区配套建设图书馆。比如北京市海淀区万科翡翠书院的"云中图书馆"、三联书店在秦皇岛市建立的"孤独图书馆"等。

民办博物馆。比如四川省成都市注册登记的博物馆、纪念馆共 151 座，其中非国有博物馆 103 座；浙江省宁波市鄞州区积极扶持民办博物馆建设，打造"民办博物馆之乡"。

民办美术馆。上海是全国拥有美术馆最多的城市之一，截至 2017 年年底，共有美术馆 82 家，其中民营美术馆 64 家，3.5 倍于国有美术馆。

民办农民（农村）文化大院。乡村的文化带头人（积极分子）自己创办文化机构，为当地村民提供公共文化服务。比如重庆市万州区熊家镇金龙文化大院、安徽省萧县赵庄镇吴蒋庄文化大院、山西省晋中市祁县权勇文化大院等，都产生了一定的社会影响。

4. 文化事业和文化产业融合

公共文化机构通过多种方式促进文化事业与文化产业融合，主要方式包括合作开发文创产品、发放文化惠民卡、促进文旅融合和乡村手工艺振兴、搭建供需对接平台等。

（1）公共文化机构和文化企业合作开发文创产品

依托馆藏资源，公共文化机构与社会力量合作进行文化创意产品研发、生产和销售。如故宫博物院、国家图书馆、国家博物馆、苏州博物馆的文创产品均在社会引起了关注并取得较好的经济效益。

（2）文化惠民卡促进文化消费

近年来，一些地方通过发放文化惠民卡的方式，以文化企业和商户让利打折为手段，推动大众文化消费。文化惠民卡主要有三类：一是由政府发放的普惠型文化卡，或政府联合企业共同发放的针对特定人群的惠民卡。二是地区行业性文化消费卡。三是文化商业预付卡。

（3）公共文化助推文旅产业发展

通过丰富多彩的公共文化服务和活动，提升城乡文化内涵，营造城乡文化氛围，改变城乡生活风貌，打造适宜旅游观光的软环境，助推文旅产业发展。比如成都市的街头艺术表演、深圳市福田区街头演艺联盟、哈尔滨市道里区"街角艺术"、四川省崇州市道明镇竹艺村、四川省崇州市观胜镇严家弯湾盆景村等，都在文旅融合方面进行了有益的尝试。

（4）搭建供需对接平台

成都市"公共文化服务超市"最早出现于 2015 年，致力于在政府（采购方）、社会力量（采购对象）、群众（受惠方）三方之间搭建供需对接平台，目前已成功举办两届。2017 年，上海市浦东新区举办首届公共文化产品服务采购大会，以"文化惠民的博览会 永不落幕的大观园"为主题，将文化产品的供需双方聚拢，促进供需对接。广东省东莞市于 2018 年举办首届公共文化产品采购会，由东莞市文化广电新闻出版局主办，东莞市文化馆承办。文采会搭建平台，把"买方"（主要是市镇两级文化主管单位）和"卖方"（各公共文化服务提供商）聚集，实现无缝对接、现场比价、按需选择、按流程自由达成采购意向。展出内容涵盖文艺服务、运营管理、传媒技术 3 大领域 14 个类别。

5. 文化志愿者服务

文化志愿服务是指不以物质报酬为目的，利用自己的时间、文艺技能等自愿为社会和他人提供公益性文化艺术服务或相关服务。目前，我国公共文化机构都开展了文化志愿服务，成为公共文化服务社会化发展的重要方式。探索具有地方或行业特点的文化志愿服务模式，成为构建现代公共文化服务体系进程中的新任务。比较有代表性的案例有广东省佛山市智能图书馆"市民馆长"和"学生馆长"、新疆维吾尔自治区昌吉回族自治州的庭州爱乐乐团等。

6. 众筹和基金会

公共文化机构以"众筹"和基金会等形式，吸引社会力量参与公共文化活动、筹集公共文化发展资金。比如浙江省台州市路桥区金清镇下梁村的"一元捐众筹基金"、上海市嘉定区"文化嘉定云"的"众筹活动"、浙江省杭州市图书馆事业基金会等。

三、我国公共文化机构社会化发展存在的主要问题

我国公共文化机构社会化发展进展较快，成效明显，但发展进程中也存在一些明显的问题，主要表现在承接主体、购买主体、政策障碍以及保障措施等层面。

1. 政府购买的承接主体数量不足、专业化程度不高、人员流动性大

（1）承接主体数量不足

目前，政府向社会力量购买公共文化服务存在的最主要问题，是专业化的公共文化服务供应商缺乏，合适的承接主体数量不多，选择余地不大。相伴而生的问题是，承接主体的发展存在明显的地区不平衡。二、三线城市基本没有合适的服务提供商，即便北京、上海等一线城市，可提供公共文化机构社会化服务的企业与社会组织数量也不多。

（2）承接主体专业化程度不高

政府购买公共文化服务承接主体专业性程度不高的主要表现，一是承接主体的专业资质无标准、无要求；二是承接主体工作人员专业水平不高；三是承接主体专业服务能力不足。

（3）承接主体工作人员流动性较大

目前，政府购买公共文化服务承接主体普遍存在工作人员不稳定、流动性高

的问题，这种现象产生的主要原因在于工作人员的待遇低、发展空间小。

2. 政府购买公共文化服务的政策不配套、理念与方式转变不到位、监管体系不完善

（1）政策不配套

第一，公共文化机构社会化发展政策体系不健全、制度不完善。如在广州市某镇图书馆外包的案例中，出现了服务商转包的现象。由于协议中对此没有约束，政府与承接主体都"睁一只眼闭一只眼"，项目由此面临重大风险。

第二，地方基本公共文化目录缺失。市、县两级的公共文化服务目录普遍缺失，导致当地政府委托社会力量管理运营公共文化机构时，设定服务内容、标准没有依据，公共文化机构开展服务时也无法把握免费服务与优惠服务的界限。

第三，政府购买目录内容不详细。目前，虽然各地大都制订了本地区的购买目录，但是普遍存在未能根据本地区特点丰富和完善地方目录、未能及时对目录进行动态调整、未能制定可操作性的实施办法等问题，导致地方购买目录对公共文化机构社会化发展的指导意义不大。

第四，招标机制适配性不强。在以政府购买形式委托社会力量管理运行公共文化机构的招标过程中，主要存在缺乏专门的公共文化类招标文件、缺乏公共文化领域专家参与评标、缺乏对投标的社会化机构专业资质的要求等问题。

第五，开展公共文化机构管理运营的社会化承接组织尚未纳入文化产业范畴。开展公共文化机构管理运营的社会化承接组织是完全的市场主体，理应是文化产业的重要组成部分，但在实践中，这些市场化承接主体并未被纳入文化产业的范畴，各级政府有关扶持中小微文化企业发展的优惠政策、文化产业发展专项资金的资助对象，都没有覆盖这类组织。

（2）理念与方式转变不到位

这类问题主要针对政府而言。公共文化机构管理运营社会化以后，承接主体的行为主要受市场规则约束，相应地要求政府由原来的"办文化"转变为"管文化"，从管理型职能向服务型、监督型职能转变。政府作为购买主体与承接主体是依约行事的平等主体。然而，现实状况往往是，即便公共文化机构实行了管理运营社会化，有的地方政府仍然习惯于行政化管理思维和方式，将社会化承接组织当作下属单位，要求它们随时承担超越合同约定的职责。

（3）监管体系不完善

调研发现，大多数实施公共文化机构社会化的地方文化行政主管部门对社会化承接组织采取了一定的监管措施，但离形成完善的监管制度体系还有差距，政府监管尚未覆盖监管组织、监管结构、监管内容、监管方法、监管结果等全方位、全过程。

3. 公共文化机构社会化实践与部分现行政策存在突出瓶颈障碍

（1）优惠收费问题

公共文化机构除了提供基本公共文化服务外，还可以向社会提供更多的附加服务（非基本服务），由于成本等多种因素原因，需要向服务接受者收取低于市场价格的费用（优惠或低成本服务）。从法律上说，这类收费是允许的。《中华人民共和国公共文化服务保障法》明确了公共文化服务机构向公众提供免费或优惠服务。但在实践中，"优惠服务"目前在绝大多数地区、机构中难以实行，重要原因之一就是目前有些地方政府还执行另外一项现行政策：公益一类事业单位禁止任何经营性行为（收费即被认为是经营性行为）。这种情况不仅仅存在于事业体制单位，同样发生于由社会机构承接管理运营的公共文化机构中。

（2）购买主体和承接主体的合法性问题

2016 年 11 月，《财政部　中央编办关于做好事业单位政府购买服务改革工作的意见》（财综〔2016〕53 号）中规定：承担公共文化等基本公益服务，不能或不宜由市场配置资源的公益一类事业单位，既不属于政府购买服务的购买主体，也不属于承接主体，不得参与承接政府购买服务。然而，在公共文化社会化发展实践中，事实上存在着公共图书馆、文化馆直接向社会力量购买或承接政府公共文化服务的现象。

（3）供需对接的购买形式与政府采购流程矛盾问题

近两三年，公共文化机构积极探索供给侧结构性改革新路径，通过举办供需对接的公共文化产品采购会（以下简称"文采会"）、"文化超市"向社会购买资源和服务，一定程度上解决了公共文化资源分布不均衡、交流不顺畅的矛盾。但在操作的过程中，也显现出了与现行政府采购政策的矛盾。

从实际情况看，参与文采会的资源和服务需求方，主体是公共文化机构。按照《财政部　中央编办关于做好事业单位政府购买服务改革工作的意见》规定，公共图书馆、文化馆一类公共文化机构不能作为采购主体和承接主体。因此，从理论上说，公共图书馆、文化馆等公共文化机构并不能直接采购或承接公共文化产品或服务，如果要采购，必须通过政府招标的程序实施。根据《中华人民共和国政府采购法》（2014 年修正）规定，在政府招标采购中，符合专业条件的供应商或者对招标文件作实质响应的供应商不足三家的，应予废标（第36 条）。上述现行规定，给文采会带来了矛盾：首先，文采会的参与主体是公共文化机构，但公共文化机构并不能作为采购主体；其次，文采会的初衷是供需对接，但供需方"对接"后，并不能进行真正意义上的"采购"；第三，"供应商不足三家应予废标"的规定，实际上使供需对接难以变成现实。总之，举办文采会的初衷与法定政府采购流程脱节，大大削弱了文采会本应实现的功能。上海市浦东新区为破解这一矛盾进行了尝试，规定公共文化机构在浦东文采会上采购的产品和服务，政府认可。但这仅限于浦东新区政府管辖的公共文化机构，没有普遍适用性。

4. 社会力量参与和政府基本保障问题

（1）防止政府甩责

政府是公共文化服务的责任主体，社会化管理运营公共文化机构并不意味着政府可以减少责任。有的地方政府对公共文化社会化发展的理解和认识存在偏差，把社会力量管理运营公共文化机构当作政府减少投入或不投入的机制，造成外包承接方只能依靠收费或变相收费的形式开展服务，背离了公共文化服务保基本、促公平的宗旨，也违反了《中华人民共和国公共文化服务保障法》的规定。在推进公共文化社会化发展进程中，要防止政府在公共文化服务上"甩责"，防止社会力量参公共文化服务异化为新的"以文补文""以文养文"。

（2）志愿者功能定位

《中华人民共和国公共文化服务保障法》规定，地方各级人民政府应合理设置公共文化服务岗位，配备相应工作人员。由中共中央办公厅、国务院办公厅印发的《关于加快构建现代公共文化服务体系的意见》中要求，乡镇街道（含）以上级别公共文化机构均应配备事业编制工作人员，设立城乡基层公共文化服务岗位，配置由公共财政补贴的工作人员。在公共文化社会化发展进程中，有一种现象值得注意，一些地方政府对应配置的公共文化机构专业人员不予配置，而是打着推进文化志愿服务的名义，将志愿者当成廉价劳动力派到公共文化机构中，文化志愿服务变成了简单的降低人力成本的机制。这种做法首先是严重歪曲了文化志愿服务的宗旨，其次是影响了公共文化机构提供服务的专业性，应引起注意。

四、我国公共文化机构社会化发展的建议

1. 正确认识社会化发展的重要意义

各级政府应正确认识公共文化机构社会化的重要意义，将其作为完善公共文化服务体系，丰富公共文化产品供给，激发公共文化机构活力，提高公共文化机构服务效能的重要手段。绝不能将公共文化机构社会化当成是降低运营成本、减少从业人员的机制，绝不能因为社会化而减少或停止政府对公共文化机构的投入。在推进公共文化机构社会化发展进程中，要坚持政府主导，坚持政府主体责任，杜绝政府"甩包袱"的现象发生。

2. 培育公共文化机构社会化发展承接组织

加强对公共文化机构社会化发展承接组织的培育，为社会化管理运营及服务提供选择空间。当前，对承接组织的培育应着重解决数量和质量两方面的问题。

（1）扩大公共文化机构社会化发展承接组织数量

建立明确的政府购买公共文化服务清单，使社会承接组织明确自身优势与可以购买范围的匹配度；扩大政府购买公共文化服务范围，让社会力量承担更多的公共文化服务工作，扩大承接组织的可选择空间；深化公共文化机构社会化发展与文化产业融合力度，将从事公共文化服务的社会承接组织纳入文化产业范畴，允许其申请文化产业扶持资金，享受文化产业税收优惠，从而吸引更多的社会机构参与到公共文化机构社会化发展中来，快速扩充公共文化社会化承接组织数量。

（2）提高公共文化机构社会化发展承接组织质量

提高承接组织质量需要从提高社会化承接组织与从业人员的专业化水平做起。现实可行的做法是，一是政府鼓励和支持高等院校、行业协（学）会、大型

公共文化机构等开展面向职业的公共文化服务专业教育，设计系统的专业课程体系，建设完善的社会化人才评价机制，为社会化承接组织输送合格的专业人才。二是建立社会化承接组织资质水平评价机制，为政府选择承接主体提供专业资质参考，把控社会化承接组织的"入口"，防止不具备专业资质的企业或社会组织盲目进入公共文化服务领域。

3. 完善政策体系、强化政府监管职能

（1）完善公共文化机构社会化发展政策体系

第一，梳理现行相关政策，解决不同部门政策的冲突、不协调问题，完善现行政策的实施细则。主要包括各级地方政府基本公共文化服务目录的细化、政府购买流程的细化等。

第二，加强现有招标制度与公共文化服务的适配性。由行业协（学）会牵头，按照不同类型公共文化机构的不同特点，编制针对性强、便于响应的政府采购招标文件，体现公共文化服务特点，落实对承接主体的专业资质要求，供政府实施采购时使用。与政府招标管理机构协调，将公共文化领域的专家补充完善到评标专家库中，提高评标工作的针对性、专业性和公允性。

第三，完善现行的文化产业扶持政策。将开展公共文化机构管理运营的社会化承接组织纳入文化产业范围，允许其申请文化产业扶持资金，享受小微文化企业的优惠政策，助力公共文化社会化组织的培育。

（2）强化政府监管职能

各级政府应转变管理理念与方式，以契约精神对社会化组织按照合同进行考核，逐步建立起完善的监管制度。监管制度要从监管组织建设、监管结构搭配、监管内容完善、监管方法多样、监管结果利用等多方面做出系统性规范。加强对公共文化机构社会化管理运营的事前、事中、事后监管，实施全过程的监督管理。协调不同政府部门共同落实监管职责，纪检监察、审计、人社、民政、文化、乡镇街道政府等各部门从自身职能出发，落实日常监管责任。

吸纳公众与第三方参与监管。成都市武侯区图书馆、文化馆采用的"1+N+1"社会化监管方式，即引入一支社会化力量对基本服务进行整体运营管理，此为"1"；对于政府的临时性工作、不在合同范围内约定的工作，采用政府购买项目的

形式逐一再次进行购买，承接主体不限于正在承接整体管理的公司，此为"N"；政府聘请一支独立的第三方监管机构，全天候、全过程、实时地对承接整体运营管理的公司进行监管，此又为"1"。这一做法一方面体现了政府严守契约、严格按合同办事的精神，另一方面也促使了专业组织专心做专业工作，提高了服务的专业化水平。

4.解决突出瓶颈问题

当前急需突破政策性瓶颈的主要是以下几个问题。

（1）优惠收费边界问题

优惠收费问题的核心，一是明确免费基本服务的范围，二是明确优惠服务的收费水平。关于免费服务的范围，2011年文化部、财政部印发《关于推进全国美术馆公共图书馆文化馆（站）免费开放工作的意见》（文财务发〔2011〕5号）中提出了美术馆、公共图书馆、文化馆（站）的免费开放项目以及非基本服务收费项目的内容。目前，需要各地落实《中华人民共和国公共文化服务保障法》的规定，出台本地区公共文化服务目录，细化、具体化免费服务的项目和水平，同时要适时做出调整。关于优惠服务的收费水平，目前最大的难点在于如何按照要求做到"与市场价格有所区分，按照成本价格"为群众提供服务。这一问题涉及与相关的事业单位改革文件精神协调，与财政、物价、纪检、审计等部门沟通。建议文化和旅游部出台相关的指导性文件，建立优惠服务与产品定价的基本原则及方法，并与相关部门做好协调沟通工作，为公共文化机构开展增值优惠服务的"适当收费"提供政策依据。

（2）购买和承接主体问题

公共文化机构不能成为政府购买的承接主体，也不能成为购买主体，这样的政策规定有其合理性，但在实施过程中也面临着突出的矛盾。相对于政府，公共文化机构更了解服务需求，了解需求却没有购买自主权，这是一种矛盾；解决供需脱节，供需对接是有效方法，按照现行政府采购政策，虽然实现了供需对接，但并不能保证按对接结果采购，这是又一种矛盾；在一些实行图书馆文化馆总分馆制的地区，已经出现了分馆的设置主体委托总馆管理运营分馆的现象，这其实已经涉嫌违反现行规定，同样是一种矛盾。鉴于此，需要对公共文化机构既不能作为承接主体又不能作为购买主体的政策做出调整和完善。建议政府一方面要强化公共文化机构的应有职责，另一方面要强化购买原则、细化购买目录、明确购买流程，在此基础上，明确公共文化机构可以直接成为购买主体和承接主体的适用条件、范围、约束限制等，让公共文化机构在保证公益一类事业单位性质的前提下，公平、公正、公开、有序地参与社会化，激发内生动力，增强市场竞争力。

（3）政府采购的方式与流程问题

供需对接的公共文化产品与服务采购平台（如文采会），是公共文化供给侧结构性改革的创新探索，是引入竞争机制、扩大公共文化产品流通、提高公共文化机构资源配置效率的有效途径，是公共文化机构促进文化消费、参与文化市场建设的重要渠道，受到了公共文化机构的广泛认可与参与。但受制于当前政府采购政策，"文采会""文化超市"这样的供需对接平台所能发挥的实际作用受到限制，有演变为"文展会"的可能，因此有必要对现行政府采购的政策规定进行适度调整。一种思路是将政府参与列入参加平台交易的必备条件，在政府的现场监管下认可公共文化机构的采购行为，使其具备合法性；另一种思路是将此类采购交易纳入政府采购统一的框架下，设置由公共文化机构自行采购文化产品和服务视同政府采购的前提条件，符合条件的自行采购行为等同于政府采购行为。总之，需要解决现行政府采购方式和流程制约供需对接平台发挥作用的问题。

5. 建立促进发展、强化自律的行业组织

伴随着公共文化服务社会化发展的拓展和深化，参与管理运营公共文化机构的社会化承接组织越来越多。这类组织是文化市场中的新生事物，加强行业自律、加强相互交流、加强行业指导、畅通意见渠道，显得尤为重要，因此有必要建设相应的行业组织。目前比较可行的办法是依托已有的相关行业组织，如中国图书馆学会、中国文化馆协会、中国博物馆协会等，建立相关专业委员会。如在中国文化馆协会下设立社会化运营服务组织专业委员会，搭建起沟通政府、服务行业、促进发展的桥梁和纽带。

全国省级文化馆微信公众号调研报告

徐北文[*]

一、前言

1. 研究背景及目的

近年来，党和国家高度重视互联网的发展。在党的十九大报告中，八次提到了互联网相关内容，如"加强互联网内容建设""善于运用互联网技术和信息化手段开展工作"等。《文化部"十三五"时期公共数字文化建设规划》（下简称《规划》）指出，公共数字文化建设是加快构建现代公共文化服务体系的重要任务，并提出到 2020 年"基本建成与现代公共文化服务体系相适应的开放兼容、内容丰富、传输快捷、运行高效的公共数字文化服务体系"的目标。

2014—2017 年，全国文化馆领域中央转移支付地方公共数字文化专项经费总投入累计达到 1.623 亿元。为加快推进文化馆数字化建设工作，从 2015 年开始，全国公共文化发展中心在文化和旅游部公共服务司的指导下，推动"数字文化馆试点"项目纳入中央财政转移支付地方公共数字文化建设总盘子。截至 2018 年，全国已经推出四批共计 55 家数字文化馆建设。当前，公共数字文化建设工作框架基本建立，覆盖全国的服务网络基本成型，资源库群初具规模，服务模式不断创新，政策标准逐步完善，保障水平明显提高，对构建现代公共文化服务体系发挥了重要的支撑作用。虽然我国公共数字文化建设取得了显著成绩，但仍存在诸多

---

 * 徐北文，就职于北京文化艺术活动中心。

突出矛盾和问题，主要表现在：与固定设施服务、流动服务有机结合的数字文化服务网络尚不完善；公共数字文化服务与群众文化需求缺乏有效对接，服务效能不高等突出问题[①]。

截至 2017 年 12 月，我国网民规模达 7.72 亿，网民中使用手机上网人群占比由 2016 年的 95.1% 提升至 97.5%，以手机为中心的智能设备，已成为当前"万物互联"的基础，移动互联网服务场景不断丰富[②]。在众多数字文化馆建设内容中，移动终端的开发和运营是其中重要部分。与网站相比，微信公众号（下简称"公众号"）以其费用相对低廉、技术门槛低、使用便捷、覆盖面较广、功能开发较为完备、社交功能较强而受到青睐，很多文化馆审时度势，纷纷建立了自己的公众号。

本次调研，拟初步勾勒出当前省级文化馆利用微信这一覆盖面广、便捷实用的移动平台进行宣传、展示、交流、互动，以及为受众提供公共文化服务的整体概况和发展态势，通过对全国省级文化馆（群艺馆）公众号发布信息的内容、时间、频次、点击数量的梳理分析，力图发现其传播特点、亮点和存在问题，希望能够对文化馆提供公共文化服务如何有效对接群众需求，更好地实现"以人民为中心"的工作导向，文化馆移动端公共数字文化服务如何提质增效，传统文化馆如何从思维理念、传播策略、工作方式、技术手段等方面转型升级，向现代文化馆迈进，提出一些有价值的对策和建议。

2. 研究对象及方法

本次调研的研究对象是以全国 32 个省级文化馆（群艺馆）（下简称"省馆"）为账号主体的微信公众号。因人力所限，副省级文化馆（群艺馆），市（区）县级文化馆（群艺馆）不在此次调研范围之中。

本次调研样本采集有效期为 2018 年 5 月 1 日至 5 月 31 日。在 2018 年 6 月 1

---

① 文化部关于印发《文化部"十三五"时期公共数字文化建设规划》的通知 [EB/OL].（2017–07–07）[2019–04–08]. http://zwgk.mct.gov.cn/auto255/201708/t20170801_688980.html?keywords=.

② 中国互联网络信息中心. 第 41 次中国互联网络发展状况统计报告 [EB/OL].（2018–01–31）[2019–04–08]. http://www.cac.gov.cn/2018–01/31/c_1122347026.htm.

日至 6 月 2 日集中完成数据统计。在统计时限之外，数据发生的变化不影响本次调研结果。

本次调研样本采集时间选择在 5 月的主要原因有以下两点：一是考虑到文化馆的事业单位属性，二是考虑到文化馆的工作规律。一般来说，作为财政拨款的全额事业单位，每年度财政资金拨付到账时间是在 3 月以后，与之相对应，除了新年、春节等系列节庆类活动，文化馆一般从 3 月开始启动当年的工作安排。与其他月份相比，5 月左右既有"五一""五四""六一"等相关节庆纪念日需要组织文化活动，也有"五月的鲜花""红五月"等传统的群众歌咏活动，各地已经常态化的群众文艺赛事活动也纷纷启动。5 月温度适宜，风景怡人，是组织集中培训、创作采风活动的黄金时期。按照惯例，每年 5 月还常开展年度理论征文等相关工作。考虑到 5 月开展的活动涉及文化馆工作的面比较广，公众号呈现的内容也会比较丰富，因此选择 5 月作为样本采集的时间。

本次调研发现，除新疆生产建设兵团外，全国共有 31 家省馆设有公众号。在样本采集有效期内，共有 26 个省馆的公众号正常运营。新疆、宁夏、浙江、黑龙江、四川五省（区）公众号更新停止，原因不详，约占整体的 16%。

另外，天津市群众艺术馆建有 2 个公众号，一个是"天津市群艺馆"（以下称天津 1 号），一个是"天津市群众艺术馆"（以下称天津 2 号），两个公众号都在有效发布信息，分别作为样本纳入统计范畴，故本次调研有效公众号样本数量为 27 个。

本次调研采用方法主要是：作为普通用户，对各公众号进行搜索、关注、浏览、阅读，对在有效期限内公众号发布的资讯内容逐一进行文本分析和整理归纳。本次调研数据统计仅限公众号推送的信息资讯，不涉及相关功能开发，如投票、报名、参与培训等内容。

二、基本情况分析

1. 数量分析

（1）发布信息数量

在样本采集期内，27 个公众号共发布各类信息 338 篇，照片 1 815 张，配图

（含节目单、展板、海报等）676 张，动态图 127 张，文字总量达 260 650 字，视频 30 段，视频总时长 5 小时 10 分 33 秒，音频 12 段，音频总时长 43 分 9 秒。

发布消息篇数最多的是湖南，有 42 篇，第二是天津 1 号（40 篇），第三是江苏（27 篇）。文字量最多的也是湖南，为 32 680 字，第二是江苏（31 490 字），第三是安徽（23 210 字）。

所有的公众号都发布了照片，照片使用最多的是海南，共 187 幅，第二是河南（158 幅），江苏、湖南并列第三（153 幅）。

使用配图、动态图、视频数最多的都是天津 1 号，分别是 221 幅、74 幅和 9 段（总时长 2 小时 7 分 20 秒）。天津 1 号使用的配图数量为 221 幅，约占 27 个公众号总配图数量的 33%，远远超过第二名安徽（104 幅）和第三名广东（92 幅）。这三家公众号的配图合起来占了总配图数量的 62%。有 7 家公众号一张配图也未使用。

大量使用动态图也是天津一号的突出特点，它发布一条咨询，要配差不多 2 张动态图。从总量来看，它使用的动态图占全部的 58%，与之相比，第二名辽宁（12 幅）和第三名青海（7 幅）要少很多，有 13 家公众号一张动态图也未使用。

有 7 家公众号使用视频，天津 1 号使用的视频占全部的 30%。

各公众号很少使用音频，湖南最多，共计 11 段（总时长 39 分），占全部公众号使用音频总量的 90%。

（2）发布期次频率

公众号订阅号每天可以更新一期，服务号一个月可以发布 4 期，每期都可以刊载一定数量的信息，各公众号在这方面的表现差异很大。在有效统计期内，27 个公众号共发布信息 215 期次。平均每个公众号发布 8 期。最多的是湖南，27 期，第二是天津 1 号，26 期。一个月内能发布 10 期（含）以上的还有其他 6 个公众号，依次为海南（17 期），广东（16 期），安徽（14 期），辽宁（13 期），云南（12 期），河南（10 期），约占全部的 30%。一个月更新少于 4 期的有 9 个公众号，也占 30%，其中 2 个公众号一个月内只更新了 1 期。

从每期刊载的信息数量来看，山东每期发布 8 篇，江苏每期发布 6 篇。一期能达到发布 5 篇，但不固定的有天津、安徽、江西。以上这 5 个公众号刊载的信息数量约占全部的 19%。大部分公众号每期仅发布 1—3 篇信息，其中 7 个公众号每期只发布 1 篇信息，约占全部的 26%。

从信息发布频次来看，天津 1 号是唯一一个做到定期信息发布的，它在"五一"停更一天，每周六停更一天，其余时间每天更新。有些公众号，如湖南、海南、广东等，在一定时间段内可以做到每天更新，但从长期看，未能形成规律。

（3）阅读量和点赞量

27 个公众号 5 月份资讯的阅读量达 179 177 次，点赞量 2 151 个。在这两个数据上，各公众号差异明显。阅读量最多的是安徽，达 56 367 次，点赞量最多的是辽宁，达 360 个。

阅读量在 10 000 次以上的公众号还有天津 1 号（23 253），辽宁（16 547），湖南（11 957），广东（11 914），以上 5 个公众号的阅读量之和达到 120 038 次，占全部的 67%。

点赞量在 100 个以上的公众号共有 9 个，占全体的 33%，而点赞量不到 10 的有 5 个，占 19%。

以上内容详见表 1 所示。

表 1　2018 年 5 月省级文化馆微信公众号调研排名前三的数据对照表

	一		二		三		平均值
	名称	数值	名称	数值	名称	数值	
期数	湖南	27	天津 1	26	海南	17	8
文章篇数	湖南	42	天津 1	40	江苏	27	12.5
字数	湖南	32 680	江苏	31 490	安徽	23 210	9 654
每篇平均字数	云南	1 367	广西	1 311	陕西	1 275	771
照片数	海南	187	河南	158	湖南	153	67
每篇平均配照片数	河北	17	福建	16	河南 广西	12	5
配图数	天津 1	221	安徽	104	广东	92	25

（续表）

	一		二		三		平均值
	名称	数值	名称	数值	名称	数值	
每篇平均配图数	天津1 西藏	6	天津2 安徽 贵州 广东	4	江苏	3	2
动态图数	天津1	74	辽宁	12	青海	7	4.7
每篇平均配动态图数	天津1	1.9	青海	1.4	吉林	1	0.4
阅读量	安徽	56 367	天津1	23 253	辽宁	16 547	6 636
每篇平均阅读量	安徽	2 168	辽宁	1 034	上海	908	530
点赞量	辽宁	360	安徽	352	江苏	245	80
每篇平均点赞量	辽宁	23	安徽	14	上海	13	6

说明：1. 篇幅所限，本表只列出了排名前三的公众号数值和平均值。2. 不是所有的数值都是越高越好，请综合考量。3. 数据不能完全说明微信公众号的运营情况，仅供参考。

2. 内容分析

各公众号发布的信息内容主要是与各馆工作相关的新闻资讯，涉及文艺演出、赛事、展览、培训、采风、交流、调研、会议、讲座、文学欣赏、艺术品鉴赏、地方风俗展示、传统文化知识介绍等内容。

从单篇信息来看，338篇信息平均每篇771字，配照片5张，图2张，动态图0.4张；平均每篇信息阅读量530次，点赞量6个。

在所有文章中，阅读量和点赞量都是第一的是安徽于5月31日发布的头条信息《六一儿童节　请为您最喜爱的节目投票》，内有参加安徽省少儿文艺调演的10个节目及照片，文中注明，关注安徽省文化馆公众号以后可以投票，并可以参加抽奖。这一信息的阅读量超过5.2万次，点赞量265个。因本次调研统计时间是6月1日到2日，而投票一直要进行到6月7日，最终这条信息的阅读量和点赞量肯定还会增加。

从整体来看，阅读量超过2 000次的信息共有7篇，如表2所列。

表 2　2018 年 5 月省级文化馆微信公众号发布的阅读量 2 000 次以上的文章

序号	公众号	标　题	阅读量
1	安徽省文化馆	《"六一儿童节　请为您最喜爱的节目投票"》	52 420
2	辽宁省群众艺术馆	《红遍全民的广场舞比赛来了！快来投票吧！》	8 976
3	内蒙古自治区文化馆	《内蒙古自治区文化厅关于举办"醉美草原，亮丽北疆"全区优秀摄影作品展的通知》	4 141
4	天津市群艺馆（天津 2 号）	《第九届天津市钢琴大赛决赛成绩公布》	3 138
5	广东省文化馆	《广东省文化馆艺术团招募启事》	2 601
6	广东省文化馆	《"艺美人生"广东省文化馆 2018 年秋季公益艺术培训班招生简章》	2 352
7	上海市群众艺术馆	《2018 年上海市群文新人新作展评展演喊你来围观啦！》	2 338

由表 2 所列情况可以看出，阅读量最大的信息内容主要是围绕赛事投票、成绩公布、活动通知、成员招募、培训招生等，涉及的艺术门类既有动态类，也有静态类；既有单一门类，也有各门类的综合；展现的进程阶段既有启动期，也有完成期，无论哪篇内容，都与群众文化工作密切相关。

与活动信息相比，各公众号刊登的会议类信息阅读量较少，其中阅读量最大的是山东于 5 月 2 日发布的《第五届全国文化（群艺）馆馆长联席会议在济南召开》，因其会议的重要性以及会议规格较高，且会议内容关系到文化馆行业发展，获得了 963 次的阅读量。

除了阅读量和点赞量以外，留言（评论）的数量是另外一个能够说明文章影响力的数值。网上阅读存在随机性，点赞相对来说操作比较容易，但是如能够让读者自发地写下留言，说明文章确实被有效阅读了。本次调研并未把留言（评论）的情况作为主要分析指标，但是关注到在所有文章中得到留言（评论）最多的是江苏省文化馆于 5 月 31 日发布的一篇原创文章，文章标题为《匆匆足迹，一路文化芳华！挥别五月，开启崭新的文化站长"平凡的一天"》，该文章阅读量 1 182 次，在江苏排第 1，在全国排第 17。但是该文以 760 字、22 张照片，质朴生动地记录了一个普通文化站长辛勤工作的一天，收获 86 条留言。该文单篇点赞量 108 个，也排到全国第二。

三、问题与对策

1. 调研发现的问题

（1）影响力普遍偏弱

根据中国新媒体大数据权威平台清博指数 WCI（微信传播指数）的界定，公众号的传播影响力跟发布篇数、阅读数和点赞数相关。

根据该平台统计，2018 年 5 月，全国微信公众号 1 000 强共发布文章 147 828 篇，总阅读数达到了 62.5 亿次以上，总点赞数为 9 702 万次以上，最低 WCI 为 1 113.5。

从每个公众号平均发布文章篇数、阅读量和点赞量三项数值来看，各省级文化馆的公众号距离全国 1 000 强的水平，还有很大的提升空间，详见表 3。

表 3　2018 年 5 月省级文化馆微信公众号与全国微信公众号 1 000 强对比表

对比项目	27 个省级文化馆微信公众号	全国微信公众号 1 000 强
平均发布文章数量（篇）	12.5	147.8
平均阅读量（次）	6 636	6 250 000
平均点赞量（个）	80	97 020

本次调研显示，截至 2018 年 5 月底，27 个省馆公众号中有 17 个在清博指数入库，相对富有活力的公众号仅占 20%，安徽省文化馆公众号的单日最大 WCI 达到了 851.75，其他公众号大多都在 100—300 之间，影响力普遍很弱。

（2）资源加工能力不足

客观来说，把全国省级文化馆微信公众号的情况与全国微信公众号 1 000 强作对比，多少有些勉为其难。因为微信公众号中名列前茅的大都是媒体，有的还是影响力巨大的传媒集团。文化馆作为公益性文化事业机构，传播平台建设并非主营业务。而且从全国来看，当前的文化馆数字化建设只是处于起步阶段，公众号的运营只是数字文化馆建设的一个方面，从人力资源到资金配置，从理念策略到运维力量都不可与专业媒体同日而语。但是，各级文化馆应该尽可能提高自身的公共数字文化传播能力，根据功能定位、微信平台优势以及用户特点改进工作方法，创新服务方式，提升服务效能。

2. 发展建议

（1）根据文化馆服务功能进行准确定位

文化馆做公众号，首先要确定公众号的功能定位，定位问题不解决，公众号就做不好。文化馆需要搞清楚这些问题：为什么要做这个公众号？是用于业内交流还是对外提供服务？公众号推送什么内容？谁会订阅？这些问题有了明确的答案，才能解决公众号定位问题。

本次调研发现，现在大部分省馆公众号是综合体，面面俱到，有的甚至是照搬以前的馆办网站、馆办刊物的格局。天津开设的了两个公众号，内容也有重叠，天津 1 号主要面向受众服务，定位相对清楚；天津 2 号既有行业内部信息交流，也有面向受众服务的内容，定位并不明晰。

在公众号功能定位上，如果条件具备，建议文化馆把公众服务和行业交流分成两个公众号，承担各自不同的职能。对公众就是提供各种演出票务、培训报名、比赛投票、场馆预约等服务，同时可以征集反馈公众意见，内容面向所有公众。对行业内部就是发布新闻资讯、相关资料统计、行业动态、交流互动、风采展示等，目标受众是业内相关人员。如果条件不具备，建议公众号应集中力量做好公众服务，行业交流可以到 PC 端去做。

（2）根据用户画像优化内容编排设计

公众号推送的内容要想吸引更多关注，必须要充分考虑受众群体的特点和接受习惯。如果没有大数据分析的背景，很难实现内容的精准投放。当前，大部分文化馆公众号还很难实现大数据的采集分析，在这方面，可以参考借鉴现有的互联网研究成果。

统计显示，我国网民以 10—39 岁群体为主。10—39 岁群体占网民整体的73.0%。其中 20—29 岁年龄段的网民占比最高，达 30.0%。从职业群体来看，学生群体最多，占比为 25.4%；其次为个体户 / 自由职业者，比例为 21.3%[①]。这些群

---

① 中国互联网络信息中心 . 第 41 次中国互联网络发展状况统计报告 [EB/OL]. （2018–01–31）[2019–04–08]. http://www.cac.gov.cn/2018–01/31/c_1122347026.htm.

体的共同特点是习惯在网上做事,喜欢独特的有个性价值的内容。

因此,公共数字文化服务应该充分考虑网民主体的接受特点,在活动内容、环节设计、宣传策划上更加年轻化,增加视觉冲击力,尽可能营造相对轻松、诙谐幽默的氛围,也可以适度加入情感因素,增加受众的心理依赖和使用黏性,培育用户群体。

在这一方面,天津 1 号做得非常好,该公众号在推送时大量使用符合网民接受习惯的动态图,文章篇幅短,使用网言网语,生动活泼,标题吸睛。如《嘛?北京大学生相声好听?天津的高校相声团体表示不服!本周末,正面 PK 开始!》《"梦想家"京津大学生相声展演季演出过半,老铁们抓紧时间来群艺馆聚聚呗!》《@所有人,群艺馆的周末太太太太精彩!一起来嗨皮!》这样的标题在该公众号中比比皆是。他们推出的活动也大多是以青少年群体为目标受众,而且线上线下的结合做得很好。尽管该公众号目标受众定位于青少年而不是无差别受众群体,但是因为其定位正好和网民主体相契合,所以他们在阅读量(第二)、点赞量(第三)上都取得了骄人的成绩。

(3)融合线上线下加大推广力度

运营好一个微信公众号,除了定位、内容之外,还要特别注意推广。我国移动互联网十分发达,在海量信息面前,人们的注意力已经成为稀缺资源。如果文化馆公众号提供的大都是同质化的内容,难以引发人们的兴趣和持久关注。不管文化馆组织了多少精彩的文化活动,拥有多少一流的设备设施,不能进入公众的视野,缺乏存在感,一切徒劳无功,会造成国家资源的巨大浪费。在网络信息时代,在人们的阅读日益碎片化的现实面前,公共数字文化建设绝非仅仅是一种渠道和平台的建设,而是对文化馆职能的重新定义,是解决文化馆肩负的满足人民群众文化需求、弘扬社会主义核心价值观、增强民族凝聚力和文化自信的光荣使命与自身能力不足、社会影响力弱之间矛盾的一种路径。

本次调研发现,在公众号的推广方面,一些相对实用的方法,已经为一些文化馆采纳。例如江苏、山东等,几乎在每篇信息上都加上公众号的微信二维码和欢迎关注的字样。辽宁使用的推广语言比较风趣:"快,关注这个公众号,一起涨姿势~求关注全心全意为人民服务"。青海的则比较温馨,"因为知道你会来,所以我一直在等你"。

根据本次调研结果，文化馆公众号最有效的推广活动是跟群众文化活动结合起来，线上线下一起开展的。比如获得阅读量和点赞量双料冠军的安徽省少儿文艺调演的相关信息，在信息中明确指出"请先关注'安徽省文化馆'公众号，在本图文下方进行投票"，这与当天晚上演出活动中主持人对公众号的介绍和现场设置抽奖环节互相呼应。这种关注后才能投票的捆绑式营销方式在一般公众号运营中屡见不鲜，用户已经习惯接受，文化馆尽可大胆使用。如果受众为了投票支持自己喜爱的节目或者为了抽奖获得奖品而关注文化馆公众号，成为新粉丝后，文化馆公众号就能通过提供源源不断有趣实用的资讯和有价值的公共服务把他们留住，成为"铁粉""骨灰粉""死忠粉"，文化馆的公共文化服务就真正走进千家万户，走进亿万群众的心里了。

（4）利用平台优势做好功能开发

微信公众号平台有很多优势，除了信息推送外还可以开发很多辅助功能，本次调研的27个公众号中有22个公众号开发了辅助功能，内容涉及场馆预约、培训报名、演出票务等，约占总体的81%。通过开发辅助功能，移动端与PC端结合，不少公众号事半功倍地进行了服务拓展和延伸，集信息发布、活动参与、评价反馈于一体。

如辽宁的"我要抢票""我要报名""超星名师讲坛"；江西的"精彩三区帮扶回顾"；福建的"非遗保护"；山东的"新六艺学堂"；重庆的"文化到家""逛展览""享课程"；贵州的"微网站""抢票通道"等，都吸引了大量受众参与其中。

青海开发了"投票通道"版块，"感知非遗　聆听青海"摄影图片征集比赛暨摄影展的120幅作品，在5月24日22时0分0秒结束时收获了608 887访问量和147 654投票。辅助功能的参与人数不在本次调研统计范围，但是初步估算，应该超过了公众号信息的阅读总量。公众号管理应充分利用微信公众号平台的各项功能，做好公共文化服务，提高公共文化服务的资金使用效益。

四、结语

党的十九大提出，新时代我国社会主要矛盾已转化为"人民日益增长的美好生活需要和不平衡不充分的发展之间的矛盾"。新时代的文化馆人要创新服务模式，精准对接群众文化需求，提升公共文化服务的针对性、实效性，显著提升服务水平，让广大人民群众有更多的获得感、幸福感、自豪感。

习近平总书记指出："互联网是我们这个时代最具发展活力的领域。互联网快速发展，给人类生产生活带来深刻变化，也给人类社会带来一系列新机遇新挑战。"[①]2018年，我国互联网普及率已达到55.8%，超过全球平均水平（51.7%）4.1个百分点，超过亚洲平均水平（46.7%）9.1个百分点[②]。互联网已经深刻改变了人们的生产方式、生活习惯，甚至思维理念，对于这些变化，致力于为人民群众提供基本文化服务的公共文化机构需要"应时而动""以变应变"。

《文化部"十三五"时期公共数字文化建设规划》明确指出，到"十三五"结束时，副省级以上文化馆应普遍完成数字化建设，50%以上市县级文化馆能提供数字文化馆服务。近几年来，各级文化馆的数字化建设进入了快车道，数字化建设加速了传统文化馆向现代文化馆转型升级的进程。但是，资金的注入、平台的拓展、技术设备的革新，并不意味着提供的服务就能"现代化"，就能够让人民群众满意。数字时代有数字时代的特点，数字文化服务也有它自身的规律，文化馆人应该与时代同行，认识规律、运用规律，更好地为群众服务。本次调研选取省级文化馆微信公众号作为切入点，希望省级文化馆能够率先垂范，充分发挥在各地区公共数字文化建设中的龙头作用。

---

① 习近平. 让互联网更好造福人类 [EB/OL].（2016–11–16）[2019–04–10]. ttp://www.xinhuanet.com/zgjx/ 2016–11/16/c_135834209.htm.

② 中国互联网络信息中心. 第41次中国互联网络发展状况统计报告 [EB/OL].（2018–01–31）[2019–04–08]. http://www.cac.gov.cn/2018–01/31/c_1122347026.htm.

文化系统老年大学数字文化平台建设调研报告

中国文化馆协会课题组 [*]

    中华民族自古就有尊老爱老的优良传统，近年来，随着我国老龄化趋势的加剧以及社会主要矛盾的变化，国家高度重视面向老年人提供公共文化服务，出台了一系列政策文件。在这种背景下，如何更好地满足老年人的精神文化需求，根据我国的现实情况和老年群体的特点，进一步创新工作方式，提供有针对性的公共文化服务，已经成为文化馆系统的一项重要工作。老年大学是文化馆系统开展面向老年人的公共文化服务的主要平台。为了充分了解全国各地、各级馆办老年大学的工作现状，特别是其中存在的突出问题，探讨建设老年大学数字文化平台的必要性和可行性，并提出可供参考的政策建议，中国文化馆协会、文化和旅游部全国公共文化发展中心、首都师范大学文化研究院组成联合调研组，展开相关研究。

    调研组先后赴内蒙古、山西、江苏、湖南、广东、重庆、四川等地进行实地调研。在调研过程中，调研组考察了各地文化馆的基础设施建设和运行状况、老年大学开展活动的方式，并通过与老年大学管理者和学员进行座谈、对部分管理者和学员进行深度访谈，总结出各地普遍存在的问题，获得了很多鲜活的基层经

---

    * 课题组成员：颜芳，文化和旅游部全国公共文化发展中心副主任，中国文化馆协会副理事长，全国文化馆标准化技术委员会副主任。赵保颖，中国文化馆协会秘书长，研究馆员。段少卿，中国文化馆协会干部。郑以然，首都师范大学文化研究院副研究员。陈国战，首都师范大学文化研究院副研究员。蒋璐，首都师范大学文化研究院助理研究员。张翔，首都师范大学文化研究院副院长。胡雅鹏，首都师范大学文化研究院助理研究员。

验。同时，调研组还分别制作了面向老年大学管理者和学员的"网络老年大学建设可行性"调查问卷。本次调查共发放问卷 1 000 份，发放范围覆盖东部、中部、西部等省、市、县（区）等不同层级的文化馆以及不同年龄、不同性别、不同文化程度的老年人，样本大小适当，具有代表性，在一定程度上可以反映全国状况。调查回收有效问卷 982 份，其中管理者有效问卷 209 份，老年人有效问卷 773 份。此外，调研组还对我国老年文化事业的发展状况、相关政策法规和当前研究成果做了系统梳理。本报告运用数据采集、田野调查、深度访谈、会议研讨、案例分析等多种方法，综合描述了我国文化系统老年大学的现状、问题和未来发展趋势，分析了数字文化平台建设的必要性、基础和条件，并审慎提出了建设的路径和方法。

一、老年大学的现状与问题

根据全国老龄办公布的数据，截至 2017 年底，我国 60 岁及以上老年人口已达到 2.41 亿人，占总人口的 17.3%。根据预测，到 2020 年，我国老年人口将达到 2.43 亿；到 2050 年前后，这一数字将达到峰值 4.87 亿，占总人口的 34.9%。根据 1982 年维也纳第一届世界老龄大会提出的标准：60 岁以上人口占 10% 为老龄社会的标志，我国从 1999 年就已经进入老龄社会。近年来，我国老年人口数量不断攀升，仅 2017 年新增老年人口就超过 1 000 万，未来几十年，我国老龄化形势还将变得更加严峻。老年大学是我国积极应对老龄化挑战、为老年人提供公共文化服务的重要平台。这些老年大学为我国老年事业的发展做出了重要贡献，但通过调研发现，目前仍存在以下几方面的突出问题。

1. 老年人精神文化需求旺盛，老年大学供不应求

与欧美国家相比，我国法定退休年龄较低，大量老人退休以后，仍然身体健康，精力旺盛，并且拥有大量空闲时间。调查显示，我国超过 90% 的 60 岁以上老年人已经退休，其中 75.16% 的老年人完全不工作，另有 15.75% 只是偶尔做一些力所能及的工作，目前仍在正常工作的老年人占比仅为 8.10%。随着退休老人的教育水平和文化素质越来越高，老年人的精神文化需求也越来越旺盛。

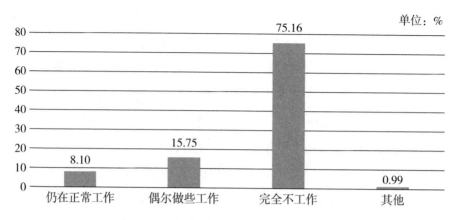

图 1　受访者工作状态

在这种背景下，近年来我国老年大学"一座难求"问题开始凸显，供求矛盾越来越突出。据统计，目前有机会享受教育的老年人约有 800 万，仅占全部老龄人口的 3%。各地老年大学都出现了供不应求的局面，比如，南昌市老年大学是一所综合性的老年大学，从创办之初的 14 间教室，扩大到了现在的两个校区共 41 间教室，每年招收学员近两万人次。然而，尽管学校场地不断扩大，教学设施不断增加，还是无法满足老年人迅速增长的需求。调研组对南京、成都、张家港、重庆等地文化馆老年大学进行的问卷调查发现，有 79.9% 的管理者和 76.71% 的老年人认为老年大学供不应求，16.75% 的管理者和 22.77% 的老年人认为老年大学供求相当，调查对象中仅有 7 位管理者和 4 位老人认为老年大学供过于求，所占比例分别为 3.35% 和 0.52%。

在课程满足需求方面，管理者中有 48.33% 的人认为目前老年大学的课程内容尚可，基本满足需求；45.93% 的管理者认为目前老年大学的课程内容丰富，完全满足需求；5.74% 的管理者认为老年大学的课程内容单一，无法满足需求。而在老年人群体中，有 53.95% 的老年人认为目前老年大学的课程内容尚可，基本满足需求；38.16% 的老年人认为老年大学的课程内容丰富，完全满足需求；7.89% 的老年人认为老年大学的课程内容单一，无法满足需求。可见，管理者和老年人对课程满足需求的看法并不相同，目前老年大学提供的课程内容虽能基本满足大多数老年人的需求，但仍有较大的发展空间。

更值得注意的是，未来这种供求矛盾还会越来越突出：一方面，我国老年群体的基数越来越庞大；另一方面，未来老年人的文化素质越来越高，接受过高等教育的比例逐年增长，他们的精神文化需求更强烈。同时，随着养老观念的改变以及独生子女父母的老龄化，"空巢老人"的数量也在逐年增加，他们无法享受儿孙绕膝的天伦之乐，更需要有一个家庭之外的精神空间。

2. 老年大学类型多样，但缺少统一管理

我国第一所老年大学是创办于 1984 年 11 月的青岛市老年大学。自 1999 年以来，我国老年大学发展驶入快车道。据中国老年大学协会统计，目前我国共有老年大学（学校）约 6 万所，有 700 多万老年人在老年大学等机构学习，4 560 多万人次通过老年大学参与各类学习活动。可以说，老年大学已经成为很多老年人思想教育的阵地、更新知识的殿堂、强身健体的场所、安度晚年的乐园。

目前老年大学还呈现"五龙治水"的局面，分属于不同部门管理：有的属于文化部门，有的属于民政部门，有的属于教育部门，有的属于老干部局，有的属于老龄委。在课程设置和教学方法上，各个老年大学也是"八仙过海，各显神通"，缺乏全国性的统筹，也没有建立标准化的课程体系以及针对学校和教师的准入制度、评估制度等。国务院办公厅印发的《老年教育发展规划（2016—2020 年）》提出，到 2020 年，全国县级以上城市原则上至少应有一所老年大学，50% 的乡镇（街道）应建有老年学校，30% 的行政村（居委会）应建有老年学习点，以各种形式经常性参与教育活动的老年人占老年人口总数的比例应达到 20% 以上。根据规划，未来几年我国将出现更多老年大学，如何建设和管理这些老年大学，成为当前亟须研究和解决的问题。

3. 老年大学空间不足，地区分布不均，服务半径有限

根据《2017 年文化发展统计公报》提供的数据，截至 2017 年末，全国平均每万人群众文化设施建筑面积 295.44 平方米，人均不足 0.03 平方米。老年大学办学空间的情况也与此类似。目前，文化馆办老年大学数量为 865 个，相较同期全国 2.41 亿老年人的总数，平均近每 28 万名老年人才拥有 1 所老年大学，数量严

重不足。调研发现，无论是经济欠发达的中西部地区，还是经济状况较好的东部沿海地区，空间不足都是制约老年大学发展的最大障碍。比如，南京市鼓楼区文化馆表示，虽然他们的场馆是新修建的，面积扩充了不少，但是由于现在老年人越来越多，到文化馆报名参加活动的老年人也越来越多，每年可达到 18 万人次左右，已经超出了新场馆的容纳能力。很多文化系统以外的老年大学甚至没有自己的办学地点，而是租房办学，场地条件较差，而且不具备稳定性。

此外，老年大学一般都位于中心城区或新城区，城市郊区和农村地区的老年人要想获得相应的服务，时间和交通成本相对较高。很多业内人士都认为，鉴于老年人的身体条件和生活习惯，老年大学的服务半径一般应在 5 公里左右。这也就意味着，老年大学的辐射范围实际上非常有限，老年大学的学员中，来自郊区和农村的老年人所占比例很低。

4. 老年大学活动经费不足，师资短缺问题严重

文化馆办老年大学属于公益性公共文化服务，学费相对较低，每学期每门课的费用为几十到几百元不等，还有大量的免费课程。对老年人而言经济压力很低，但对于课程提供方来说，则构成了沉重运营压力。仅 100 多元的课时补贴，很难租用到环境舒适的场地，也难以聘请到优秀的师资。

难以招到优秀的教师，人才留不住，是全国老年大学普遍遇到的问题。南昌市老年大学负责人表示："老年大学里的教学老师全部都是兼职老师，师资流动性比较大，并且课时费远远低于外面的培训学校的水平。"由于找不到教师，课程设置丰富性降低，很多课程开不了；已开课程会随着老师流动而经常变动，不具备稳定性、连续性；不同学习程度的学员都由一个老师在一个班里教，也降低了学习效果；尤其在欠发达地区，更是难以吸引到优秀的老师，这直接导致了老年大学发展的地区不平衡。

二、老年大学数字文化平台建设的基础与条件

随着我国互联网的发展，包括老年人在内的各个社会群体的网络使用技能日益提高，基于互联网的远程教育成为教育领域发展迅猛且最具发展前景的部分。

在这种背景下，老年大学数字文化平台建设已经具备了一定的基础和条件。

1. 不同群体之间的数字鸿沟正在缩小，老年人的网络使用技能日渐提高

根据 2018 年 7 月发布的《第 42 次中国互联网络发展状况统计报告》，截至 2018 年 6 月，我国网民规模已经达到 8.02 亿，互联网普及率达到 57.7%。其中，手机网民规模已达 7.88 亿，网民通过手机接入互联网的比例高达 98.3%。从年龄结构角度看，我国网民仍以青少年和中年群体为主，但值得注意的是，从 2000 年到 2017 年，50 岁以上中老年人在全部网民中所占比例直线上升，而且增速逐年加快。微信官方数据显示，2017 年活跃的 55 岁以上用户达到 5 000 万人，是 2015 年的近 4 倍。可以预见，随着时间推移，未来不同年龄群体之间的数字鸿沟将趋于弥合。

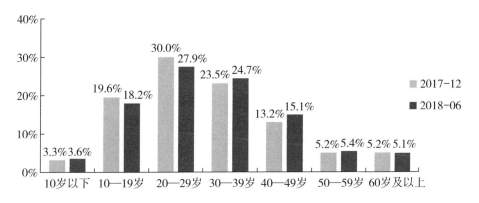

图 2　中国网民年龄结构

随着互联网的普及，越来越多的老年人融入了网络世界，他们与年轻人在网络接入方面（包括设备、基础设施、技能等）的差异在逐渐缩小。国外研究显示，新西兰、加拿大、瑞典和美国至少有 38% 的 65 岁以上老年人上网。英国 UK Online Centres 的调查发现，2011 年，75 岁以上老年人有 20% 会使用互联网学习。在我国老年人的网络生活也毫不逊色。据调查，中国中老年人比较喜欢使用的应用包括微博、微信朋友圈、QQ 空间等，还有社区类、婚恋类社交应用。本次调研结果也显示，我国老年人日常娱乐及学习方式多种多样，受访者中有 26.26% 的人选择上网作为自己的日常娱乐及学习方式。

2. 我国公共文化数字化建设取得一定成绩，积累了可供参考的经验

自 2002 年起，由文化部、财政部共同组织实施的全国文化信息资源共享工程，在全国范围逐步实现了文化资源的共建共享。2014 年以来，我国出台了一系列构建公共文化服务体系的文件，其中多次提到公共文化服务的数字化发展方向。目前，数字博物馆、数字图书馆、数字文化馆、数字社区文化圈等在全国各地相继落成，其提供的数字阅读、多媒体展示、VR 和 AR 体验等服务已成为应用广泛的服务手段。社会公共文化服务空间、时间的局限得以突破，开放化、泛在化的公共文化服务的生产、供给模式随着网络生态的变化正在被刷新，将原有的公共文化产品和服务以数字的形式呈现在人人共享的虚拟空间。

互联网带来的影响越来越多地表现为与各行业线下实体紧密融合、巨大的聚集效应、越来越低的技术门槛，这些发展让各地的公共文化阵地也同步向网上延伸。文化部"十三五"规划强调关注并满足人民群众的精神文化需求，创新开展"互联网 + 公共文化服务"，搭建网上公共文化服务平台，实现线上线下互相促进、共同发展，满足人民群众日益增长的精神文化需求。所有这些尝试，都为老年大学数字文化平台建设提供了宝贵的经验。

3. 文化系统老年大学已经尝试线上线下相结合的工作方式

与其他系统老年大学相比，文化系统老年大学具备一些明显优势。其一，具备相当才艺专长的文化馆员能为老年大学提供强大和稳定的师资资源，同时也使得文化馆老年大学的课程门类相对更为齐全。其二，比起系统外老年大学，文化系统老年大学在资源的投入和整合上更有优势，可借助总分馆制和文化馆联盟，实现高效资源统筹。其三，文化馆的"前店后厂"模式，可为老年大学学员提供丰富的实践表演机会，同时还可以邀请部分老艺术家提供艺术教育和培训，发挥"以老年人服务老年人"的行业优势。

文化馆过去主要以现场、线下形式面向基层群众提供文化服务。近年来，基于互联网和新媒体技术的远程服务、线上线下相结合的互动式服务也在推广普及。2016 年初，一项针对全国文化馆开通网站（含主页）和微信公众号情况的调查结果表明，参加调查的 3 099 家文化馆中，开通网站（含主页）的有 2 758 家，其中具备信息发布、艺术欣赏（含视频点播）、网上培训、活动开展、咨询指导等 5 项艺术普及服务功能的有 413 家，占 13.3%；有 1/3 以上文化馆的网站具备信息发布功能；开通微信公众号的文化馆，全国有 468 家，占比 15.1%。这些数据表明，文化馆的全民艺术普及服务正在积极争取改善线下为主、线上为辅的传统模式，这也为老年大学数字化文化平台的建设奠定了良好基础。

4. 国外老年数字教育技术，为数字文化平台建设提供借鉴

法国教育学家保罗·朗格朗提出的"终身教育理论"已经在世界各国得到普遍认可。以发达国家终身教育体系的指标来衡量，我国 15—64 岁人口中平均受教育年限为 8.7 年，而发达国家是 12 年。发达国家中约有 50% 的退休老人接受有组织的学习，而我国的这一数字仅为 5%。尽管我国早在 1995 年就将"建立和完善终身教育体系"写入《中华人民共和国义务教育法》，但老年教育仍然比较落后。

美国的一项全国性研究表明："社会融合能延迟美国老年人的记忆丧失，互联网能帮助老年人锻炼和改善大脑功能，网上冲浪对于老年人有促进健康的作用。"为了迎接网络时代的来临，一些发达国家专门为老年人建立了学习网站。如美国的 SeniorNet 向学习者提供 150 多门课程，既有文学、历史、外语等经典课程，又有关于健康和理财的实用课程，还有"数码摄影""eBay 买卖""谷歌的多种用途"等符合时代发展要求的课程。在教学上采取"老年人教老年人"的方法。一方面满足了老年人学习的需求，另一方面也充分利用了老年人力资本。在英国和澳大利亚，设有世界上第一所虚拟第三龄大学 U3A Online，其课程分为"独立学习课程"和"指导学习课程"，可以更好适应不同老年人的学习能力。要建设我国的老年大学数字文化平台，这些做法都值得借鉴。

三、老年大学数字文化平台建设的对策与建议

根据以上分析，建设老年大学数字文化平台，使其与现场教学互为补充，可以在一定程度上破解当前老年大学发展的困局。通过调研，我们认为数字文化平台建设应注意以下几个方面的问题。

1. 既要加强顶层设计，又要充分调动地方积极性

老年大学数字文化平台建设是一个系统工程，前期的调研、准备工作以及后

期的课程制作、平台运营等，都需要投入大量的人力、物力、财力，都需要相关部门的大力支持。同时，数字文化平台自身具有即时性、交互性、多媒体性等特点，在平台的内容设置、服务方式方面也需要制定相应的标准和规范。因此，建立全国统一的数字文化平台，整体规划和安排，是相对来说省时省力的方式。具体来说，老年大学数字文化平台可由文化和旅游部主导统一搭建，平台的架构、课程的内容和制作标准，也由文化和旅游部做相应规范。

根据调研反馈，地方文化部门对于老年大学数字文化平台建设存在两点疑问。一是针对要不要建的问题，有些地方表示文化部门虽然可以在兴建老年大学方面投入一定资源，但由于同时也承担着其他群体的公共文化服务职能，担心数字文化平台的建设和运营牵扯过多精力，影响整体工作开展。二是针对数字文化平台的管理权限问题，地方文化部门表示，对于怎么使用平台和管理平台，应赋予地方文化部门一定自主权，以照顾各地差异，使数字文化平台可以更好地为老年人服务。考虑到上述情况，在平台的建设过程中，应鼓励地方主动推进，上下齐抓共管。考虑到地域、城乡、经济、文化、历史等方面的差异，在统一平台上可设立各地分站点接口，由地方负责日常管理和维护，除了接收资源外，还可以上传资源。比如，各地可以录制带有地域特色的课程，在符合审核标准的前提下上传至数字文化平台进行共享。

2. 既要充分利用各类老年大学的现有资源，又要引入其他数字文化资源

目前，各地老年大学分属文化、教育、民政、老龄委等不同部门管辖。除文化馆下属的公益类老年大学，还有其他不同机关单位下属的面向老干部开展服务的老年大学，以及众多民营老年大学，存在设施重叠、资源交叉的情况，民营类的老年大学资源也没有在公共文化系统内部得到有效利用。文化部门的老年大学数字文化平台可以将这些部门的课程、师资等资源整合利用，采取课程打包、点单自选等方式，与其他单位老年大学以及民营老年大学共建共享，达到事半功倍的效果。

根据实地调研，目前各级文化馆活动的参与群体中，老年人占大多数，文化馆已经成为老年人的重要文化生活空间，对当地老年人的文化需求非常了解，积累了丰富的服务内容、服务模式，是老年大学数字文化平台建设的基础资源。全国实行文化馆老年大学试点以来，各试点机构进一步创新实践，夯实基础，多地试点单位已经开始尝试数字化平台建设，全国平台可以依托各地文化馆资源快速搭建，统合各地教学资源并投入使用。

此外，我国的国家公共文化数字资源建设已经卓有成效，主要体现为全国文化资源共享工程和国家公共文化云。全国文化资源共享工程建立了层次分明、互联互通、多种方式并用的六级数字文化服务网络。国家公共文化云是以文化共享工程现有六级服务网络和国家公共文化数字支撑平台为基础，统筹整合各类资源推出的公共数字文化服务总平台、主阵地。这两个数字平台提供的公共文化资源涵盖了很多老年人感兴趣的知识和课程，可以和老年大学数字文化平台共享，建议设置相关接口，直接对接资源，这样既增加了老年大学的教育服务资源，又可以增加国家公共文化数字资源的服务人群。

3. 既要加强内容监管，又要充分满足老年人的文化需求

数字文化平台具有传播速度快、涵盖内容广、受众人群多等特点，这使得对平台内容的监管成为重中之重。首先，文化系统老年大学要以传播社会主义核心价值观为中心，树立良好家风为要义。数字文化平台的课程应当通过挖掘家风中的优良因素，弘扬社会正能量，传承民族优秀文化。其次，数字文化平台应增加一些时效性强的内容，帮助老年人紧跟时代步伐，保持年轻心态。最后，在数字文化平台建设中，应加强平台内的内容监管以及舆论监管，确保聚众的安全，逐步提高老年人对信息的辨识能力，为老年人的晚年文化生活以及社会交往保驾护航。

同时，数字文化平台还应该充分满足老年人的需求，提供有针对性的课程，广泛争取师资，聚集资源，实现平台效应。调查显示，在老年大学试点开设的六大类课程（社会时政、生活技能、心理辅导、健康养生、乐器演奏和声乐舞蹈）中，最受老年人关注的是声乐舞蹈类课程，占比高达 70.5%，健康养生类紧随其后，占比达到 66.11%。除了这两类课程以外，老年人对乐器演奏、生活技能类课程的需求也相对较高，接近 50% 左右。只有针对老年人的兴趣爱好设置课程资源，才能保证数字文化平台受到用户欢迎，提升平台的利用率和影响力。

4. 既要提供多种接收方式的线上内容，又要提供丰富多彩的线下活动

调查显示，老年人希望网络老年大学应该具备的硬件终端从高到低依次为

手机、电脑、iPad，一体机和其他占比最少。可见，数字文化平台应当提供多种接收方式的线上内容。此外，老年人对于屏幕、字体的大小和清晰度均有特殊要求，在搭建平台过程中，应充分考虑老年人的生理特点，方便使用。值得注意的是，调查还发现，电视仍然是老年人获取信息的重要渠道，数字文化平台应考虑与有线电视网络实现技术上的对接，这样可以大大扩展用户群体，拓展使用渠道。

同时，在受访老年人中，高达80.47%的人认为网络老年大学需要师生线下交流，他们对线下才艺展示的需求也很高。老人学习了舞蹈、书法、歌唱等技能，需要通过活动的方式展示出来，以增强相互交流和学习的成就感。文化馆在这方面具有独特的优势，老年人的演出、活动可以直接与文化馆的相关活动对接，这样既丰富了文化馆的演出内容，又为老年人提供了展示平台，一举两得。此外，调查显示，85.25%的老年人和82.78%的管理者认为对老年大学数字文化平台的使用提供专门培训及后续指导是十分必要的。

5. 既要立足当下，又要长远规划、分步实施

通过对多地的调研走访，我们认为现阶段老年大学仍应以现场教学为主，网络教学为辅。老年大学数字文化平台尚不能完全取代现场教学。从老年用户的角度看，老年大学不仅仅是一个学习场所，更是一个社交场所，很多老年人还是更喜欢现场教学模式。从管理者的角度看，老年大学数字文化平台的运营和管理意味着更多的工作负担，在日常工作之外再加上指导老年人学习、使用数字文化平台，对于文化机构的人力、物力、财力都是挑战，基层普遍反映会比较吃力。文化机构更希望将此平台作为一种辅助手段，达到丰富地方学习资源的目的，而不是强制性地完成某些业务指标。

随着时代发展，在未来十到二十年中，老年人对数字文化平台的需求将迎来一个大的飞跃。未来的老年人对网络的熟悉程度、对各种硬件的掌握程度，都远远高于现阶段的老年人。因此，老年大学数字文化平台是一项具有前瞻性的工程，它的建设应着眼于时代的发展。在建设过程中，应分步骤、分阶段实施，数字文化平台需要在建设中不断摸索，不断改进，分步实施。

6. 既要鼓励社会力量参与，又要严格监督考核

为了推动文化事业的社会化进程，改变文化事业过于依赖政府的状况，在建

设老年大学数字文化平台时应引入竞争机制，引入社会力量充分参与。这是当下文化发展中，政府简政放权、改革投入方式以及转变职能的重要举措。此外，许多视频网站平台拥有现成的平台支撑、丰富的课程资源以及灵活的组织机制，这都为老年大学数字文化平台的建成提供了不可多得的丰富资源。社会力量可以在老年大学数字文化平台设计、建设、运营、管理中全程参与。政府要营造平等参与、公平竞争的市场环境，简化手续、规范程序、公开信息，提供便捷服务，并加强自律和信用体系建设，鼓励和引导社会力量在平台建设中积极发挥主体作用。政府可设立相应的鼓励政策，通过政府购买、委托运营、以奖代补、设立基金等方式引导社会资本积极参与平台建设。

同时，政府还应建立公开、透明、平等、规范的准入制度，对进入老年大学数字文化平台建设的企业进行资格审核，并对其提供的服务进行内容审核，特别是考虑到公共文化事业以及老年人的特点，进入企业的市场化尺度应控制在一定范围之内。除此之外，还要对社会力量进行严格考核评估。制定相应的评估标准和评估办法，对政府购买公共文化服务流程的规范性，如项目选定、信息发布、资金使用、项目监管等进行考核，明确审计、纪检等部门的监督责任，发挥群众监督的作用。在监督评估过程中应引入第三方，由研究机构承担评估工作，建立对服务资质、服务数量和质量、服务成效的评估指标体系，增强评估的专业性和客观性。第三方在评价过程中应出具项目评估报告，对政府购买效能进行综合评价。明确追责机制，建立基于评估结果的约束激励机制，在财政拨款方面进行约束，监督和评估结果应及时向社会公布，对于评估结果差的承接主体，要求限期整改，整改不到位的，取消参与平台建设的资质。

三份文化馆用户导向型年报调研报告

"文化馆年报制度研究"课题组 [*]

年报制度是企事业单位进行信息披露与公开的重要手段，就文化馆而言，完善年度报告制度具有更为重要的内涵：它对于文化馆赢得社会认同、促进社会力量参与，开展服务与宣传推广，促进机构发展具有重要的意义，是文化馆进行信息公开、接受社会监督、维护良好公共关系的有效工具。进一步来讲，为了保证普遍均等、惠及全民的公共文化服务体系的顺利实施与长远发展，必然需要有与之相应的年报制度进行支持。

在我国，事业单位的"年度报告"最早出现在 1998 年颁布的《事业单位登记管理暂行条例》（以下简称《条例》）中，要求"事业单位应于每年 3 月 31 日前分别向登记管理机关和审批机关报送上一年度执行本条例情况的报告"[①]。2014 年《事业单位登记管理暂行条例实施细则》和《事业单位法人年度报告公示办法（试行）》出台，要求"事业单位法人应当于每年 1 月 1 日至 3 月 31 日，向登记管理机关报送上一年度执行《条例》和实施细则情况的年度报告，并在登记管理机关指定网站上向社会公示"[②]。年度报告的面向对象由最初的特定部门机关转为特定监督部门和社会公众，"向社会公示"这一表述的增加，标志着年度报告不再仅仅是一

---

* 课题组成员：肖鹏，中山大学资讯管理学院副研究员。谭丽琼，广州图书馆馆员。李国新，北京大学信息管理系教授。张广钦，北京大学信息管理系副教授。

① 事业单位登记管理暂行条例（1998 年）[EB/OL].（1998-09-25）[2018-07-18]. http：// dyrls.gov.cn/module/Law/ DisplayLaw.aspx?lawId=148.

② 事业单位法人年度报告公示办法（试行）[EB/OL].（2014-03-24）[2018-07-18]. http：//www.gjsy.gov.cn/zcfg/ bgswj/201403/t20140324_2557.html.

种行政监督工具，还承担了面向社会公众进行信息公开的重要职能。

近年来，我国对年报制度已给予了一定程度的关注和重视。2018年9月13日至2018年9月16日，课题组对全国文化馆官网以及各地事业单位在线网站或事业单位登记管理网站进行摸底调研，检索到文化馆《事业单位年度法人报告书》595份，文化馆官网年报3份，涵盖了省级、市级、区级/县级的文化馆（见表1）。需要说明的是，由于时间较为紧张，因此"暂缺"的情况并不必然是没有年报，而有可能是相应省份的年报未被搜索引擎收录。

表1 我国文化馆年报编制摸底调研情况 [①]

地区	省（自治区、直辖市）	《事业单位年度法人报告书》	官网年报	纸版年报
东部地区	河北	2	—	—
	上海	19	—	—
	江苏	6	2	—
	浙江	85	—	—
	广东	133	—	—
	海南	1	—	1
	北京、天津、福建、山东	数据暂未找到		
	小计	246	2	1
中部地区	安徽	101	—	—
	河南	2	—	—
	湖北	61（部分）	—	—
	山西、湖南、江西	数据暂未找到		
	小计	164	—	—
西部地区	四川	—	1	—
	内蒙古、广西、重庆、贵州、云南、西藏、山西、甘肃、青海、宁夏、新疆	数据暂未找到		
	小 计	—	1	—

———————

① 本报告中的东部地区是指北京、天津、河北、上海、江苏、浙江、福建、山东、广东和海南10省（市）；中部地区是指山西、安徽、江西、河南、湖北和湖南6省；西部地区是指内蒙古、广西、重庆、四川、贵州、云南、西藏、陕西、甘肃、青海、宁夏和新疆12省（区、市）；东北地区是指辽宁、吉林和黑龙江3省。

（续表）

地区	省（自治区、直辖市）	《事业单位年度法人报告书》	官网年报	纸版年报
东北地区	辽宁	90	—	—
	吉林	59	—	—
	黑龙江	36	—	—
	小计	185	—	—
总计		595	3	1

一、我国文化馆年报的主要类型

当前文化馆年报主要有监督导向型及用户导向型两种类型。其中，监督导向型年报格式及内容由国家事业单位管理局制定，除个别省市外，全国采用统一的格式文本；用户导向型年报由各公共文化机构自发编制，其格式及体例内容由本机构自行确定。

1. 监督导向型年报

监督导向型年报，即《事业单位法人年度报告书》（以下简称《报告书》）。文化馆作为事业单位，按照规定于每年 3 月 31 日前将填写的《报告书》上传"事业单位法人年度报告公示系统"，系统于 3 月 31 日后会自动将《报告书》内容在"事业单位在线"网站"年度报告公示"专栏公示。《报告书》纸质报告由事业单位自行保存，无须公示①。公众可以通过登录"事业单位在线""机构编制网"等政府网站查看年报全文。

《报告书》由封面和正文组成，其内容依据《事业单位法人年度报告公示办法（试行）》制定，除非条例修订，年度间格式、内容不会有变化或修改。报告书封面右上角是该公共文化机构的统一社会信用代码，居中是标题《事业单位法人年度报告书（XX 年度）》，下方填写"单位名称""法定代表人"，封面最下方是"国家事业单位登记管理局制"说明。正文采用表格形式，内容依次是：《事业单位法

---

① 关于对中央和国家机关所属事业单位实行年度报告直接公示有关事宜的通知 [EB/OL].[2018–11–18].http://gjsy.gov.cn/zcfg/djglj/201601/t20160118_62842.html.

人证书》登载事项，包括单位名称、宗旨和业务范围、住所、法定代表人、开办资金、经费来源、举办单位等；资产损益情况，包括净资产合计（所有者权益合计）、年初数、年末数；网上名称及公共文化机构地址；从业人数；对《条例》和实施细则有关变更登记规定的执行情况；开展业务活动情况；相关资质认可或执业许可证明文件及有效期；绩效和受奖惩及诉讼投诉情况；接受捐赠资助及使用情况；事业单位委托意见；举办单位意见（含保密审查意见）①。在网站公示的《报告书》则不会显示"事业单位委托意见"和"举办单位意见（含保密审查意见）"两项内容。在正文最下方，还有"填表人""联系电话""报送日期"等信息。有些省份和直辖市事业单位直接采用网上报表形式提交年度报告，则其区域所属公共文化机构不再采用国家统一文本，但《报告书》内容设定都符合《事业单位法人年度报告公示办法（试行）》对公示内容的规定。

2. 用户导向型年报

用户导向型年报由文化馆自发编制，具有推广宣传功能，更加注重格式与美观、强调内容的可读性。一般来讲，《中华人民共和国公共文化服务保障法》规定公开的年报以及通行于公共图书馆领域的年报均是指用户导向型年报。因为监督导向型年报作为政府监管的手段之一，其格式与内容均有固定的标准，且上报的数据基本上都是最简单、基本的信息，文化馆只需按要求提供本馆数据即可，用户从监督导向型年报中无法获取更深层次的文化馆运行情况，其最大的好处就是易于获取。而用户导向型年报作为文化馆的"自选动作"，其格式及体例内容由本机构自行确定，当前尚没有强制性提供、公开的要求，所以目前我国文化馆领域基本没有出现这种类型的年报。通过课题组调研查询，只找到 3 家文化馆公开了用户导向型年报。

二、三份文化馆用户导向型年报内容分析

课题组以网络调研的方式对国内 3 家文化馆可在网站上公开获取的用户导向

---

① 关于印发《事业单位法人年度报告书》格式文本的通知 [EB/OL].[2018–12–18]. http: // gjsy.gov.cn/zcfg/djglj/ 201412/t20141218_8067.html.

型年报进行定性分析，主要剖析年报的构成要素、统计信息、格式设计等方面的内容，总结当前国内用户导向型年报的特点。发布用户导向型年报的 3 家文化馆分别是江苏省文化馆、徐州市文化馆和成都市文化馆，深题组对它们在 2016—2017 年间的用户导向型年度报告进行了调查（见表 2）。

表 2　国内 3 家文化馆用户导向型年报发布情况

机构性质	机构名称	报告所在导航栏	报告涵盖的年份
省级公益性事业单位	江苏省文化馆	首页 / 文明创建	2016
市级文化事业单位	徐州市文化馆	首页 / 群文动态	2017
	成都市文化馆	成都市文化广电新闻出版局门户网站 / 政务公开	2017

江苏省文化馆是江苏省人民政府设立的隶属于江苏省文化厅的公益性文化事业机构，是江苏省文化馆体系中的标杆，其年度报告一定程度上可以反映目前省级文化馆的年报思路和框架。

徐州市文化馆和成都市文化馆均为市政府设立的专门从事群众文化活动辅导、指导和研究的事业机构，分别位于江苏省和四川省。两所机构的年报对东部地区和西部地区文化馆年报研究具有一定参考意义，因此纳入调研之中。

截至 2018 年 10 月 1 日，3 家文化馆的年度报告均在网上进行了公开发布，其中江苏省文化馆的最新年度报告为 2016 年度的，徐州市文化馆和成都市文化馆最新发布的年报为 2017 年度的。在网页导航方面，江苏省文化馆的年报在其官网的"文明创建"栏目下，徐州市文化馆的年报在其官网的"群文动态"栏目下，而成都市文化馆的年报可以在成都市文化广电新闻出版局门户网站的"政务公开"栏目中找到。网页导航的设置反映出 3 家文化馆对用户导向型年报的认识存在一定差异，因此年报的栏目位置也有所不同。在发布形式上，江苏省文化馆和徐州市文化馆的年度报告通过网页发布，成都市文化馆的年度报告则提供 PDF 格式下载，暂未有预览功能。

1.构成要素

国内 3 家文化馆 2016—2017 年的年度报告在目录、内容和篇幅 3 个方面的构成要素如表 3 所示。

表3 国内3家文化馆年报的主题、目录、内容及篇幅

机构名称	目录	内　　容	篇幅
江苏省文化馆	无	馆情介绍、年度工作总结	约2 500字
徐州市文化馆	无	馆情介绍、2017群文活动、2017免费开放工作、2017非物质文化遗产保护工作、承担国家公共文化研究课题、2017年徐州文化馆大事记、获奖情况、图片展示	约4 000字
成都市文化馆	有	年度概览、统计分析、社会评价、大事纪要	110页

调查发现，在3份年报中，只有成都市文化馆的年报有目录。在篇幅上，由于江苏省文化馆和徐州市文化馆的年报发布在网页上，不便用页数衡量，因此通过字数进行估计。江苏省文化馆的年度报告较为概括，篇幅较短；徐州市文化馆的年度报告在总结的基础上，还罗列了大事记和获奖情况，因而篇幅相对较长。成都市文化馆的年报总体分为4个版块，每个版块下分列多点进行详细阐述，同时辅以丰富的图表，因此篇幅最长。

在年报内容方面，3家文化馆的年报主要包括以下内容：

（1）馆情介绍。一般涉及机构性质、主要职责、机构设置和人员结构，通过文字和图表的形式进行展示。3份年度报告都包含了该项内容，但具体公开程度视机构而定。

（2）年度工作总结。3家文化馆主要通过工作主题的角度编写年度总结。徐州市文化馆根据群文活动、免费开放工作、非遗保护和课题研究4个类目对2017年的工作进行梳理；成都市文化馆围绕"服务效能""行业管理指导"和"内部管理机制"总结本馆工作；江苏省文化馆也同样从4个角度报告了其履行社会职责的情况。

（3）大事纪要。分月份按时间顺序简述本馆的重要工作和项目。徐州市文化馆和成都市文化馆的年报均包含了大事纪要部分。

除了以上共有的内容，成都市文化馆还增加了统计分析和社会评价两个版块。统计分析主要是对本馆业务工作进行数据统计和交叉分析，直观反映服务效能。社会评价包括媒体报道和行业评价，其中对媒体报道还进行了报道内容、媒体类

型和报道倾向分析。

2. 业务统计信息

对 3 家文化馆 2016—2017 年年度报告的统计信息进行整理，如表 4 所示。

表 4　国内 3 家文化馆年报的业务统计信息

机构名称	业务统计	统计信息呈现方式
江苏省文化馆	活动场次、参加人数、志愿者人数、合作机构	文字叙述
徐州市文化馆	参评节目数量、活动场次、培训人次	文字叙述
成都市文化馆	免费开放项目情况、活动参与人次、新增服务、行业管理指导、内部人员结构、全民艺术普及公益培训、"走近艺术"系列、乡镇文化站服务效能、数字化服务和大数据分析、群众活动场次及参与人数、讲座展览场次及参与人数、文化志愿服务、馆办文艺团队情况、馆办群众文艺刊物和辅导资料、对外文化交流活动、业务人员学术成果、主要社会合作关系、媒体报道	文字叙述、表格、扇形图、柱状图、折线图、雷达图、组合图表

3 份文化馆年度报告的业务统计对活动场次、参与人数、志愿服务和合作关系较为重视，其他相关统计信息则根据各馆的使命定位和实际服务有所侧重。例如，徐州市文化馆肩负文化节目创作的职责，因此对本馆创作编排及参演的节目数量颇为重视，对参评节目和获奖节目均有统计数据。

在 3 份年报中，成都市文化馆的业务统计信息最为详细。在业务统计版块中。"全民艺术普及公益培训"的数据包括课程情况、学员年龄层次、最先报名结束的班次、课程分类、课程报名峰值；"走近艺术"系列活动的数据包括活动汇总、讲座类型、嘉宾类型、线上线下观众情况、观众喜爱主题、宣传报道；"乡镇文化站服务效能"统计包括基础设施建设、服务项目及内容、服务保障、社会公众评价；"数字化服务和大数据分析"收集和分析了"文化天府"的活动概况和报名年龄。在基本数据和活动项目信息的基础上，成都市文化馆还特别统计了馆办文艺团队、馆办群众文艺刊物和辅导资料、对外文化交流活动以及媒体报道，反映出新时代文化馆丰富的业务内容和敏锐的宣传意识。

在统计信息呈现方式方面，江苏省文化馆和徐州市文化馆只采用了文字叙述模式。成都市文化馆则在文字叙述的基础上，综合运用表格和彩色图表展示统计信息，同时通过放大、加粗或改变颜色等方式强调重点数据。图、文、表相结合的呈现手段不但可以清晰地向公众传递重要信息，还有利于吸引年报读者，给他们带来丰富的阅读体验。

3. 格式及设计

对 3 家文化馆 2016—2017 年的年度报告格式及设计从封面设计与排版及设计风格两个方面进行总结，如表 5 所示：

表 5　国内 3 家文化馆年报的格式及设计

机构名称	封面设计	排版及设计风格
江苏省文化馆	无	纯文字
徐州市文化馆	无	文字在前，后附活动图片
成都市文化馆	文化馆名称及年报名称，简约风格	图文交替，大段文字说明，分析详细，图表色彩鲜明

由于江苏省文化馆、徐州市文化馆未发布有 PDF 格式的年报，仅以公告形式在网上公开，因此现仅有成都市文化馆年报可获取单独的封面。

在排版及风格方面，江苏省文化馆和徐州市文化馆的年报均为总结式年报，陈述与上报监督的年报相似，以文字表述为主。其中，江苏省文化馆的年度报告仅为纯文字表述，徐州市文化馆年度报告则在文后附有活动图片，二者均无对数据等的分析图表。

成都市文化馆年报在设计上更为贴近用户导向，虽仍有大段文字进行总结及分析，但插入有各式色彩鲜明的统计分析图表，可读性较强。除统计分析图表外，年报中的还插入有馆舍、活动、馆员或体现用户服务的照片。

4. 其他方面

三家文化馆 2016—2017 年年度报告的内容风格、语言风格等方面的情况如下表 6 所示。

表 6　国内 3 家文化馆年报的内容、语言风格情况

机构名称	内容风格	语言风格
江苏省文化馆	内容汇报性，文字较少，涉及馆内各种活动及项目	报告式文体，以概括叙述为主要表达方式
徐州市文化馆	内容汇报性，文字较少，涉及馆内各种活动及项目	报告式文体，以概括叙述为主要表达方式
成都市文化馆	内容详细，多涉及文化馆建设及用户服务项目，贴近用户	报告式文体，以概括叙述为主要表达方式

三家文化馆年报均采用报告式文体，并在表述上使用有一定的政治性语言。其中江苏省文化馆、徐州市文化馆的内容风格为汇报性，篇幅较短，介绍了组织举办群众文化艺术活动以及开展示范性群众文艺创作、演出、展览等活动的情况。成都市文化馆的内容较为详细，涉及文化馆建设的方方面面，更突出其作为公共文化机构的服务职能，相对更贴近用户。

三、文化馆用户导向型年报特点

通过对 3 家国内文化馆用户导向型年报的分析，课题组发现，当前我国文化馆用户导向型年报的特点主要体现在：

1. 国内文化馆用户导向型年报的编制尚处起步阶段

目前国内编制有用户导向型年报的文化馆非常少，行文多仿照监督导向型年报《报告书》的"开展业务活动情况"一项。成都市文化馆年报的发布，为全国文化馆系统用户导向型年报的编制提供了借鉴意义。

2. 重视业务统计信息，但统计项目、分析详略差异较大

本次调研所收集的用户导向型年报对活动场次、参与人数、志愿服务和合作关系等业务统计数据均进行说明，但 3 家文化馆的统计项目均有所不同，成都市文化馆的业务统计信息最为详细，统计信息多达 18 项，其余两家仅有 3—4 项统计数据。在分析方面，江苏省文化馆和徐州市文化馆只采用了文字叙述模式；成都市文化馆则在文字叙述的基础上，综合运用表格和彩色图表展示统计信息，可

读性更强。

3. 未涉及财务信息公开

虽然监督导向型年报《报告书》要求公开资产损益情况，但在 3 家文化馆的用户导向型年报中并未呈现财务信息。

4. 行文风格以报告式文体为主，整体可读性不高

从现有的资料看，国内文化馆的用户导向型仍带有监督导向型年报业务情况汇报的痕迹，内容汇报性，行文平铺直叙，缺乏特点。虽然成都市文化馆在内容方面更为贴近用户，并在设计上采用了大量色彩鲜明的图表，但行文风格上仍以报告式文体为主。

第五部分　统计数据

2018 年度全国文化馆（群艺馆）基本情况统计

表 1　全国文化馆（群艺馆）设置数量统计

地　区	文化馆（群艺馆）数量（个）	地　区	文化馆（群艺馆）数量（个）
全国	3 326	河南省	204
北京市	20	湖北省	125
天津市	17	湖南省	145
河北省	180	广东省	145
山西省	130	广西壮族自治区	124
内蒙古自治区	120	海南省	23
辽宁省	125	重庆市	41
吉林省	79	四川省	207
黑龙江省	149	贵州省	99
上海市	25	云南省	149
江苏省	115	西藏自治区	82
浙江省	101	陕西省	123
安徽省	122	甘肃省	103
福建省	97	青海省	55
江西省	118	宁夏回族自治区	27
山东省	157	新疆维吾尔自治区	119

表 2　全国文化馆（群艺馆）从业人员数量与职称结构统计

地 区	从业人员（人）	专业技术人员（人）	正高级职称		副高级职称		中级职称	
			人数	占从业人员比重（%）	人数	占从业人员比重（%）	人数	占从业人员比重（%）
全 国	54 558	40 239	1 025	1.88	5 361	9.83	17 245	31.61
北京市	918	531	3	0.33	40	4.36	196	21.35
天津市	531	438	7	1.32	53	9.98	192	36.16
河北省	2 275	1 712	94	4.13	238	10.46	706	31.03
山西省	1 768	1 299	20	1.13	126	7.13	574	32.47
内蒙古自治区	1 918	1 631	45	2.35	289	15.07	669	34.88
辽宁省	2 056	1 532	52	2.53	186	9.05	805	39.15
吉林省	2 293	1 881	87	3.79	390	17.01	755	32.93
黑龙江省	2 280	1 800	156	6.84	427	18.73	784	34.39
上海市	976	721	5	0.51	63	6.45	281	28.79
江苏省	2 161	1 681	49	2.27	252	11.66	782	36.19
浙江省	2 241	1 821	126	5.62	340	15.17	717	31.99
安徽省	1 470	1 143	9	0.61	100	6.80	458	31.16
福建省	979	760	15	1.53	119	12.16	339	34.63
江西省	1 908	1 362	21	1.10	130	6.81	552	28.93
山东省	2 950	2 510	33	1.12	371	12.58	1 134	38.44
河南省	3 310	1 590	20	0.60	151	4.56	767	23.17
湖北省	2 158	1 515	31	1.44	171	7.92	733	33.97
湖南省	2 108	1 530	17	0.81	150	7.12	638	30.27
广东省	2 456	1 616	47	1.91	198	8.06	696	28.34
广西壮族自治区	2 120	1 691	22	1.04	120	5.66	750	35.38

（续表）

地　区	从业人员（人）	专业技术人员（人）	正高级职称		副高级职称		中级职称	
			人数	占从业人员比重（%）	人数	占从业人员比重（%）	人数	占从业人员比重（%）
海南省	316	159	8	2.53	11	3.48	54	17.09
重庆市	1 027	663	21	2.04	86	8.37	234	22.78
四川省	3 004	2 096	14	0.47	157	5.23	751	25.00
贵州省	1 582	1 273	32	2.02	148	9.36	488	30.85
云南省	2 437	2 219	25	1.03	472	19.37	1 126	46.20
西藏自治区	503	291	5	0.99	14	2.78	45	8.95
陕西省	2 502	1 697	15	0.60	142	5.68	744	29.74
甘肃省	1 634	1 056	11	0.67	133	8.14	456	27.91
青海省	699	431	6	0.86	64	9.16	166	23.75
宁夏回族自治区	660	529	14	2.12	87	13.18	238	36.06
新疆维吾尔自治区	1 318	1 061	15	1.14	133	10.09	415	31.49

表 3 全国文化馆（群艺馆）服务、活动开展情况统计

| 地区 | 组织品牌节庆活动（个） | 组织文艺活动次数（次） | 在文艺活动中 | | | | 文艺活动观众人次（万人次） | 举办训练班（次） | 培训人数（万人次） | 培训业余文化团队人次（万人次） | 组织公益性讲座（次） | 讲座参加人次（万人次） | 举办展览个数（个） | 展览参观人数（万人次） |
			为老年人组织专场	为未成年人组织专场	为残障人士组织专场	为农民工组织专场								
全国	6 033	269 856	38 481	22 218	5 454	18 050	26 702.82	292 707	1 721.60	673.90	35 777	617.22	29 576	4 768.24
北京市	132	3 278	186	193	43	28	448.70	7 094	37.48	20.98	600	57.19	271	36.33
天津市	23	3 028	349	167	49	63	170.86	3 177	14.78	6.92	1 226	13.11	360	39.81
河北省	291	13 525	1 633	1 038	246	676	994.53	10 975	61.37	30.71	1 754	21.14	1 189	143.86
山西省	83	5 888	892	512	156	531	641.50	6 380	42.07	13.99	914	12.55	857	112.41
内蒙古自治区	219	6 445	1 189	502	114	653	662.90	11 214	62.51	27.44	824	12.05	663	111.04
辽宁省	145	6 407	1 250	417	130	345	457.87	11 217	52.09	24.20	2 199	22.88	614	71.06
吉林省	170	3 392	627	328	87	188	787.93	12 031	85.87	36.15	979	6.55	472	90.79
黑龙江省	208	9 636	2 482	958	159	302	653.30	4 950	47.36	21.86	1 466	14.23	808	107.82
上海市	64	8 667	2 215	516	59	215	446.47	11 114	82.25	30.61	934	8.68	392	82.94
江苏省	421	13 201	2 064	1 089	319	923	993.76	15 437	89.91	33.62	2 345	34.36	1 580	198.74
浙江省	566	22 675	3 016	1 056	426	1 407	1 675.42	31 277	149.06	67.34	3 948	52.76	3 031	545.68
安徽省	259	10 402	1 596	1 090	197	466	1 072.25	11 835	78.26	16.73	1 182	29.19	1 175	210.04
福建省	185	4 219	675	787	97	296	428.28	11 827	98.79	21.09	729	13.00	1 035	230.87
江西省	151	7 373	991	909	205	699	776.97	7 624	45.78	15.31	866	12.60	813	129.74
山东省	399	30 283	3 808	2 141	789	1 601	2 310.73	31 280	206.10	94.71	2 813	54.06	2 489	307.72
河南省	230	15 607	2 072	1 452	363	1 039	1 506.09	7 199	56.82	27.26	1 609	22.37	1 820	325.56
湖北省	279	9 063	1 696	876	197	592	949.14	6 921	48.95	22.61	1 158	21.07	1 182	205.07

（续表）

地区	组织品牌节庆活动（个）	组织文艺活动次数（次）	在文艺活动中				文艺活动观众人次（万人次）	举办训练班（次）	培训人数（万人次）	培训业余文化团队（万人次）	组织公益性讲座（次）	讲座参加人次（万人次）	举办展览个数（个）	展览参观人数（万人次）
			为老年人组织专场	为未成年人组织专场	为残障人士组织专场	为农民工组织专场								
湖南省	243	8 084	1 482	972	236	935	1 011.76	10 233	47.97	18.65	995	15.98	907	149.64
广东省	360	12 925	1 212	1 128	137	1 152	2 627.10	29 337	115.17	32.85	2 169	35.52	1 832	334.62
广西壮族自治区	245	11 060	1 106	927	178	817	1 678.93	7 344	47.18	21.12	862	11.60	738	142.33
海南省	17	1 120	109	65	14	35	176.92	981	10.24	6.78	79	4.13	128	29.42
重庆市	98	4 246	693	468	83	377	571.12	8 206	41.88	9.19	731	17.63	728	143.42
四川省	355	15 250	1 672	1 195	316	1 117	1 462.39	8 710	48.27	17.35	1 794	24.49	1 686	296.44
贵州省	135	5 865	666	572	192	488	771.13	2 856	17.94	8.13	741	47.75	441	77.32
云南省	177	7 270	1 077	630	119	482	977.93	3 788	33.61	15.81	570	9.21	853	193.53
西藏自治区	57	1 840	160	133	25	274	121.04	374	2.01	0.63	80	0.97	219	16.36
陕西省	164	7 123	1 038	537	154	554	653.04	8 719	44.12	14.82	840	15.02	937	115.52
甘肃省	146	5 898	765	502	103	479	566.85	2 458	20.50	6.64	478	10.40	966	137.23
青海省	42	4 060	504	239	52	167	366.21	963	6.83	1.31	213	2.63	328	68.65
宁夏回族自治区	64	4 749	667	312	74	323	320.07	4 508	9.88	3.57	173	4.96	171	24.58
新疆维吾尔自治区	105	7 277	589	507	135	826	421.63	2 678	16.55	5.52	506	9.14	891	89.70

表4　全国文化馆（群艺馆）计算机配备及人员受训情况统计

地区	计算机（台）	本单位受训人次（人次）	地区	计算机（台）	本单位受训人次（人次）
全国	69 658	137 383	河南省	3 052	3 706
北京市	920	4 309	湖北省	6 249	8 285
天津市	841	3 166	湖南省	2 559	2 634
河北省	1 730	3 811	广东省	4 489	6 123
山西省	1 357	2 266	广西壮族自治区	3 345	3 692
内蒙古自治区	1 731	1 692	海南省	355	501
辽宁省	1 557	5 903	重庆市	1 419	1 509
吉林省	2 868	2 048	四川省	4 140	2 607
黑龙江省	1 709	1 585	贵州省	2 812	3 356
上海市	965	1 796	云南省	2 055	9 928
江苏省	2 827	2 335	西藏自治区	2 005	627
浙江省	2 208	23 119	陕西省	4 408	5 240
安徽省	2 438	13 714	甘肃省	1 732	1 510
福建省	1 175	3 082	青海省	849	3 797
江西省	2 006	9 765	宁夏回族自治区	727	667
山东省	3 336	3 647	新疆维吾尔自治区	1 794	963

表 5　全国文化馆（群艺馆）经费收入情况统计

地区	本年收入合计（千元）	财政补贴收入						上级补助收入（千元）	上级补助占财政补贴的比重（%）	事业收入（千元）	其他收入（千元）
		财政补贴总额（千元）	其中：免费开放资金		业务活动专项经费（千元）	业务活动经费占财政补贴比重（%）	财政补贴占收入总额的比重（%）				
			免费开放资金总额（千元）	其中：中央资金（千元）							
全国	12 664 688	11 955 327	926 025	367 060	2 987 939	24.99	94.44	321 098	2.69	105 818	276 967
北京市	451 057	441 302	22 601	1 000	178 768	40.51	97.84	584	0.13	1 438	7 733
天津市	189 279	187 186	9 495	1 000	54 986	29.38	98.89	1 518	0.81	415	160
河北省	382 833	363 144	32 902	18 980	69 272	19.08	94.86	1 493	0.41	1 616	16 525
山西省	270 129	267 009	26 704	14 610	47 241	17.69	98.84	311	0.12	200	2 609
内蒙古自治区	371 948	362 963	26 741	18 820	65 558	18.06	97.58	7 301	2.01	61	1 623
辽宁省	334 388	332 092	16 844	7 601	32 376	9.75	99.31	579	0.17	0	1 717
吉林省	342 210	324 235	17 911	10 560	50 211	15.49	94.75	514	0.16	210	16 807
黑龙江省	314 785	311 241	24 783	17 840	43 476	13.97	98.87	2 215	0.71	375	954
上海市	622 479	515 766	7 901	6 322	166 468	32.28	82.86	63 454	12.30	27 022	16 237
江苏省	789 003	755 364	103 361	3 028	152 274	20.16	95.74	11 966	1.58	9 143	11 850
浙江省	865 957	810 825	23 105	390	268 389	33.10	93.63	14 378	1.77	13 452	27 302
安徽省	322 946	296 841	26 100	8 490	96 350	32.46	91.92	14 209	4.79	5 494	6 402
福建省	293 832	263 089	21 954	2 445	82 079	31.20	89.54	21 164	8.04	2 040	7 539
江西省	309 100	288 790	24 803	3 967	59 689	20.67	93.43	11 280	3.91	1 610	7 305
山东省	610 246	591 640	49 487	4 390	175 247	29.62	96.95	12 698	2.15	976	4 932
河南省	421 313	406 022	41 595	22 200	73 108	18.01	96.37	43	0.01	8 933	5 057
湖北省	545 323	498 599	26 289	8 921	100 747	20.21	91.43	18 716	3.75	8 767	19 006

（续表）

地区	本年收入合计（千元）	财政补贴收入							上级补助收入（千元）	上级补助占财政补贴的比重（%）	事业收入（千元）	其他收入（千元）
		财政补贴总额（千元）	其中：免费开放资金		业务活动专项经费（千元）	业务活动专项经费占财政补贴比重（%）	财政补贴占收入总额的比重（%）					
			免费开放资金总额（千元）	其中：中央资金（千元）								
湖南省	437 135	402 105	31 981	13 724	96 640	24.03	91.99	15 356	3.82	5 817	13 796
广东省	1 188 086	1 145 844	79 379	10 081	388 604	33.91	96.44	29 600	2.58	2 752	7 523
广西壮族自治区	385 799	351 761	27 819	20 566	99 541	28.30	91.18	24 139	6.86	96	9 803
海南省	98 370	86 562	10 208	5 472	39 022	45.08	88.00	4 407	5.09	187	7 214
重庆市	299 549	285 684	27 831	17 010	64 825	22.69	95.37	4 857	1.70	4 221	4 787
四川省	710 734	681 810	65 016	38 027	189 207	27.75	95.93	8 861	1.30	216	19 847
贵州省	283 846	245 870	25 661	12 996	67 090	27.29	86.62	10 067	4.09	5 095	22 789
云南省	506 594	489 099	33 835	25 963	77 702	15.89	96.55	6 195	1.27	1 606	9 586
西藏自治区	107 684	107 270	19 620	13 246	16 897	15.75	99.62	270	0.25	144	0
陕西省	362 267	346 608	27 373	20 172	63 953	18.45	95.68	8 164	2.36	829	6 666
甘肃省	248 785	237 828	21 901	10 048	36 840	15.49	95.60	5 839	2.46	1 194	3 924
青海省	177 548	162 502	10 860	2 692	59 732	36.76	91.53	11 484	7.07	90	3 402
宁夏回族自治区	163 146	148 126	8 245	4 554	19 491	13.16	90.79	7 035	4.75	926	7 059
新疆维吾尔自治区	258 317	248 150	33 720	21 945	52 156	21.02	96.06	2 401	0.97	893	6 813

表 6　全国文化馆（群艺馆）经费支出情况统计

地　区	本年支出合计（千元）	业务支出			工资福利（千元）	工资福利占支出总额比重（％）	其他（差旅费等管理运营经费）（千元）
		基本支出（千元）	项目支出（千元）	业务支出占全年支出比重（％）			
全国	13 574 002	7 905 711	4 132 196	88.68	6 227 127	45.88	5 386 577
北京市	452 602	241 067	200 523	97.57	196 663	43.45	205 949
天津市	200 894	117 818	77 835	97.39	89 296	44.45	91 958
河北省	377 868	247 774	112 366	95.31	185 395	49.06	129 059
山西省	255 127	164 747	76 030	94.38	138 225	54.18	95 716
内蒙古自治区	387 554	291 701	86 080	97.48	181 709	46.89	175 047
辽宁省	335 488	253 179	70 696	96.54	171 811	51.21	95 224
吉林省	343 891	249 696	87 515	98.06	175 099	50.92	141 843
黑龙江省	308 816	244 491	54 922	96.96	175 168	56.72	98 516
上海市	611 390	304 386	296 846	98.34	183 187	29.96	347 847
江苏省	721 483	458 212	247 772	97.85	309 495	42.90	316 839
浙江省	884 344	548 850	327 552	99.10	417 689	47.23	394 890
安徽省	323 344	201 496	109 296	96.12	121 461	37.56	159 087
福建省	303 286	173 587	120 652	97.02	103 125	34.00	126 591
江西省	1 030 528	228 703	72 196	29.20	800 147	77.64	195 177
山东省	572 399	388 961	162 187	96.29	287 253	50.18	192 459
河南省	419 056	320 762	79 884	95.61	226 630	54.08	151 008
湖北省	548 232	310 351	228 318	98.26	220 050	40.14	240 452
湖南省	457 341	293 352	146 589	96.20	189 261	41.38	222 294
广东省	1 154 344	501 677	532 265	89.57	338 124	29.29	685 141
广西壮族自治区	388 549	233 036	143 416	96.89	184 532	47.49	158 435
海南省	91 631	34 705	52 449	95.11	26 686	29.12	46 646
重庆市	307 123	196 400	103 573	97.67	116 797	38.03	148 814
四川省	701 616	423 754	257 339	97.07	321 498	45.82	300 949
贵州省	274 152	219 944	43 229	96.00	134 332	49.00	92 512
云南省	525 336	373 579	136 603	97.12	304 746	58.01	130 985
西藏自治区	106 834	69 541	18 124	82.06	48 440	45.34	19 802

（续表）

地　区	本年支出合计（千元）	业务支出			工资福利（千元）	工资福利占支出总额比重（％）	其他（差旅费等管理运营经费）（千元）
		基本支出（千元）	项目支出（千元）	业务支出占全年支出比重（％）			
陕西省	354 619	246 658	83 561	93.12	188 526	53.16	115 636
甘肃省	251 749	189 033	46 160	93.42	118 205	46.95	101 796
青海省	482 419	107 135	66 767	36.05	71 134	14.75	72 012
宁夏回族自治区	139 775	87 442	33 408	86.46	66 792	47.79	45 576
新疆维吾尔自治区	262 212	183 674	58 043	92.18	135 651	51.73	88 317

表 7　全国文化馆（群艺馆）资产拥有情况统计

地　区	资产总计（亿元）	固定资产原值（亿元）	地　区	资产总计（亿元）	固定资产原值（亿元）
全　国	210.25	171.34	河南省	5.34	4.68
北京市	6.13	5.30	湖北省	17.11	15.84
天津市	4.62	3.51	湖南省	5.15	4.41
河北省	5.92	5.55	广东省	8.53	5.36
山西省	3.24	2.52	广西壮族自治区	5.52	4.68
内蒙古自治区	7.00	6.18	海南省	1.21	1.03
辽宁省	3.92	3.35	重庆市	5.40	4.53
吉林省	5.70	3.15	四川省	11.89	8.82
黑龙江省	3.56	3.29	贵州省	8.22	5.33
上海市	10.96	8.46	云南省	5.62	3.97
江苏省	10.16	8.67	西藏自治区	28.42	28.05
浙江省	8.52	6.29	陕西省	4.00	2.74
安徽省	2.70	2.14	甘肃省	2.81	2.38
福建省	4.15	2.16	青海省	2.07	1.53
江西省	3.29	2.17	宁夏回族自治区	2.66	1.14
山东省	13.19	11.97	新疆维吾尔自治区	3.25	2.13

表 8 全国文化馆（群艺馆）馆舍面积统计

地　区	实际使用房屋建筑面积（万平方米）	业务用房面积（万平方米）	业务用房占比（%）	实际拥有产权面积（万平方米）	实际拥有产权面积占比（%）
全国	1 109.60	754.09	67.96	522.96	47.13
北京市	14.15	8.00	56.50	4.09	28.88
天津市	12.11	6.95	57.36	0.90	7.42
河北省	42.85	27.52	64.24	23.54	54.93
山西省	33.43	24.37	72.91	31.41	93.94
内蒙古自治区	30.78	18.37	59.67	10.60	34.43
辽宁省	29.39	17.19	58.48	9.74	33.13
吉林省	23.33	12.02	51.49	10.05	43.08
黑龙江省	28.33	18.71	66.06	9.86	34.79
上海市	20.35	13.64	67.04	8.53	41.92
江苏省	134.67	104.98	77.95	57.42	42.63
浙江省	71.00	46.52	65.53	33.60	47.33
安徽省	32.33	25.35	78.38	14.58	45.08
福建省	33.73	24.47	72.56	16.87	50.02
江西省	37.15	24.95	67.16	18.23	49.06
山东省	59.56	44.65	74.97	20.20	33.91
河南省	57.86	41.00	70.85	21.40	36.98
湖北省	45.84	28.79	62.80	26.66	58.16
湖南省	40.60	24.58	60.54	28.32	69.76
广东省	67.45	45.19	66.99	21.86	32.41
广西壮族自治区	27.31	17.21	63.03	12.91	47.27
海南省	5.78	4.02	69.48	2.92	50.49
重庆市	25.98	18.89	72.72	16.69	64.24
四川省	57.27	43.51	75.97	28.01	48.90
贵州省	26.29	16.39	62.34	14.95	56.87
云南省	34.37	22.34	65.00	18.71	54.43
西藏自治区	13.67	8.69	63.54	5.50	40.26
陕西省	28.47	19.77	69.44	19.74	69.34
甘肃省	20.52	14.09	68.65	12.52	61.02
青海省	8.75	6.08	69.54	5.88	67.23

（续表）

地　区	实际使用房屋建筑面积（万平方米）	业务用房面积（万平方米）	业务用房占比（％）	实际拥有产权面积（万平方米）	实际拥有产权面积占比（％）
宁夏回族自治区	14.31	8.47	59.18	5.88	41.12
新疆维吾尔自治区	31.96	17.40	54.43	11.41	35.69

表 9　全国文化馆（群艺馆）流动舞台车及演出情况统计

地　区	总量（辆）	利用流动舞台车演出场次（场）	利用流动舞台车演出观众人次（万人次）	地　区	总量（辆）	利用流动舞台车演出场次（场）	利用流动舞台车演出观众人次（万人次）
全国	674	17 849	1 903.57	河南省	86	2 721	140.20
北京市	12	296	19.09	湖北省	39	1 064	52.57
天津市	4	490	47.50	湖南省	69	2 246	115.57
河北省	100	2 227	130.73	广东省	13	313	17.51
山西省	132	1 664	72.31	广西壮族自治区	51	488	35.51
内蒙古自治区	48	1 135	45.00	海南省	8	42	3.20
辽宁省	15	329	23.79	重庆市	34	920	73.40
吉林省	74	1 083	72.31	四川省	148	2 536	134.14
黑龙江省	60	1 653	70.30	贵州省	65	957	88.30
上海市	6	51	5.30	云南省	81	1 074	91.18
江苏省	41	1 218	82.07	西藏自治区	76	522	20.97
浙江省	19	925	46.23	陕西省	85	1 108	73.83
安徽省	45	1 917	88.58	甘肃省	63	768	50.08
福建省	12	293	12.51	青海省	33	393	14.56
江西省	38	902	49.58	宁夏回族自治区	18	402	21.66
山东省	68	3 666	186.70	新疆维吾尔自治区	58	504	18.89

表 10　全国文化馆（群艺馆）文化志愿者服务情况统计

地　区	文化志愿者服务队伍个数（个）	文化志愿者服务队伍人数（人）	地　区	文化志愿者服务队伍个数（个）	文化志愿者服务队伍人数（人）
全国	37 338	1 155 339	河南省	1 461	50 385
北京市	503	26 410	湖北省	1 661	73 783
天津市	624	21 284	湖南省	954	78 935
河北省	1 783	64 306	广东省	1 326	108 905
山西省	1 107	32 260	广西壮族自治区	5 265	45 180
内蒙古自治区	628	22 697	海南省	134	5 226
辽宁省	1 388	64 397	重庆市	1 039	24 500
吉林省	672	50 270	四川省	675	56 099
黑龙江省	1 220	64 002	贵州省	1 094	31 508
上海市	150	6 717	云南省	440	9 837
江苏省	993	43 105	西藏自治区	53	1 104
浙江省	8 846	90 188	陕西省	508	13 595
安徽省	1 015	28 334	甘肃省	260	9 618
福建省	578	16 653	青海省	240	3 350
江西省	942	42 965	宁夏回族自治区	227	7 000
山东省	986	51 431	新疆维吾尔自治区	566	11 295

表 11　全国文化馆（群艺馆）群众文艺团队和老年大学情况统计

地　区	馆办文艺团队			群众业余文艺团队		馆办老年大学（个）
	总数（个）	演出场次（场）	观众人次（万人次）	总数（个）	群众业余团队人数（人）	
全国	7 990	163 046	8 311.79	85 187	4 313 194	798
北京市	105	912	20.57	540	33 451	5
天津市	75	1 280	74.13	674	20 013	2
河北省	359	4 602	240.98	4 284	149 221	34

（续表）

地　区	馆办文艺团队			群众业余文艺团队		馆办老年大学（个）
	总数（个）	演出场次（场）	观众人次（万人次）	总数（个）	群众业余团队人数（人）	
山西省	238	3 325	153.68	1 612	67 053	29
内蒙古自治区	250	2 996	171.52	2 001	89 223	39
辽宁省	292	13 810	142.07	2 960	140 337	21
吉林省	243	2 111	145.80	1 239	112 946	19
黑龙江省	373	4 097	216.07	2 310	129 164	30
上海市	86	603	26.27	457	21 238	4
江苏省	410	7 222	305.38	4 171	185 522	41
浙江省	372	8 759	533.50	7 947	364 506	15
安徽省	403	17 192	256.52	2 409	76 382	19
福建省	204	1 738	101.39	943	55 629	21
江西省	266	5 765	406.49	2 160	71 301	45
山东省	503	16 287	950.83	5 836	232 205	56
河南省	556	8 501	425.01	4 513	126 096	42
湖北省	341	5 133	252.37	5 299	220 857	31
湖南省	281	5 290	237.02	4 095	181 678	54
广东省	321	4 788	349.62	2 402	100 818	29
广西壮族自治区	353	7 652	486.60	5 838	168 561	34
海南省	38	312	16.12	713	16 898	2
重庆市	133	3 176	206.23	828	39 931	27
四川省	162	3 870	289.67	3 517	141 358	35
贵州省	319	6 088	406.69	2 946	84 178	45
云南省	448	5 139	296.67	8 093	1 143 990	43
西藏自治区	16	707	73.13	426	7 853	—
陕西省	289	6 099	311.75	2 817	134 789	29
甘肃省	213	7 889	149.89	1 736	96 558	21
青海省	82	2 987	848.54	624	25 123	2

（续表）

地　区	馆办文艺团队			群众业余文艺团队		馆办老年大学（个）
	总数（个）	演出场次（场）	观众人次（万人次）	总数（个）	群众业余团队人数（人）	
宁夏回族自治区	59	1 587	96.77	891	51 784	3
新疆维吾尔自治区	200	3 129	120.49	906	24 531	21

全国文化馆（群艺馆）主要指标对比（2014—2018 年）

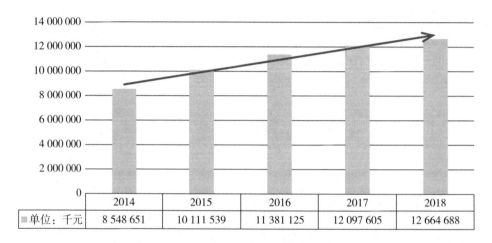

■单位：千元	2014	2015	2016	2017	2018
	8 548 651	10 111 539	11 381 125	12 097 605	12 664 688

图 1　全国文化馆（群艺馆）经费收入变化（2014—2018 年）

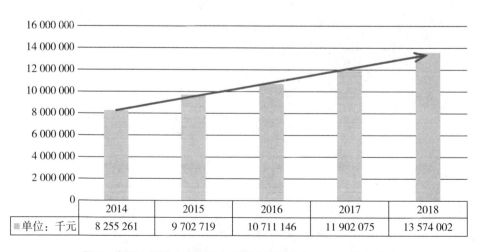

■单位：千元	2014	2015	2016	2017	2018
	8 255 261	9 702 719	10 711 146	11 902 075	13 574 002

图 2　全国文化馆（群艺馆）经费支出变化（2014—2018 年）

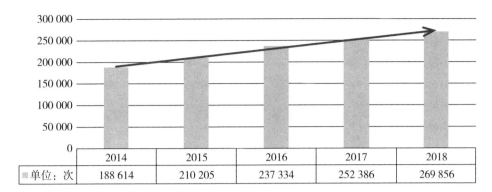

▧单位：次	2014	2015	2016	2017	2018
	188 614	210 205	237 334	252 386	269 856

图 3 全国文化馆（群艺馆）组织文艺活动次数变化（2014—2018 年）

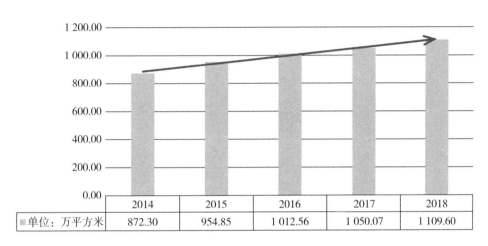

▧单位：万平方米	2014	2015	2016	2017	2018
	872.30	954.85	1 012.56	1 050.07	1 109.60

图 4 全国文化馆（群艺馆）馆舍面积变化（2014—2018 年）

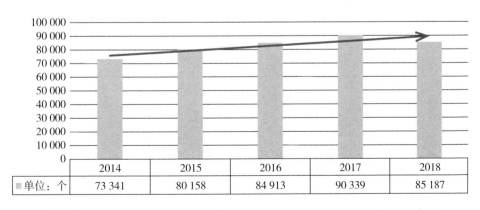

▧单位：个	2014	2015	2016	2017	2018
	73 341	80 158	84 913	90 339	85 187

图 5 全国文化馆（群艺馆）群众业余文艺团队数量变化（2014—2018 年）

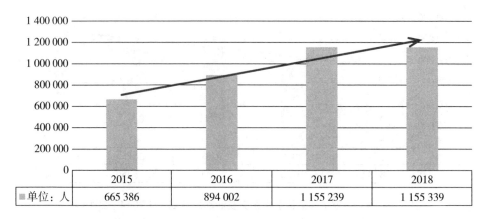

	2015	2016	2017	2018
■单位：人	665 386	894 002	1 155 239	1 155 339

图 6　全国文化馆（群艺馆）文化志愿者人数变化（2015—2018 年）